21世纪体育系列教材 • 西南区体育教材教法研究会教材编审委员会审定

体育场地与设施

TIYU CHANGDI YU SHESHI

主　编　谭　黔

副主编　孟　刚　朱国权　张莉斌

参　编　王　平　罗　勇　陈　筑　陈贵祥　赵　云

北京师范大学出版集团
BEIJING NORMAL UNIVERSITY PUBLISHING GROUP
北京师范大学出版社

图书在版编目（CIP）数据

体育场地与设施 / 谭黔等主编 . —北京：北京师范大学出版社，2008.9（2020.7重印）

（21世纪体育系列规划教材）

ISBN 978-7-303-09261-1

Ⅰ. 体… Ⅱ. 谭… Ⅲ. ①场地（体育）—高等学校—教材②运动（体育）—设备—高等学校—教材 Ⅳ. ① G818

中国版本图书馆 CIP 数据核字（2008）第 060189 号

营 销 中 心 电 话　010-58802755 58800035
北师大出版社职业教育分社网　http://zjfs.bnup.com
电 子 信 箱　zhijiao@bnupg.com

出版发行：北京师范大学出版社 www.bnup.com
　　　　　北京市西城区新街口外大街 12-3 号
　　　　　邮政编码:100088
印　　刷：天津旭非印刷有限公司
经　　销：全国新华书店
开　　本：730 mm×980 mm　1 / 16
印　　张：17
字　　数：280 千字
版　　次：2008 年 9 月第 2 版
印　　次：2020 年 7 月第 8 次印刷
定　　价：28.00 元

策划编辑：周光明　　　　　责任编辑：周光明
美术编辑：高　霞　　　　　装帧设计：华鲁印联
责任校对：李　菡　　　　　责任印制：陈　涛

前言

《体育场地与设施》是教育部《全国普通高等学校体育教育本科专业课程方案》中体育教学训练方向的选修课、是体育专业学生用书、是由西南区（云、贵、川、渝）体育教材教法研究会《体育场地与设施》教材小组根据西南四省市高校教学计划、培养目标和课程教学大纲规定的具体教学任务、教学时数、教学内容及考核要求分工负责撰写和串编完成的。

本教材是集田径、球类、体操、武术、民族传统体育、游泳等运动于一体的综合性课程，通过把原有仅限于校内课堂的各种基本身体练习内容，扩展到校外，拓展到社会，以打破传统的课程教学模式。这不仅符合现代高等教育体育课程改革和基础教育改革的发展以及提高人才培养质量的需要，而且，对于体育课程体系的重新构建大有裨益。

本教材着眼于新世纪培养体育专门人才的实际需要，坚持继承与创新、改革与发展；坚持实事求是，从本科教学实际出发；突出教学性、针对性、实用性、实践性、科学性、先进性、时代性，力求从教材体系和专业发展、教学内容、教学手段与方法掌握上进行改进、提炼、拓展，以使教学对象能适应未来社会的需要。

本教材是由西南区（云、贵、川、渝）体育教材教法研究会组织专家、教授、专业从业人员经过多次认真讨论研究，同时听取和征求多所院校体育教学工作者的意见后完成编写工作的。本教材由谭黔主编，孟刚、朱国权、张莉斌副主编。参加编写的人员有（按姓氏笔画为序）：王平、罗勇、陈筑、陈贵祥、赵云等。统稿由谭黔完成。

本教材是北京师范大学出版社联合西南区（云、贵、川、渝）体育教材教法研究会策划出版的系列教材之一。本教材的编写得到了各方面的鼓励和支持，得到了多名专家的指导，北京师范大学出版社的部分编辑人员为此也付出了艰辛的劳动，在此，我们一并表示衷心的感谢。对于在本教材中未一一标明的被引用者的姓名和论著的出处，我们在此表示歉意，并同样表示感谢！

我们真诚地希望广大师生和专家对本教材提出宝贵意见，以便我们今后对教材进行修订，并逐步加以完善和提高。

西南区体育教材教法研究会《体育场地与设施》编写小组

2011 年 4 月

西南区体育教材教法研究会理事会成员名单

顾　　问　朱国权（云南民族大学）
　　　　　左庆生（遵义师范学院）

理 事 长　姚　鑫（贵州师范大学）

副理事长　郭立亚（西南大学）
　　　　　刘　炜（贵州大学）
　　　　　孙振武（云南师范大学）
　　　　　陈雪红（楚雄师范学院）
　　　　　梁　健（红河学院）
　　　　　文革西（西南民族大学）
　　　　　郭　颂（贵州民族学院）
　　　　　孟　刚（贵州师范大学）
　　　　　张群力（昆明学院）
　　　　　谭　黔（遵义师范学院）
　　　　　吕金江（曲靖师范学院）

秘 书 长　周光明（北京师范大学出版社）

副秘书长　徐　明（西藏民族学院）
　　　　　高　徐（贵州理工学院）
　　　　　汪爱平（遵义医学院）
　　　　　朱智红（滇西科技师范学院）
　　　　　王建中（楚雄师范学院）
　　　　　顾晓燕（贵州大学）

常务理事　关　辉（楚雄师范学院）
　　　　　王　萍（文山学院）
　　　　　鄢安庆（贵阳学院）
　　　　　于贵和（贵州大学）
　　　　　邱　勇（贵州大学）

郑　锋（贵州工程应用技术学院）

雷　斌（贵州电子职院）

周　跃（昭通学院）

肖谋远（西南民族大学）

王　平（铜仁学院）

黄平波（凯里学院）

党云辉（思茅学院）

张　龙（六盘水师范学院）

杨庆辞（保山学院）

左文泉（云南师范大学）

余　斌（贵州财经学院）

张兴毅（兴义民族师范学院）

邓文红（安顺学院）

苏　阳（遵义师范学院）

颜　庆（遵义师范学院）

教材编审委员会

主　任　孟　刚（兼）（贵州师范大学）

副主任　姚　鑫（兼）（贵州师范大学）

王洪祥（昆明学院）

陈雪红（兼）（楚雄师范学院）

吕金江（兼）（曲靖师范学院）

于贵和（兼）（贵州大学）

梁　健（兼）（红河学院）

目录

Contents

体·育·场·地·与·设·施

第一章　体育场地与设施概述

本章要点

1. 体育场地与设施在学校体育中的重要作用；
2. 学校体育场地的设计要求、原则和布局；
3. 体育场地的分类；
4. 我国体育场地与设施的现状及发展趋势。

　　学校体育是学校教育的重要组成部分，也是终身体育、社会体育、竞技体育发展提高的基础；而体育场地与设施的健全与否是能否顺利完成体育教学任务，培养学生体育兴趣、习惯、终身体育能力及发展个性方向的前提。合理地设计学校体育场地与设施，对于完成学校体育目标、丰富校园体育生活、维护学校的正常教学秩序、美化校园环境、增进师生的身心健康都有很积极的作用。

第一节　体育场地与设施建设在学校体育中的重要作用

　　一、体育场地与设施建设是保证学校体育教学、课外体育活动和课余运动训练、体育竞赛正常进行的必不可少的物质条件，用以培养学生良好的个性和创新意识，陶冶情操和适应自然环境的能力，为学生身心发展打下良好的基础。

　　二、体育场地与设施建设是落实"健康第一"指导思想的载体，是全面推进素质教育的必然要求。

　　三、体育场地与设施是学校基本教学条件的有机组成部分，能丰富校园生活，培养学生终身体育的意识、兴趣、习惯和能力，使学生不仅身心健康发展，并具有一定的体育素养，以适应现代生产方式和生活方式，提高生活质量。

　　四、体育场地与设施是师生锻炼身体所必需的物质条件，以培养师生的竞争意识和进取精神及顽强的意志品质。

　　五、学校体育场地与设施建设是检查、督促、评估、规范学校办学质量的重要内容之一。

六、学校体育场地与设施对外开放，能服务于社会，为开展我国全民健身活动服务。

第二节　学校体育场地的设计

一、学校体育场地与设施的设计要求

（一）充分体现以学生为主体，充分考虑学生的身心特点

学校体育场地与设施建设要充分体现"以人为本"，以培养学生综合素质为依据，树立"健康第一"的重要思想，明确学校体育的重要任务之一就是要全面发展学生的基本活动能力和身体素质。基本活动能力包括走、跑、跳、投、攀、平衡、负重、搬运等能力，这些能力的培养，能促进学生身体的均衡发展，培养学生的注意力、灵敏性、自控力和机智勇敢的意志品质，这些都需要有一定的场地器材设施做保障。

根据学生不同年龄设计不同的场地和器材，不要一味追求"标准"场地。如学生篮球场可考虑建造 22 米×12 米的场地；篮球也可考虑大小在 72～74 厘米之间，重量在 560～580 克之间。又如在游泳池的建造方面，可考虑增大池底的坡度，使水深从 1.2 米逐渐过渡到 2 米等，以适应不同人群的需要。

（二）必须因地制宜，要与整个校园建设和谐统一

目前，不论是高校还是中小学，普遍存在办学用地紧张的情况。在建设场地与设施时，必须因地制宜，合理开发利用空地，充分利用路边、学生宿舍周围等闲置的地域进行科学的设计，巧妙地布置各种场地和器材。

体育场地设计得好，可以美化校园环境。一座美观的体育场馆，可以作为学校的标志性建筑，也是学校办学实力的体现。在设计的时候，一定要合理地搭配，合理地布局，使之与校园相和谐。

二、学校体育场地与设施的设计原则

（一）安全性和就地取材的原则

学校体育场地是学生进行身体活动的场所，人员密集，使用率高，必须把安全放在首位，场地必须平整，设施必须牢固，无安全隐患。

学校的办学经费总是有限的，特别是一些老、边、山地区的学校，要采用高科技材料建造标准场地是不现实的。学校应该根据自身的条件，在原有场地的基础上逐步改善。在器材设施方面，可以利用当地的资源，自行设计、制作一些简易的田径运动器材，如跨栏架、跳高架等，简易的体操器材，如

单杠、双杠以及一些健身器材等。

（二）标准场地与非标准场地相结合的原则

标准场地是为了进行正规的比赛而设计的。标准场地造价高，占地面积大，对地理环境有一定的要求；而非标准场地可因地制宜，在材料方面没有严格要求。学校可根据实际情况，适当建造一些标准场地，而多建造一些非标准场地。如篮球场地可利用小型的场地建造半场场地，篮球架可以固定在墙上练习投篮；足球场地可考虑建一些小场地、球门适当缩小等。

第三节　学校体育场地的布局

一、学校体育场地的空间布局

（一）学校体育场地空间布局的重要性

1. 学校体育场地空间布局在学校总体规划中起着重要作用。学校规划除了有行政办公楼、教室和学生公寓外，体育场地也是规划中十分重要的一部分。它能方便师生进行教学、锻炼、娱乐。体育场地建设的目的是为师生体育锻炼、娱乐提供条件。如果场地离得太远，则不利于师生锻炼；如果太近，又影响教学。因此，合理地进行空间布局意义十分重要。

2. 体育场地的合理布局，能美化校园，创造和谐、文明的校园氛围，能为学生提供交往的空间。学生的交往应该是多向度、多侧面、多层次的。合理的场地布局，能对与学生的交流产生积极的影响。

（二）学校体育场地空间布局的形式

1. 以体育馆位于校园中心而运动场位于学校边缘的布局形式

这种形式适用于中等规模的中、小学校，它的视觉好，一般体育馆与体育场有一定的距离。

2. 以体育馆和运动场位于校园边缘的布局形式

这种形式适用于有一定规模的中学和一般规模的高校。其目的是将体育区与教学区分开，便于对外开放。

3. 以多个体育馆和多个运动区的布局方式

这种形式适用于较大规模的学校。这种布局方式的体育馆有两种形式，一种形式是多个体育馆均分散于校园；另一种是体育馆相对集中。运动区也有两种方式，一种是按运动项目划分运动区；另一种是按地理位置划分运动区。这种布局方式能创造出活泼、生动、有序的校园空间。

二、学校体育场地与设施的项目布局

学校体育场地与设施按项目分可分为综合场馆、球类场馆、田径类场馆、体操类场馆、武术场馆、游泳场馆、举重场馆、冰雪类场馆及民族体育类场馆等。目前学校体育场地与设施按项目有以下几种划分方式。

（一）按项目的同类性划分区域

这种方式适用于较大规模的学校。如将学校体育场地划分为若干个区，每个区为同类体育项目的场地，如篮球区、排球区、足球区、网球区、乒乓球区、游泳池等。

（二）按校园的方位将项目合理地划分

这种方式也适用于较大规模的学校。如将学校体育场地划分为东、西、南、北区域中的2～3个区，每个区又有若干个体育项目，这样能满足就近学生中不同体育爱好者的需要。

（三）按一个区若干块划分

这种方式适用于一般规模的学校，特别是体育场馆建在学校边缘的学校。这种方式是根据不同的项目，按同类性划分为若干块，以满足不同体育爱好人群的需要。

（四）分散型布局

对于一些小项目，可根据学校的场地条件，有序地分散到校园的各个区域。如教学楼前可设置一些小型的健身器械，供学生课间休息锻炼；在道路两边的树林中，可设置一些简易的健身器械；在教学楼或办公楼周围的空地上，可建一些非标准的排球场、羽毛球场和室外乒乓球台等，供师生业余时间使用。

第四节　体育场地的分类

为了便于学习和管理，将体育场地分类如下。

一、按修建材料不同分

（1）塑胶场，如田径场、篮球场、网球场等。

（2）煤渣场，目前主要设在各大中小学的田径场地。

（3）土质场，如门球场、足球场及一些民族传统体育运动。

（4）木质场，如室内足球场、篮球场、排球场、手球场、羽毛球场等。

二、按使用用途不同分

（1）竞赛场地。供比赛使用，严格按照国际奥委会及世界各单项体育协会制定的竞赛规则对场地、器材的要求建设的场地。

（2）教学场地。按照教育部《学校体育场馆设施配备标准》建设，主要满足学校体育教育教学。

（3）训练场地。按照运动员或群众训练和锻炼身体的需要建设的体育场地。其场地大小、器材规格等可能不符合竞赛规则的要求，但能满足训练和锻炼身体的需要，如大中专院校的体育场馆、运动员训练基地等。

（4）健身场地。按照《全民健身纲要》的要求建设的体育场地，如社区体育活动场地、各类健身场所。

三、按比赛规模不同分

（1）单项体育场。各单项比赛、训练使用的场馆，如田径场、篮球场、网球场、体操馆、羽毛球馆等。

（2）专项体育场。体育场馆及其配套设施集中建在一定区域内，可承担大型体育比赛，如亚布力体育中心，承担冬季亚运会、奥运会的各项比赛。

（3）综合体育中心。将多种项目的比赛场馆集中建在一定的区域内，附属配套设施齐全，形成以田径场地为核心的体育建筑群。如奥运会、洲际运动会和我国的全运会等都在综合体育中心举行。由于项目多，参赛运动员、裁判员、工作人员多，便于集中管理和安排，能在较长的时间内完成相关的开、闭幕式，并为各类比赛项目的举行提供便利。

四、按竞赛设施性质不同分

（1）体育馆。指室内体育场地，大部分是木质的，也有塑胶的和土质的，如篮球馆、排球馆、柔道馆、摔跤馆、体操馆、壁球馆等。

（2）体育场。指露天体育场地，如田径场、足球场、棒垒球场、高尔夫球场、橄榄球场等。

（3）游泳馆。有一套供水、水处理、排水及水温、水质控制等设备，是游泳、跳水、水球和花样游泳的专用场馆。

（4）体操馆。是体操各单项比赛的专用场馆，男子有单、双杠，跳马，鞍马，吊环，自由体操六个单项；女子有平衡木，高低杠，跳马，自由体操四个单项。

（5）其他单项运动场所。现在开展的体育比赛项目日益增多，如高尔夫球、马术、保龄球、自行车、射击、滑冰、滑雪、网球、门球、曲棍球等，都需建设相应的比赛和训练专用的场馆。

第五节　我国体育场地与设施的现状及发展趋势

体育场地与设施是一个国家发展体育事业的基本物质基础，同时也标志着一个国家体育运动的发展水平和体育社会化的发展程度。

新中国成立以来，我国体育场地与设施有了较大的发展。新中国成立时，全国仅有 4982 个体育场地，以 1952 年上海虹口体育场和成都人民体育场的建成为代表，但当时的体育馆很少。改革开放以来，体育场馆建设出现了多元化投资的好势头，中央和地方都逐年投资，修建了一大批体育场地与设施，出现了如北京亚运村、北京工人体育场、首都体育馆、上海虹桥体育场、上海体育馆、广州天河体育馆等一大批现代化的体育场馆，体现了我国体育场地与设施的水平。近年来，国家体育总局和地方各级体育行政部门又利用体育彩票公益金加大了对群众体育健身场地建设的投入，到 2002 年为止，在全国各地兴建了 3531 个"全民健身工程"体育设施，建设全民健身路径 10000 多条；专门为老、少、边和贫困地区的体育事业发展设立的"雪炭工程"，共投资修建了体育设施 33 个，"全民健身活动中心" 21 个。第五次全国体育场地普查表明，截止到 2003 年 12 月 31 日，我国各系统、各行业、各种所有制形式（不含港、澳、台地区）共有符合第五次全国体育场地普查要求的各类体育场地 850080 个。其中，标准体育场地 547178 个，非标准体育场地 302902 个。历年累计投入体育场地建设资金 1914.5 亿元，其中，财政拨款 667.7 亿元，占投资总额的 34.9%，单位自筹资金 1032.6 亿元，占投资总额的 53.9%。以 2003 年年底全国总人口 129227 万人（不含港、澳、台地区）计算，平均每万人拥有体育场地 6.58 个，人均体育场地面积为 1.03 平方米，人均投入体育场地建设资金为 148.15 元。学校体育场地与设施也有了较大的发展。随着我国经济的进一步发展和《学校体育场馆设施配备标准》的出台，我国的体育场地与设施将会得到不断地发展，为我国的竞技体育、学校体育、群众体育的发展提供越来越好的条件。

随着我国体育产业化、市场化的不断深入以及高新技术的迅猛发展，我国体育场地与设施也有了新的发展。但与发达国家和群众需要相比，我国体育场地与设施的差距还比较大。现在除了少数东部和沿海城市体育场馆的建设已达到甚至超过国际先进水平外，一般城市的体育场馆建设远远达不到国际水平。目前国内外大型体育场馆不仅具有现代化的设施和设备，广泛采用电子计算机、激光、生物工程等高新科技和材料，而且实现管理的现代化。体育场馆建设的发展趋势是综合化、大型化、多功能化、高科技化。像举办奥运会这种规模的大型体育竞赛，不仅是一个国家综合国力的展示，也是现代科技橱窗的展现平台。

首先，大型体育场馆的多功能化。未来设计、建造的大型场馆，除了体育竞赛外，还将餐饮、购物、娱乐、酒吧、影院、展览融于一体。在项目设计上，采用高科技手段，使体育场馆适应多种运动项目的比赛使用，如在同一个体育馆内，通过使用移动看台和活动座椅的变换，使体育馆既能开展篮球、排球比赛，又能举行网球、羽毛球、乒乓球、体操等多个项目的比赛。从使用功能上看，体育场馆可作比赛场地，也可作训练、培养基地，还可作为会展场馆使用等。

其次，场馆建筑材料和附属设施的高科技化。未来修建的体育场馆和附属设施将更多地使用高科技材料，广泛采用新工艺、新材料、新技术于体育场地与设施的建设中。如田径场跑道将由橡胶预制卷材、透气型、复合型、环保型材料取代聚氨酯混合型材料；电子信息智能化网络系统（包括通信、广播电视、计算机、计时记分、仲裁记录及消防、安检等）广泛用于体育设施建设；LED 大型电子显示系统将普遍用于大型赛事的场馆中，各体育单项设施工程逐步实现标准化、数字化等。

再次，大众体育场地异军突起，出现多元化投资修建体育场馆的局面，学校、社区体育场地与设施进一步完善并向社会开放，出现了一些生态型、环保型的体育场地。

这些新型场馆的建设，为实现体育与社会的和谐发展，促进体育事业的全面发展和人民大众的身心健康创造了良好的物质条件。

>>> 练习与思考

1. 简述体育场地与设施在学校体育中的重要作用。
2. 简述学校体育场地与设施设计的原则。
3. 如何根据项目的不同，对学校体育场地与设施进行合理的布局？
4. 请分别叙述学校体育场地与设施有哪几种空间布局方式？
5. 简述体育场地的分类。
6. 简述我国体育场地与设施的现状和发展。

第二章 田径类运动的场地与设施

📎 **本章要点**

1. 田径类运动的场地与设施（径赛场地、标枪场地、铅球场地、铁饼场地、跳高场地、跳远场地与设施规格，各种径赛场地的画法）；
2. 户外运动中攀岩运动的场地、设施和装备；
3. 定向运动的设施和器材设备；
4. 野外生存的个人装备、宿营设备和技术设备等。

第一节 标准半圆式 400 米田径场的径赛场地

一、径赛场地的定位

标准半圆式田径场的周长和弯道的半径长度均有统一规定，而非标准半圆式田径场地的周长和弯道半径却无严格要求。但无论哪类半圆式田径场地，它都包括两个弯道和两个直段。径赛场地的定位方法是相同的，通常把终点的直、曲段称为第一直、曲段分界线（简称为第一分界线），然后按逆时针方向（向前跑进的方向）依次将其他几个直、曲段分界线称为第二分界线、第三分界线和第四分界线。第一分界线前的弯道称为第一弯道，第三分界线前的弯道称为第二弯道，第二分界线前的直道称为第一直道，第四分界线前的直道称为第二直道（图 2-1）。

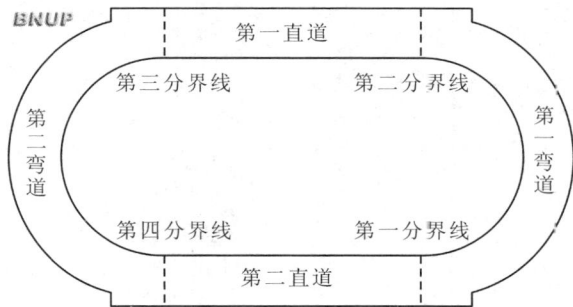

图 2-1 径赛场地定位示意图

二、径赛场地的画线

正式田径比赛，约有 2/3 的项目为径赛项目。各径赛项目不仅起点位置不同，而且起跑线的画法也不尽相同，有分道跑的梯形起跑线，有不分道跑的弧形起跑线。不同组别和不同距离的跨栏比赛，其栏间距也不同。各项接力赛跑的接力区的画法也不一样。然而，不同项目的径赛场地的画线要求却是相同的。第一，径赛场地线的宽度均为 5 厘米。第二，各项径赛距离都包括起跑线的宽度而不包括终点线的宽度。第三，所有分道的宽度不包括左侧分道线的宽度而只包括右侧分道线的宽度（图 2-2）。第四，每个接力区的长度为 20 米，在中心线前后各 10 米。接力区的开始和结束都从接力区分界线后沿算起。接力区后沿的后面 10 米"预跑"线的宽度亦包括在"预跑"区之

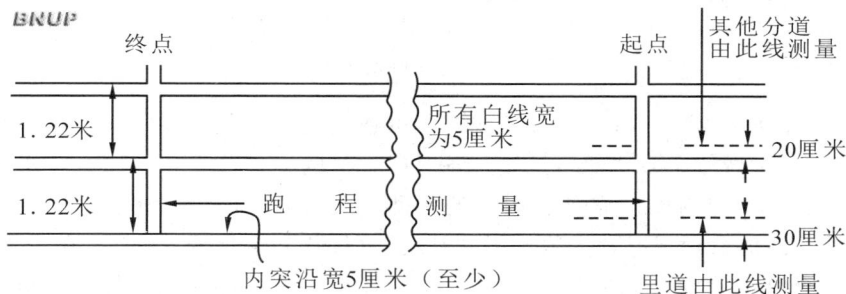

图 2-2　径赛场地画线示意图

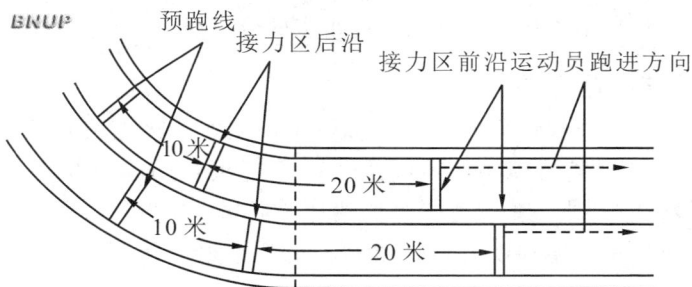

图 2-3　接力区画法示意图

内（图 2-3）。第五，直道上的分道跑起跑线，接力区线以及跨栏架的栏板前沿应与分道线垂直，如果在弯道上，它们的延长线则必须通过弯道的圆心。不分道跑的起跑线则应画成弧线。第六，径赛终点的位置一般都设在第一分界线处，第一分界线即为径赛终点线。为了方便终点裁判员工作，应在终点线后 5 米的跑道上，每隔 1 米画一条与终点线平行的白线，并在这五条白线

两端分别竖五个牌子，牌子上写上"①""②""③""④""⑤"的号码。同时，在终点线后面 1 米的各条分道上，朝着计时台的方向，清晰地写上"1～8"的道次号码。在距终点线约 20 米处，朝着终点台的方向，由外道至里道斜标着"8""7"…"1"的道次号码（图 2-4）。第七，分道线的画法

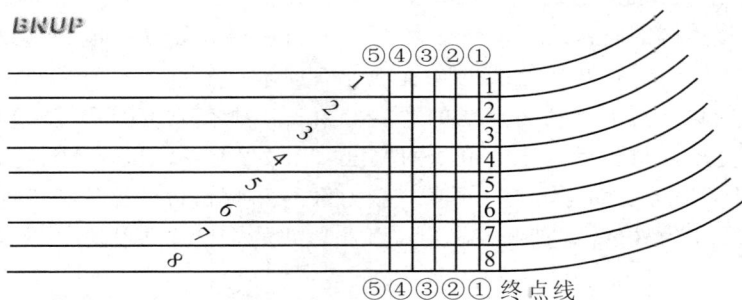

图 2-4　终点区画法示意图

（设分道宽 1.22 米）：画直道分道线时，可在两端直曲段分界线上，从里至外每隔 1.22 米做一记号，然后把通过各对应记号的绳子拉直，再用石灰水或石灰粉沿着绳子的内侧（靠跑道内沿的一侧），画出各条宽度为 5 厘米的分道线。画弯道的分道线时，一般使用"钉耙"（即横架上每隔 1.22 米或 1.25 米装有一个钉子的特制画线耙）先在弯道上画出痕迹，然后用石灰水（粉）沿痕迹内侧画出分道线。使用"钉耙"画线时，应先把"钉耙"的一端靠在跑道内沿边上，并使整个耙的横梁始终与弯道的半径成一直线，向前拖进，画出醒目痕迹，然后沿痕迹内侧画出 5 厘米宽的分道线。

三、径赛的起点位置

径赛项目的终点线固定在第一分界线上，无疑给终点裁判的工作提供了方便。由于终点位置的固定，不同距离的径赛项目的起点位置也就不同了（图 2-5）。这不仅要求场地测画人员要熟悉各项起点位置，准确地画好各径赛项目的起跑线，而且要求所有径赛裁判人员都必须清楚，有利于比赛准时顺利地进行。

四、弯道的丈量方法

标准田径场弯道的长度比直段长度要大些。如半径为 36 米田径场的弯道长 228.08 米，半径为 36.5 米的田径场地的弯道长 231.22 米，半径为 37.898 米田径场的弯道长 240 米（均指第一分道的弯道长度）。所以弯道上的径赛场地线要比直段上多。除了 100 米、100 米栏、110 米栏、抢道标志线以及 3000 米障碍赛跑的起跑线在直道上之外，其余的径赛项目的起跑线均在弯道上。

10

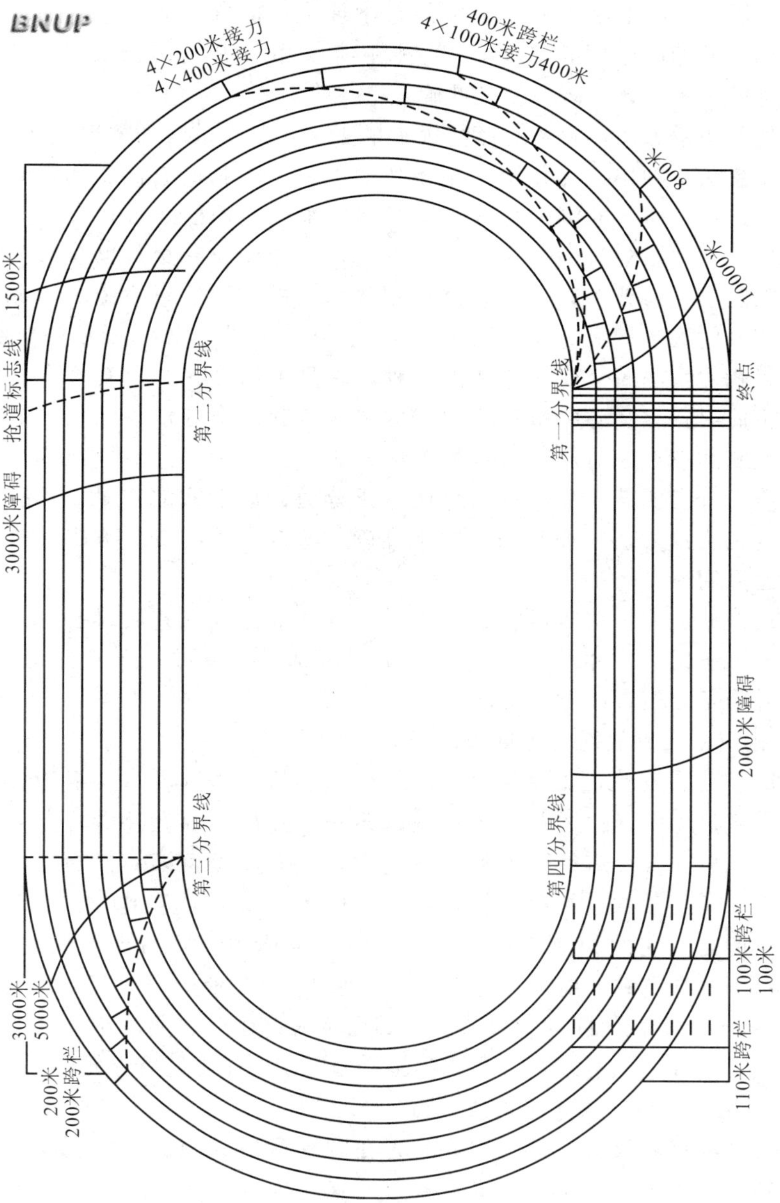

图 2-5　径赛起点位置示意图

接力区线、200 米以上的跨栏跑的栏位线等也大多数在弯道上，而且，弯道的丈量比直道的丈量更麻烦，计算也很复杂。如果我们按照田径场设计原理，沿着弯道直接丈量各种不同长度的弧形实跑线，不仅费事，而且会出现很大的误差。因此，我们必须通过有关的数学理论，把弯道上的任何一个实跑线弧段，换算成相应的角度或弦长（直线距离），再运用一定的工具（经纬仪或钢尺）进行丈量，这样既简便又准确。

弯道的丈量方法，一般有经纬仪丈量法、直弦丈量法和放射式丈量法等。经纬仪丈量法是利用经纬仪测量各条弯道上一定弧长的方法。测量时，根据弯道上一定弧长所对的测量角度，用经纬仪来确定该段弧长在弯道上所处的位置。这种方法虽然计算简单、测量准确，但操作较麻烦，也容易受仪器精密度的限制。在实践中，人们普遍采用放射式的方法丈量弯道。为此，本节着重介绍放射式丈量法的计算原理和计算公式，以供大家在场地计算中运用。

放射式丈量法属余弦丈量法的一种。它是根据已知的由基准点至圆心的半径和由放射点至圆心的半径所构成的夹角，利用余弦定理而求得放射线长度（即从基准点至放射点）的一种丈量方法。这种丈量，根据计算得出的距离，从第一分道的某一基准点向外面各条分道做放射式的丈量，具有基准点少，较直弦丈量方法方便省力，丈量准确，功效高等特点，被广大体育工作者所普遍采用。

常用的放射丈量法有两种：一种是相应基准点放射式丈量法；另一种是固定基准点放射式丈量法，它们的丈量方法都是把基准点设在跑道内沿上，然后向外面各分道做放射式丈量。

1. 相应基准点放射式丈量法

相应基准点放射式丈量法，是以相应的项目为基础，每一组的放射线集中。比如丈量 400 米栏的起点，它是以第一分界线上内突外沿这点为相应的基准点，向外面各分道线外沿做出放射点，或者以里道第一栏为相应的基准点丈量第二道至第八道的第一栏距离，这样不容易遗漏某道的起点或第一栏的位置。但是，它的相应基准点较多，因经常挪动而容易出现误差。同时，有些项目从基准点到放射点的距离太长，像 4×400 米接力的第八道起点，放射线长达 63 米，往往因为钢尺长度不够而带来麻烦。在实践中，某些项目最好是与固定基准点放射式丈量法结合起来运用，这样丈量更方便。

2. 固定基准点放射式丈量法

固定基准点的放射式丈量法，是先在两个弯道的跑道内沿上固定六个基准点，然后利用余弦定理，求得从各个固定基准点至弯道上各径赛项目有关距离的放射线长度的方法。这种丈量方法，由于能直接从弯道长度求得未知角度，从而提高了计算的准确性，同时又可以简化计算步骤，从各固定基准点做出的放射线长度，一般不超过 35 米，加上基准点少，给丈量工作带来很大方便（图 2-6）。

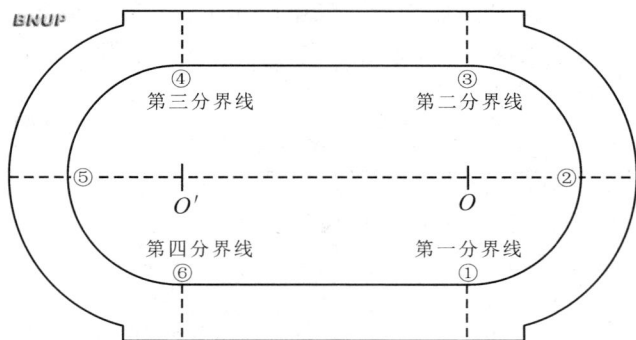

图 2-6　固定基准点的位置

①号固定基准点：在第一分界线与跑道内沿的相交点上。

②号固定基准点：在场地纵轴线与第一弯道的跑道内沿的相交点上（即第一弯道跑道内沿的顶点）。

③号固定基准点：在第二分界线与跑道内沿的相交点上。

④号固定基准点：在第三分界线与跑道内沿的相交点上。

⑤号固定基准点：在场地纵轴线与第二弯道的跑道内沿的相交点上（即第二弯道跑道内沿的顶点）。

⑥号固定基准点：在第四分界线与跑道内沿的相交点上。

第二节　半径为 36.5 米标准半圆式径赛场地的计算与丈量

一、直道赛跑和跨栏跑项目

直道上进行的 100 米跑和 100 米跨栏跑的距离，可用 100 米长的钢尺从终点线后沿向后直接量取，也可以从第四分界线向后丈量。在实践中通常采用后一种的"间接"丈量的方法，比较省事。即 100 米跑和 100 米跨栏跑的起点确定，只需要从第四分界线后沿处，分别向后延长内突沿和外突沿 15.61 米各得一点，连接这两点的线段即为 100 米跑和 100 米跨栏跑的起跑线。110 米跨栏跑的起跑线，按照同样的方法，向后量取 25.61 米即可（图 2-7）。

各跨栏项目起跑线至第一栏的距离，栏间的距离以及最后一栏至终点的距离如表 2-1 所示，可按照表中的数据，在直道上测画各跨栏跑比赛的场地。

100 米跑和 110 米跨栏跑比赛，起跑线至第四分界线之间的各条分道线，最好用 5 厘米宽的白帆布条代替，将白帆布条用钉子固定在分道线上，赛毕取下。这一区间的分道线也可以用白色虚线或其他颜色虚线画出，目的在于使这一区间的弯道分道线清晰可辨，以免运动员在进行 200 米以上的分道比赛时串道犯规。终点线即第一分界线，终点线的画法及其场地布置同前所述。所有径赛项目终点均相同。

表 2-1　　直道跨栏跑项目表　　　　　　（单位：米）

组别		全程距离	起点至第一栏	栏间距离	最后一栏至终点
成年男子		110	13.72	9.14	14.02
成年女子		100	13.00	8.50	10.50
少年男子	甲组	110	13.72	9.14	14.02
	乙组	110	13.72	8.70	17.98
少年女子	甲组	100	13.00	8.50	10.50
	乙组	100	13.00	8.00	15.00

注：本项目表为《田径竞赛规则》2006 年 4 月第一版所规定，各项比赛均为 10 个栏架。

图 2-7　直道跨栏跑场地示意图（单位：米）

二、弯道分道赛跑项目

弯道分道赛跑项目包括 200 米、400 米和 800 米跑三项。

（一）200 米、400 米跑起点线的计算及画法

200 米或 400 米跑，运动员必须沿着各自的分道跑完全程，其中分别包括一个弯道或两个弯道的分道跑。由于弯道的半径不同，各分道的周长也就不同，因而，运动员不可能在同一条直线上起跑。第二道以外（含第二道）的各分道，需分别把比第一道多出的距离减去，形成了弯道上的梯形起跑方式，第二道以外（含第二道）的各分道起跑线究竟比第一道向前伸出多少距离？

这就涉及"前伸数"问题。

所谓前伸数，即为了使第二道以及第二道以外的运动员与第一道运动员所跑的距离相等，其起点必须向前伸出比第一道多出的距离，这一向前伸出的距离数据简称为"前伸数"。

1. 前伸数的计算

按诱导公式：$C_n = 2\pi[(n-1)d - 0.1]$计算出 400 米跑各分道前伸数（表 2-2）。

表 2-2　400 米跑各分道前伸数　　　　　（单位：米）

前伸数　　道次　分道宽	一	二	三	四	五	六	七	八
1.22	0	7.037	14.703	22.368	30.033	37.699	45.365	53.030
1.25	0	7.226	15.080	22.934	30.788	38.642	46.496	54.350

200 米跑各道前伸数是 400 米跑各道前伸数的一半，即按诱导公式 $C_n = \pi[(n-1)d - 0.1]$ 计算出 200 米跑各分道前伸数（表 2-3）。

表 2-3　200 米跑各分道前伸数　　　　　（单位：米）

前伸数　　道次　分道宽	一	二	三	四	五	六	七	八
1.22	0	3.519	7.351	11.184	15.017	18.850	22.682	26.515
1.25	0	3.613	7.540	11.467	15.394	19.321	23.250	27.175

2. 放射线长度

200 米跑和 400 米跑起点通常采用放射线丈量。200 米和 400 米各道起点放射线长度见表 2-4。

表 2-4　200 米跑、400 米跑起点放射线长度表　　　　　（单位：米）

项目	长度　　道次　分道宽	一	二	三	四	五	六	七	八
200 米起点	1.22	0	3.65	7.48	11.19	14.79	18.27	21.65	24.93
	1.25	0	3.75	7.67	11.46	15.14	18.70	22.15	25.49

项目	长度\道次\分道宽	一	二	三	四	五	六	七	八
400 米起点	1.22	0	6.98	14.29	21.27	27.90	34.17	40.09	45.66
	1.25	0	7.17	14.64	21.76	28.40	34.80	40.93	46.58

3. 起点线的画法

200 米跑、400 米跑各道起点的画法，通常多采用放射式丈量法。现以分道宽 1.22 米为例，用放射式丈量法画出该两项目的起点示意图（图 2-8、图 2-9）。

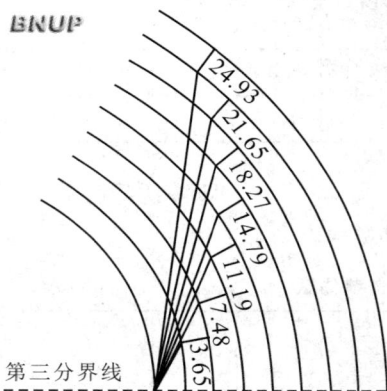

图 2-8　200 米跑起点放射式丈量示意图
（$d=1.22$ 米）（单位：米）

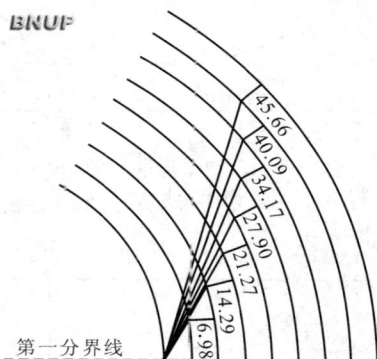

图 2-9　400 米跑起点放射式丈量示意图
（$d=1.22$ 米）（单位：米）

（二）800 米跑起点线的计算与丈量

《田径竞赛规则》规定："800 米跑应在第一弯道末端的抢跑线之前分道跑，运动员越过抢道线后可切入里道。"因此，800 米跑赛道各分道（除第一分道）起点前伸数为 200 米跑的前伸数加上"切入差"。所谓切入差，即第二道（包括第二道）运动员通过抢道标志线切入里道时，比第一道运动员多跑的距离（图 2-10）。

体·育·场·地·与·设·施

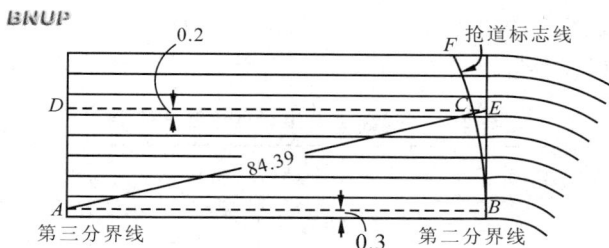

图 2-10　计算示意图（单位：米）

1.800 米跑的切入差（表 2-5）

表 2-5　800 米跑各分道切入差　　　　　（单位：米）

切入差　　　道次 分道宽	一	二	三	四	五	六	七	八
1.22	0	0.01	0.03	0.08	0.14	0.21	0.31	0.42
1.25	0	0.01	0.03	0.08	0.14	0.22	0.33	0.44

2. 抢道标志线的画法（图 2-11）

抢道标志线的画法有两种。

第一种画法：在第三分界线上离跑道内突沿外侧 30 厘米处取一点 A，再在第二分道线上离跑道内突沿外侧 30 厘米处取一点 B，然后以 A 点为圆心，以 AB 长（即 84.39 米）为半径，向外道画一弧线与跑道外沿相交于 C 点，那么，BC 弧线即为抢道标志线。

第二种画法：上述画法，由于皮尺过长而不方便，在实践中通常采用"点量法"画抢道标志线。根据表 2-5 中的切入差数据，直接在第二分界线上，沿着各道实跑线向前量取切入差距离并取点，然后连接各点成弧线，即为抢道标志线。

3. 起点放射线长度计算及画法

800 米跑各道起点前伸数等于 200 米前伸数加上各道切入差（表 2-6）。

表 2-6　800 米跑各道起点前伸数　　　　　（单位：米）

前伸数　　　道次 分道宽	一	二	三	四	五	六	七	八
1.22	0	3.529	7.381	11.264	15.157	19.060	22.992	26.935
1.25	0	3.623	7.570	11.547	15.534	19.541	23.580	27.615

计算方法：按照求 200 米和 400 米起点放射线长度的方法，计算出 800 米各道起点放射线长度（表 2-7）。

表 2-7　800 米各分道起点放射线长度　　　（单位：米）

长度＼道次＼分道宽	一	二	三	四	五	六	七	八
1.22	0	3.66	7.51	11.26	14.91	18.45	21.91	25.27
1.25	0	3.76	7.69	11.53	15.26	18.88	22.42	25.84

4. 800 米起点的画法（图 2-11）。

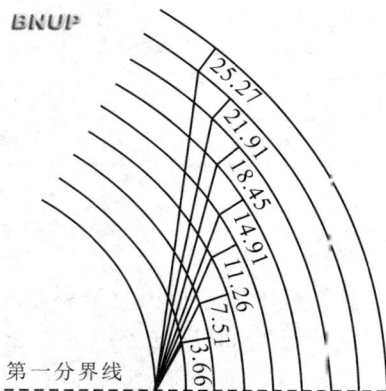

图 2-11　800 米起点放射式丈量示意图（$d=$ 1.22 米）（单位：米）

三、弯道跨栏跑项目

《田径竞赛规则》规定，在弯道上进行的跨栏跑比赛，设有少年男子、女子甲组 200 米跨栏跑，少年男子、女子乙组 300 米跨栏跑，成年男子、女子和少年男子、女子甲组的 400 米跨栏跑八个项目（表 2-8）。

表 2-8　弯道跨栏跑项目表　　　（单位：米）

组　别	项目	起点至第一栏	栏间距离	最后一栏至终点	栏架高度
成年男子	400	45	35	40	0.914
成年女子	400	45	35	40	0.762

组　　别	项目	起点至第一栏	栏间距离	最后一栏至终点	栏架高度
少年男子甲组	400	45	35	40	0.840
	200	16	19	13	0.762
少年女子甲组	200	16	19	13	0.762
	400	45	35	40	0.762
少年男子乙组	300	15	35	40	0.840
少年女子乙组	300	15	35	40	0.762

注：本项目表为《田径竞赛规则》2006 年 5 月第一版所规定，其中少年男子、女子乙组 300 米跨栏跑项目，全程设 8 个栏架，其余均为 10 个栏架。

从表 2-8 中看出，弯道跨栏跑有 8 个不同组别的比赛项目，而按跨栏跑的距离则可分为 200 米栏、300 米栏和 400 米栏三项，每项除栏的高度不尽相同之外，其起跑到第一栏、栏间距离、最后一栏至终点的距离都一样，这给跨栏跑场地的计算和丈量带来方便。

（一）200 米跨栏跑各栏位的计算及画法

1. 相对基准点放射式丈量法：数据、画法（表 2-9、图 2-12）。

表 2-9　200 米跨栏跑各栏位相应基准点放射线长度表　（单位：米）

位　置	栏位	长度基准	道次分道宽	各栏位的放射线和直道上的距离							
				一	二	三	四	五	六	七	八
第二弯道	第三分界线向前 第一栏	弦长 15.74	1.22	—	3.21	6.56	9.83	13.00	16.08	19.07	21.98
			1.25	—	3.29	6.73	10.06	13.30	16.45	19.51	22.48
	第一栏前 第二栏	弦长 18.64	1.22	—	2.69	5.50	8.24	10.91	13.52	16.06	18.54
			1.25	—	2.76	5.64	8.44	11.17	13.83	16.43	19.00
	第二栏前 第三栏	弦长 18.64	1.22	—	2.20	4.49	6.73	8.92	11.07	13.17	15.23
			1.25	—	2.26	4.60	6.89	9.13	11.33	13.48	15.58
	第三栏前 第四栏	弦长 18.64	1.22	—	1.76	3.57	5.35	7.11	8.84	10.54	12.22
			1.25	—	1.81	3.66	5.49	7.28	9.05	10.79	12.51
	第四栏前 第五栏	弦长 18.64	1.22	—	1.41	2.84	4.25	5.66	7.06	8.44	9.82
			1.25	—	1.44	2.91	4.36	5.80	7.23	8.65	10.06

位 置	栏位	长 度 基准	道次 分道宽	各栏位的放射线和直道上的距离							
				一	二	三	四	五	六	七	八
第二弯道 第五栏前	第六栏	弦长 18.64	1.22	—	1.23	2.46	3.68	4.91	6.14	7.37	8.59
			1.25	—	1.26	2.52	3.77	5.03	6.29	7.55	8.80
第二直道 第四分界线向前	第七栏	距离	1.22	14.39							
			1.25								
栏间距离 第八栏至第十栏		距离	1.22	19							
			1.25								
第十栏前	终点	距离	1.22	13							
			1.25								

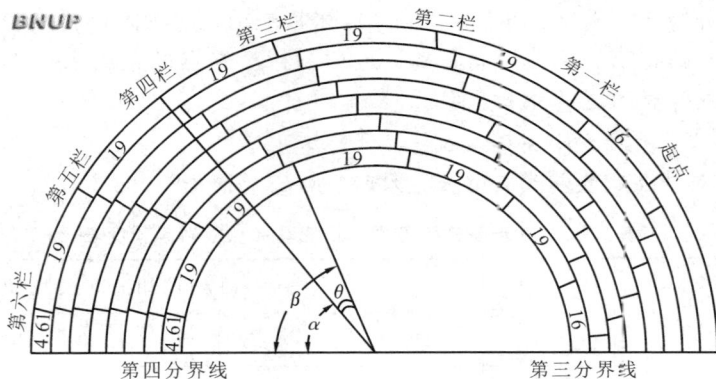

图 2-12　200 米跨栏跑相应基准点放射线计算示意图　（单位：米）

2. 200 米跨栏跑弯道各栏位线的画法（图 2-13）

（二）300 米跨栏跑场地的计算及画法

《田径竞赛规则》规定，300 米跨栏跑比赛，共设八个栏架，起点至第一栏距离为 15 米，栏间距离为 35 米，第八栏至终点距离为 40 米。

弯道栏位线的计算（表 2-10）如下：

300 米跨栏跑弯道上各栏位的确定，采用相应基准点放射式丈量法比较方便。相应基准点放射线长度的计算。参照 200 米跨栏跑各道栏位放射线长度的计算方法，计算出弯道各栏位放射线长度，计算结果如表 2-11 所示。

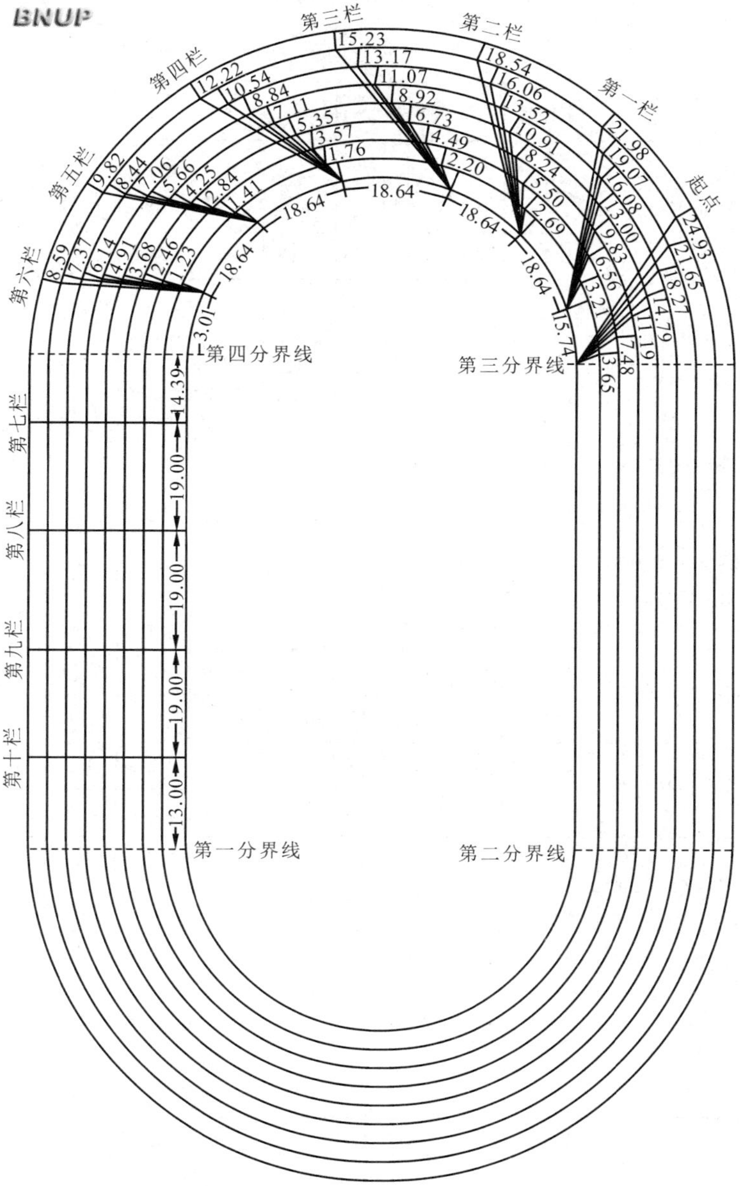

第三栏 第二栏

第四栏 15.23 18.54
12.22 13.17
10.54 16.06 11.07 第一栏
18.84 13.52
第五栏 17.11 8.92
9.83 15.35 6.73 21.98
8.44 13.57 4.49 19.07
第六栏 7.06 1.76 2.20
5.66 18.24
4.25 16.08
8.59 2.84 10.91 13.00
17.37 1.41 18.64 18.64 18.64 5.30 9.83
16.14 2.69 16.56
4.91 24.93
3.68 18.64 21.65
2.46 18.64 18.27
1.23 15.74 14.79
3.01 13.21 11.19
3.65 7.48

4.39 第四分界线 第三分界线

第七栏 19.00

第八栏 19.00

第九栏 19.00

第十栏 13.00 第一分界线 第二分界线

起点

图 2-13　200 米跨栏跑相应基准点放射式丈量示意图（$d=1.22$ 米）（单位：米）

表 2-10　300米跨栏跑各栏位放射线长度表　　　　（单位：米）

栏次	基点	分道宽	各栏位的放射线和直道上的距离							
			一	二	三	四	五	六	七	八
起点	③或(二)	1.22	←15.37	←11.84	←8.31	←5.57	←③ 4.91	(二)→ 3.24	→7.07	→10.91
		1.25	15.37	11.76	8.15	5.43	5.00	3.71	7.64	11.56
第一栏	第二分界线向前	1.22	←③ 0.61	(二)→ 2.91	→6.74	→10.57	→14.41	起点→ 15	→15	→15
		1.25	0.61	3.00	6.93	10.86	14.78	15	15	15
第二栏	第一栏向前	1.22	35							
		1.25								
第三栏	第三分界线或由A点向前	1.22	←(三) 15	11.48	7.65	13.82	(二)→ 0.02	A→ 7.06	A→ 10.11	A→ 13.37
		1.25	← 15	11.39	7.46	←(三) 3.53	A→ 5.01	A→ 7.41	A→ 10.58	A→ 13.94
第四栏	由B点向前	1.22	AB弦长 19.59	3.10	6.34	9.49	12.56	15.53	18.42	21.26
		1.25		3.17	6.50	9.72	12.85	15.89	18.85	21.73
第五栏	由C点向前	1.22	BC弦长 33.42	2.17	4.44	6.65	8.82	10.94	13.02	15.07
		1.25		2.23	4.55	6.74	9.01	11.20	13.33	15.42
第六栏	由D点向前	1.22	CD弦长 33.42	1.43	2.90	4.35	5.79	7.21	8.62	10.03
		1.25		1.47	2.97	4.45	5.92	7.35	8.83	10.27
第七栏	第四分界线向前	1.22	9.39							
		1.25								
第八栏	第七栏向前	1.22	35							
		1.25								
终点	第八栏向前	1.22	40							
		1.25								

注："(三)→"表示由第三分界线向前（逆时针方向）丈量；"←(三)"表示由第三分界线向后（顺时针方向）丈量；"A→"表示由基准点 A 向前（逆时针方向）丈量。

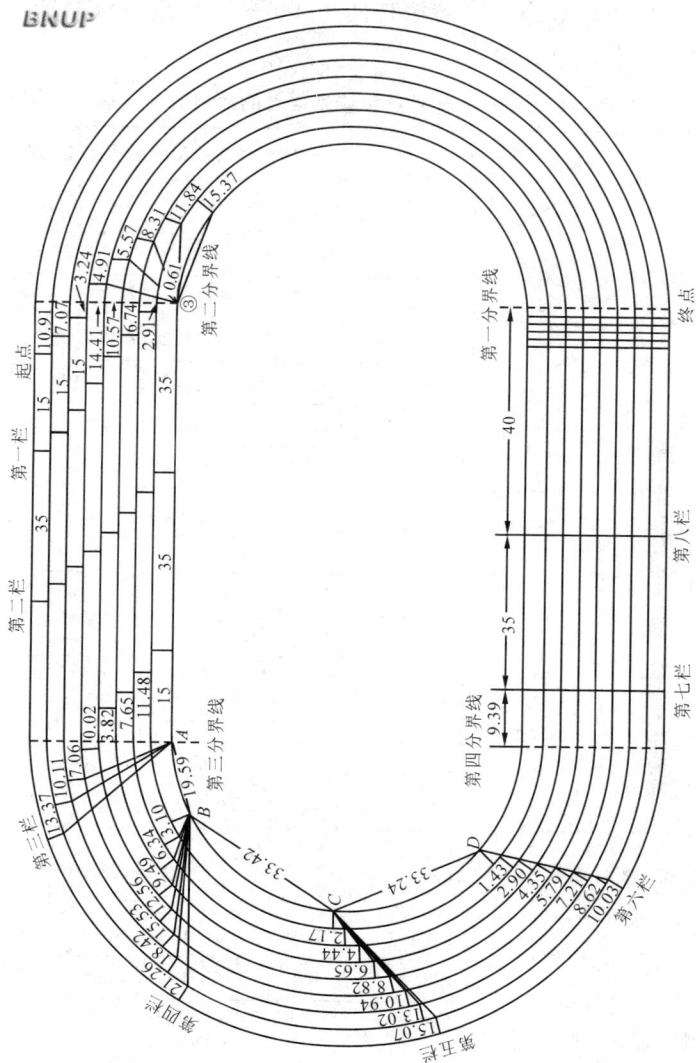

图 2-14　300 米跨栏跑场地画法示意图（$d=1.22$ 米）（单位：米）

（三）400 米跨栏跑场地计算及丈量

　　成年男子和少年男子、成年女子和少年女子 400 米跨栏跑比赛，起点至第一栏的距离为 45 米，栏间距离为 35 米，最后一栏至终点距离为 40 米。

　　计算方法：由弯道上的相应基准点至各道栏位分道线的放射线长度的计算方法同 300 米跨栏跑，只是栏的序号不同而已，如 300 米跨栏跑的第三栏则是 400 米跨栏跑的第五栏，依此类推，只需计算第一栏和第二栏放射线长

23

度。计算方法与 200 米跨栏跑场地相同。400 米跨栏跑相应基准点的放射长度、丈量方法见表 2-11、图 2-15。

表 2-11　400 米跨栏跑相应基准点的放射线长度表　（单位：米）

位置	栏位	基准	长度	分道宽	一	二	三	四	五	六	七	八
第一弯道	第一栏（第一分界线向前）	弦长	41.90	1.22	—	5.67	11.62	17.34	22.81	28.06	33.08	37.84
				1.25	—	5.83	11.91	17.74	23.35	28.69	33.80	38.64
	第二栏（第一栏前）	弦长	33.42	1.22	—	4.66	9.55	14.28	18.83	23.22	27.45	31.50
				1.25	—	4.79	9.79	14.61	19.28	23.75	28.05	32.18
第一直道	第三栏（第二分界线向前）	距离		1.22	←(二)弦长 0.61	2.91	6.74	10.57	14.41	18.24	22.08	25.90
				1.25		3.01	6.93	10.85	14.79	18.71	22.64	26.56
	第四栏（与第三栏相距）	距离		1.22					35			
				1.25								
	第五栏（第三分界线向后）	距离		1.22	15.00	11.48	7.65	3.82				
				1.25		11.39	7.46	3.53				
第二弯道	（第三分界线向前）	弦长	0	1.22					0.02	7.06	10.11	13.37
				1.25					5.01	7.41	10.58	13.94
	第六栏	弦长	19.59	1.22		3.10	6.34	9.49	12.56	15.53	18.42	21.26
				1.25		3.17	6.50	9.72	12.85	15.89	18.85	21.73
	第七栏（第六栏前）	弦长	33.42	1.22		2.17	4.41	6.65	8.82	10.94	13.02	15.07
				1.25		2.23	4.55	6.74	9.01	11.20	13.33	15.42
	第八栏（第七栏前）	弦长	33.42	1.22		1.43	2.90	4.35	5.79	7.21	8.62	10.03
				1.25		1.47	2.97	4.45	5.92	7.35	8.83	10.27
第二直道	第九栏（第四分界线向前）	距离		1.22					9.39			
				1.25								
	第十栏（与第九栏相距）	距离		1.22					35			
				1.25								
	终点（第十栏前）	距离		1.22					40			
				1.25								

注：←(二)表示第二分界线向后丈量。

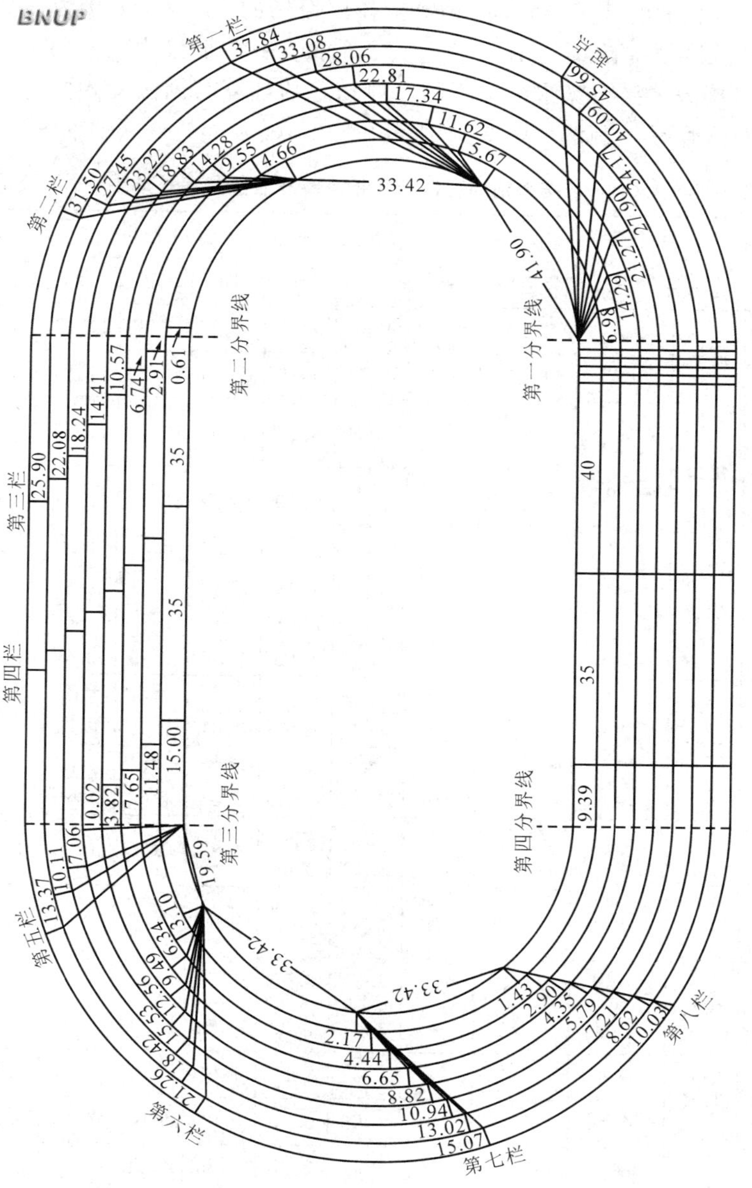

图 2-15　400 米跨栏跑相应基准点放射式丈量示意图（$d=1.22$ 米）（单位：米）

四、接力赛跑项目

（一）4×100 米接力赛跑场地计算与画法

4×100 米接力跑，起点同 400 米跑。各接力区预跑线后沿、前沿相应基准点放射线长度的计算步骤同 36 米半径田径场的 4×100 米接力区放射线长度的计算。接力赛跑项目有男子、女子组 4×100 米接力、4×200 米接力、4×400 米接力。接力赛跑组别不同，但场地的计算与画法却相同。其计算结果如表 2-12 所示。画法如图 2-16 所示。

表 2-12　4×100 米接力跑的各接力区相应基准点放射线长度表　（单位：米）

接力区次		长度＼分道宽		各接力区放射线和直道上的距离							
		弦长	分道宽	一	二	三	四	五	六	七	八
第一接力区	预跑线	弦长 ←(二) 33.96	1.22	—	4.66	9.55	14.28	18.83	23.22	27.45	31.50
			1.25	—	4.79	9.79	14.61	19.28	23.75	28.05	32.19
	后沿	弦长 ←(二) 24.89	1.22	—	4.38	8.97	13.41	17.70	21.83	25.82	(二)→ 0.90
			1.25	—	4.50	9.19	13.72	18.11	22.32	26.40	(二)→ 1.56
	前沿	弦长 ←(二) 0	1.22	5.56	2.38	(二)→ 1.74	5.58	9.41	13.24	17.08	20.90
			1.25	5.56	2.45	(二)→ 1.93	5.85	9.79	13.71	17.64	21.56
第二接力区	预跑线	弦长 (三)→ 0	1.22	← 20.00	← 16.48	← 12.65	← 8.81	← 4.98	←(三) 1.15	7.71	10.34
			1.25	← 20.00	← 16.38	← 12.46	← 8.54	← 4.60	←(三) 0.68	8.06	10.84
	后沿	弦长 (三)→ 0	1.22	← 10.00	← 6.48	←(三) 2.65	3.83	6.76	10.17	13.61	17.01
			1.25	← 10.00	← 6.38	←(三) 2.46	4.00	7.10	10.59	14.12	17.59
	前沿	弦长 (三)→ 9.89	1.22	—	3.37	6.90	10.34	13.67	16.90	20.03	23.08
			1.25	—	3.47	7.08	10.58	13.98	17.28	20.48	23.60
第三接力区	预跑线	弦长 (四)→ 33.96	1.22	—	1.62	3.27	4.91	6.52	8.11	9.68	11.24
			1.25	—	1.66	3.35	5.03	6.68	8.30	9.92	11.51
	后沿	弦长 (四)→ 24.89	1.22	—	1.44	2.90	4.35	5.79	7.21	8.63	10.03
			1.25	—	1.47	2.97	4.46	5.93	7.39	8.83	10.27
	前沿	弦长 (四)→ 5.56	1.22	—	1.23	2.46	3.70	4.93	6.16	7.39	8.62
			1.25	—	1.26	2.52	3.79	5.05	6.31	7.57	8.83

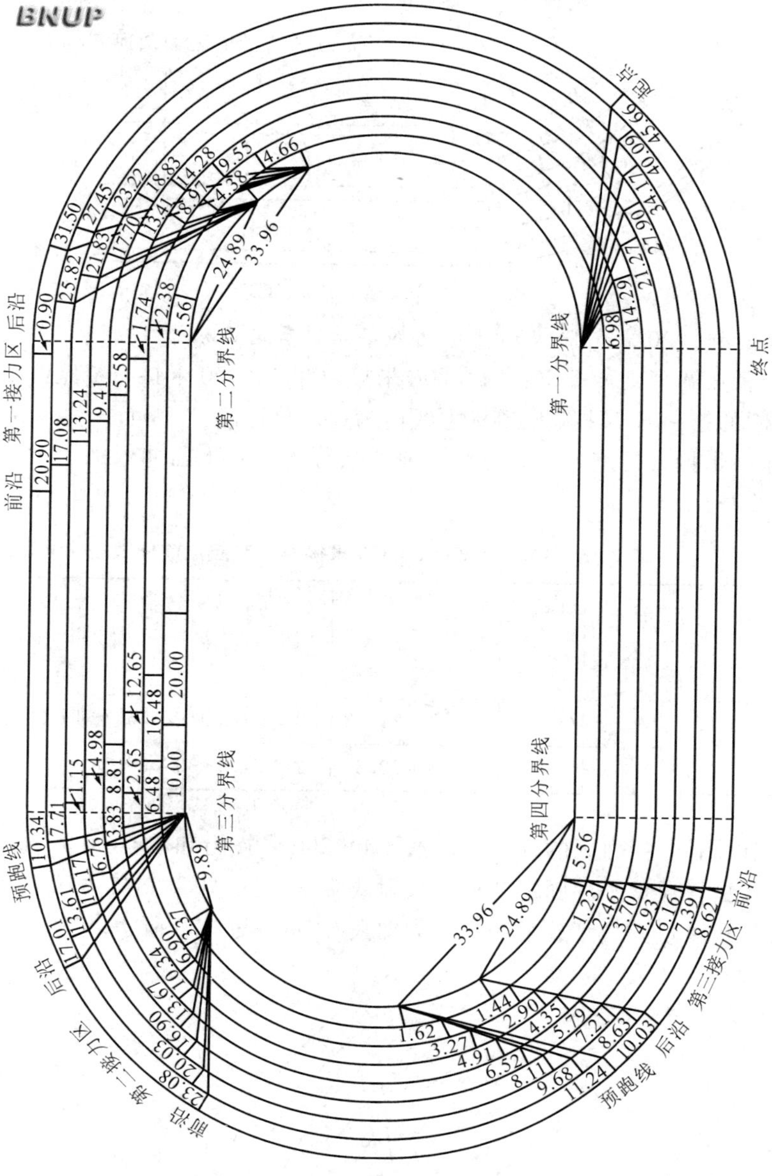

图 2-16　4×100 米接力区相应基准点放射式丈量示意图（$d=1.22$ 米）（单位：米）

4×100 米接力区场地画法如图 2-17 所示。

第二章＼田径类运动的场地与设施

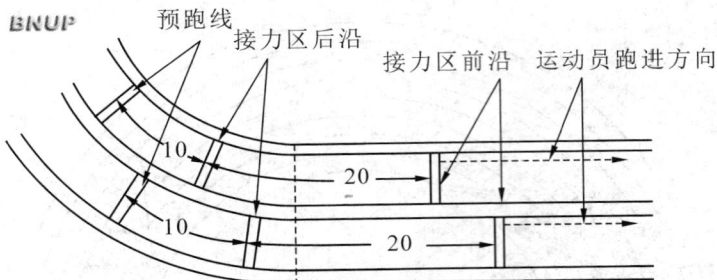

图 2-17　接力区画法示意图

（二）4×200 米、4×400 米接力跑场地计算与画法

《田径竞赛规则》规定："4×200 米接力和 4×400 米接力赛跑，在第一圈和第二圈的第一弯道末端抢道标志线前为完全分道跑。"因而，4×200 米接力和 4×400 米接力赛跑，各分道起点前伸数等于 400 米前伸数加上 800 米前伸数（表 2-13）。

表 2-13　4×200 米、4×400 米接力赛跑起点前伸数　（单位：米）

前伸数　　道次　分道宽	一	二	三	四	五	六	七	八
1.22	0	10.57	22.08	33.63	45.19	56.76	68.36	79.97
1.25	0	10.58	22.65	34.48	46.32	58.18	70.08	81.97

起点线和各接力区的计算与画法：4×200 米接力和 4×400 米接力赛跑起点线的画法，通常采用固定基准点放射式丈量（图 2-18）。接力区采用相应基准点放射式丈量方式，放射线长度如图表 2-14、表 2-15 所示。

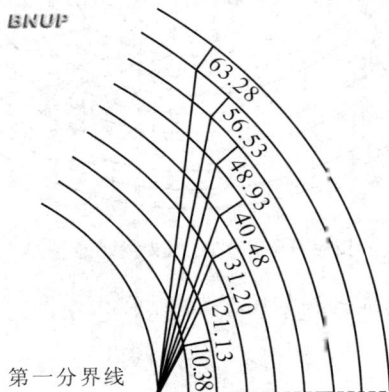

图 2-18　4×200 米、4×400 米接力跑起点放射式丈量示意图（$d=1.22$ 米）

表 2-14　4×200 米接力各道起点各接力区放射线长度表　　　　　　（单位：米）

接力区次	长度基准点		分道宽	各接力区放射线长度和直道上的距离							
				一	二	三	四	五	六	七	八
起点	(一)→ 0		1.22	0	10.38	21.13	31.20	40.48	48.93	56.53	63.28
			1.25	0	10.65	21.64	31.91	41.35	49.90	57.58	64.36
第一接力区	预跑线	(三)	1.22	←20.00	←12.95	←(三)5.27	(三)→4.34	→10.66	→17.48	→24.14	→30.52
			1.25	20.00	12.76	4.89	4.71	11.33	18.31	25.10	31.60
	后沿	(三)	1.22	←10.00	←2.95	←(三)5.17	(三)→12.32	→19.30	→25.99	→32.37	→38.42
			1.25	10.00	2.76	5.51	12.83	19.96	26.79	33.29	39.44
	前沿	弦长 9.89	1.22		6.70	13.72	20.47	26.89	33.00	38.80	44.28
			1.25		6.88	14.06	20.95	27.51	33.73	39.63	45.19
第二接力区	预跑线	(一)	1.22	←20.00	←16.47	←12.62	←8.74	←4.84	←(一)0.94	(一)→7.81	→10.56
			1.25	20.00	16.38	12.43	8.45	4.47	0.46	8.17	11.09
	后沿	(一)	1.22	←10.00	←6.47	←(一)2.62	(一)→3.85	→6.86	→10.33	→13.85	(一)→17.34
			1.25	10.00	6.38	2.43	4.03	7.18	10.76	14.38	17.94
	前沿	弦长 9.89	1.22		3.38	6.93	10.40	13.79	17.07	20.29	23.43
			1.25		3.47	7.10	10.66	14.10	17.47	20.76	23.96
第三接力区	预跑线	(三)	1.22	←(三)20.00	同第一道接力区						
			1.25	20.00							
	后沿	(三)	1.22	←(三)10.00							
			1.25	10.00							
	前沿	(三)	1.22	(三)→9.89							
			1.25	9.89							

注：(一)→表示第一分界线向前丈量；←(一)表示第一分界线向后丈量；(三)→表示第三分界线向前丈量；←(三)表示第三分界线向后丈量。

表 2-15　4×400 米接力各道起点各接力区放射线长度表　　　　（单位：米）

接力区次	基准点	长度 / 分道宽 道次	各接力区放射线长度和直道上的距离							
			一	二	三	四	五	六	七	八
起点	(一)→ 0	1.22		10.38	21.13	31.20	40.48	48.93	56.53	63.28
		1.25		10.65	21.64	31.91	41.35	49.90	57.58	64.36
第一接力区	后沿 (一)		←	←	←(一)	(一)→	→	→	→	→
		1.22	10.00	6.47	2.62	3.85	6.86	10.33	13.85	17.34
		1.25	10.00	6.38	2.43	4.03	7.18	10.76	14.38	17.94
	前沿 弦长 9.89	1.22		3.38	6.93	10.40	13.79	17.07	20.29	23.43
		1.25		3.47	7.10	10.56	14.10	17.47	20.76	23.96
第二、三接力区	后沿 (一)	1.22	在第一分界线向后 10 米							
		1.25								
	前沿 (一)	1.22	在第一分界线向前 10 米							
		1.25								

4×200 米接力区相应基准点放射式丈量见图 2-19。

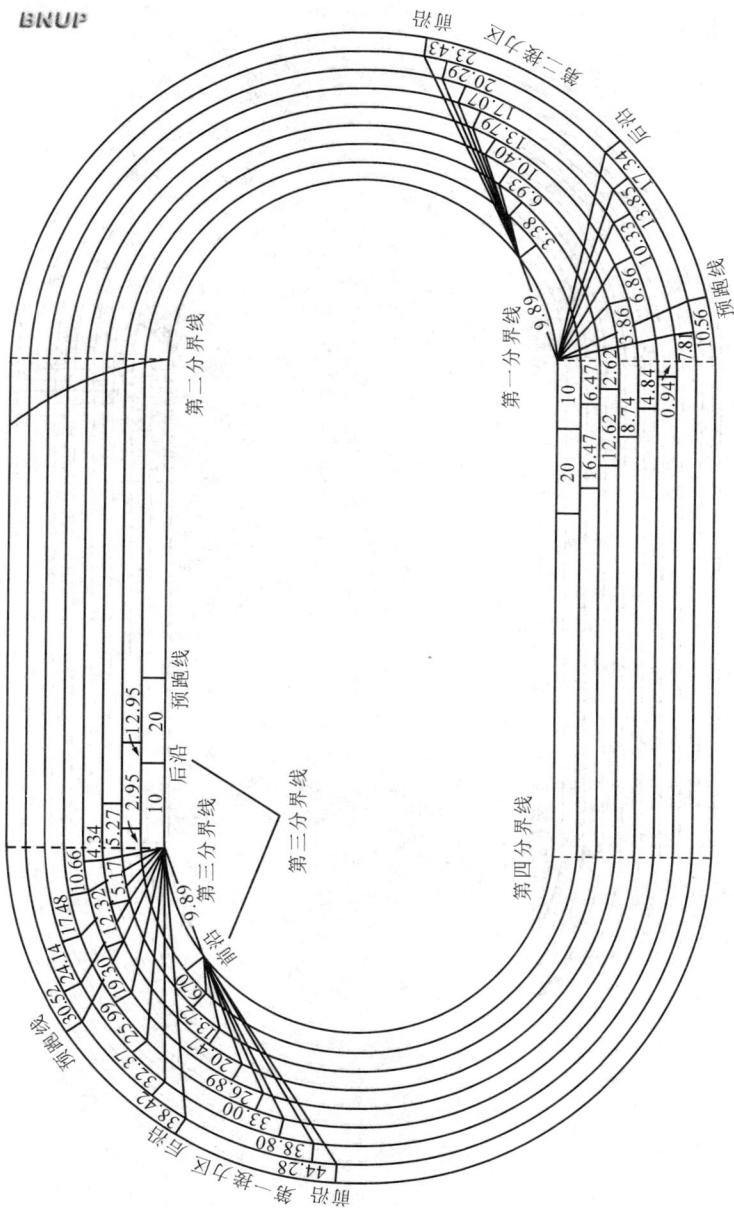

图 2-19　4×200 米接力区相应基准点放射式丈量示意图（$d=1.22$ 米）（单位：米）

4×400 米接力区相应基准点放射式丈量见图 2-20。

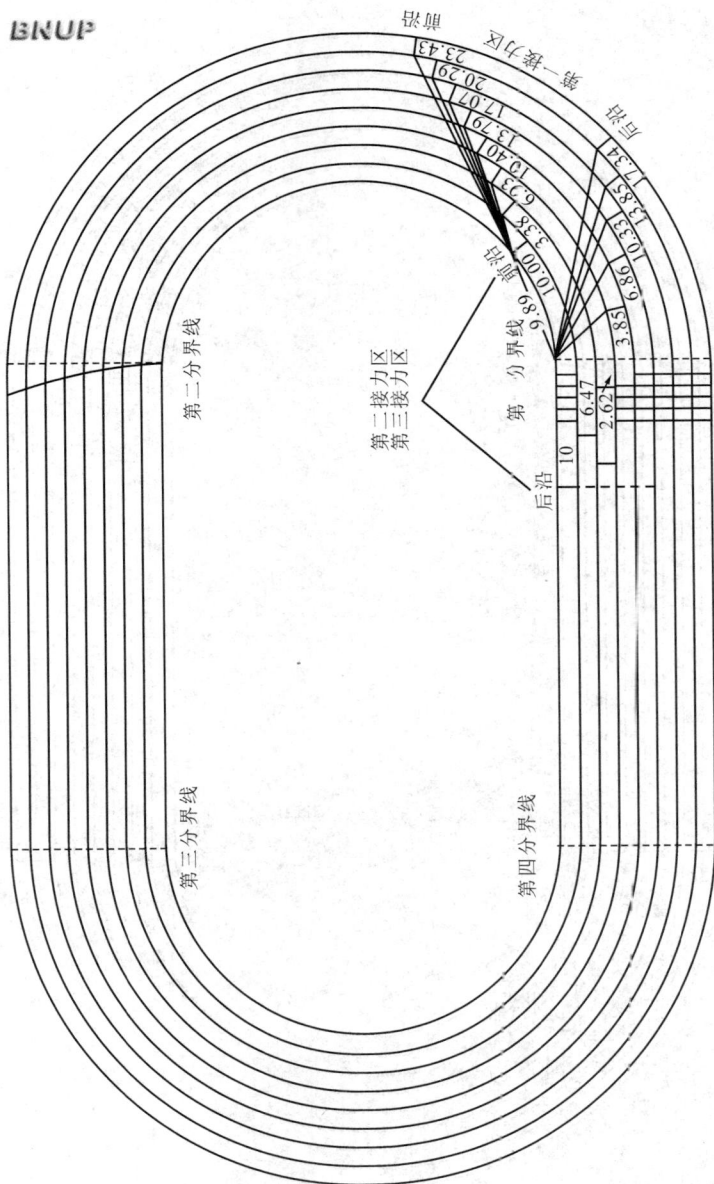

图 2-20　4×400 米接力区相应基准点放射式丈量示意图（$d=1.22$ 米）（单位：米）

五、不分道赛跑项目

不分道赛跑项目有 800 米、1500 米、3000 米、5000 米和 10000 米五项，它们的起点线均呈弧形。其中，800米和10000米等赛跑须分别跑2圈和25圈，起跑线在第一分界线前面，3000米和5000米赛跑须分别跑7圈加200米和12圈加上200米，起跑线在第三分界线前面，这些项目均采用不分道的起跑方法，而且都是在弯道上起跑。因此，它们起跑线的计算方法和画法都是一样的。1500米赛跑须跑3圈加上300米，其起跑线则在第二分界线后面弯道上。

（一）800米和10000米赛跑起跑线计算及画法

前面已经介绍了800米赛跑的分道跑起跑线的计算和画法，但《田径竞赛规则》中又规定，800米赛跑，如参赛运动员较少时，也可以采取不分道起跑即弧形起跑。

1. 直接丈量法（图2-21）

在第一分界线 AB 线上取一点 A_1（A_1 离跑道内沿30厘米）。从 A_1 点起，沿着第一道弯道的实跑线丈量30米取定点 B，然后，以 B 点为固定点，由 A_1 点向外道逐渐展开成一弧线（也称渐开弧），使其与跑道外沿相交于 D 点，得 A_1D 弧线即为800米和10000米赛跑的弯道起跑线，起跑线后面的集合线，是与起跑线相距3米的平行弧线，其画法同上。

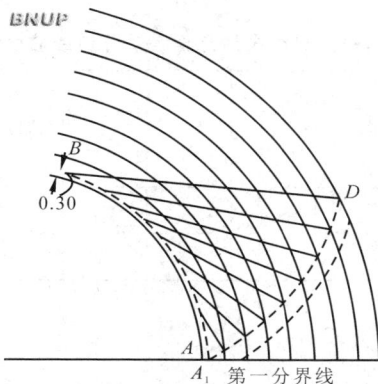

图 2-21　800米、10000米起跑线示意图（单位：米）

"渐开弧"不能误解为30米半径所作的弧线，而应该是假设在30米的皮尺上钉着无数个小钉子，当皮尺逐渐向外道展开时，皮尺上的小钉子 A_1 向 B 点逐个松开所成的弧线。

用渐开弧的方法画弯道上的起跑线，其操作麻烦而且不容易画得准确，因而在实践中一般不采用。常采用的是"点量画法"，方法简便，丈量准确。

2. 点量画法（图 2-22）

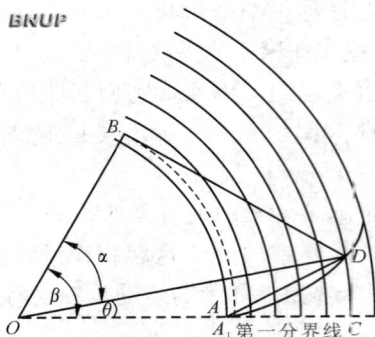

图 2-22　800 米、10000 米放射线长度计算

常用点量画法有两种：一种是由第一分界线与内沿交点向各分道线作放射线得出交点。另一种是由第一分界线至各分道线作直弦丈量得出交点。然后连接各交点成起跑弧线。这两种方法的共同特点，是先求出各点至圆心的连线与分道线所形成的夹角的余弦值，然后代入公式计算其放射线长度，如表 2-16 所示。

表 2-16　第一分界线内沿点至各道分道线放射线长度表　（单位：米）

长度 分道宽	放射线	AD_1	AD_2	AD_3	AD_4	AD_5	AD_6	AD_7	AD_8
1.22		1.23	2.49	3.78	5.11	6.48	7.87	9.30	10.77
1.25		1.26	2.55	3.88	5.25	6.65	8.08	9.55	11.06

3. 直弦丈量法（表 2-17）

表 2-17　由第一分界线至各分道线直弦长度表　　（单位：米）

长度 分道宽	直弦	B_1D_1	B_2D_2	B_3D_3	B_4D_4	B_5D_5	B_6D_6	B_7D_7	B_8D_8
1.22		0.14	0.50	1.00	1.62	2.35	3.18	4.10	5.12
1.25		0.15	0.52	1.05	1.69	2.45	3.31	4.27	5.33

4. 起跑弧线画法（图 2-23 和图 2-24）

3000 米和 5000 米赛跑的常规起跑弧线在第三分界线向前的弯道上，其计算方法和画法与 800 米和 10000 米赛跑起跑线相同。

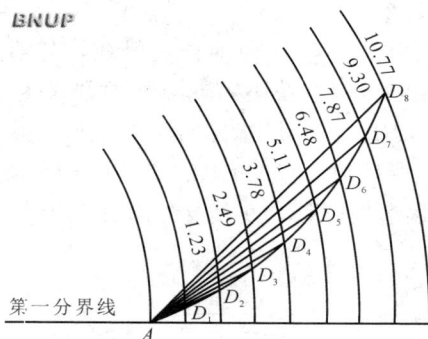

图 2-23　800 米、10000 米跑起点放射式丈量示意图

($d=1.22$ 米)（单位：米）

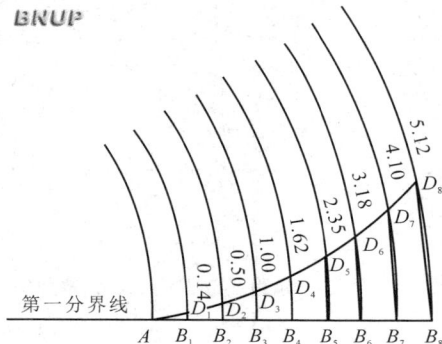

图 2-24　800 米、10000 米跑起点直弦丈量示意图

($d=1.22$ 米)（单位：米）

（二）第二组起跑弧线的画法及计算

《田径竞赛规则》规定："在 1000 米、2000 米、3000 米、5000 米和 10000 米的比赛中，如运动员超过 12 人时，可将他们分为两组同时起跑。大约 65％ 的运动员为第一组，位于常规起跑线处起跑；其余运动员为第二组，在另一条弧形起跑线处同时起跑，该起跑线画在外侧一半跑道上。第二组运动员应沿着外侧一半跑道跑至第一弯道末端。"

这条分开的弧形起跑线应使该组所有运动员跑的距离相等。同样，在出弯道的直段起点处也应画一条弧形抢道线，表明可允许外侧第二组运动员在此抢道，与使用常规起跑线运动员一起跑进。

根据《规则》精神，上述项目的比赛场地，除了常规起跑线抢道标志线外，还应在第五道适当的位置向外道画一条弧线即筭二组运动员的起跑线。

1. 直接丈量法（图 2-25）

由第一分界线与内突沿交点 A 向前作放射线，与第五道左侧分道线相交于 B 点（AB 长度为 800 米赛跑第五道起点放射线长度）连接 OB 并延长之，在延长线上取一点 B'（$BB'=20$ 厘米），从 B' 点起，沿着第五道实跑线向前丈量 30 米并取 D 点，然后以 D 点为固定点，以 DB' 弧线的长度为"半径"由 B' 点起向外道画一逐渐展开弧，使其与外道外沿相交于 B_8 点，所得 BB_8 弧线为第二组起跑线。

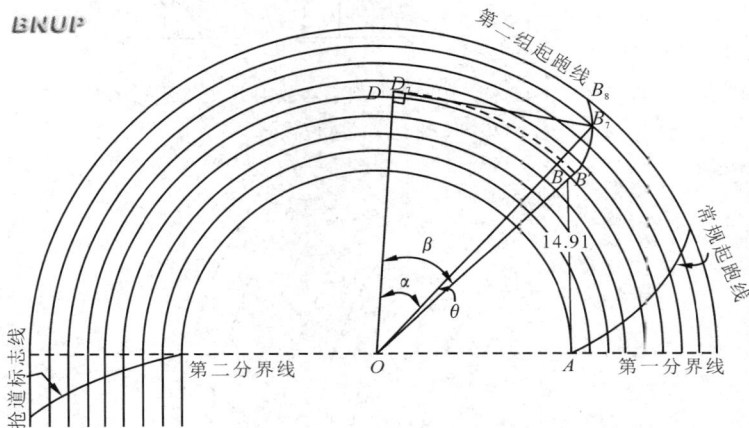

图 2-25　第二组起跑线放射线长度计算示意图

2. 放射式丈量法

放射线的长度和结果如图 2-26、表 2-18 所示。

表 2-18　第二组起跑线各道分道线放射线长度　　（单位：米）

长度　　　放射线 分道宽	AB	BB_5	BB_6	BB_7	BB_8
1.22	14.91	1.23	2.49	3.78	5.10
1.25	15.26	1.26	2.55	3.88	5.23

注：AB 为 800 米分道跑第五道起点放射线长度。

第二组起跑线的丈量（图 2-26）。

先由 A 点向前作放射线交第五道分界线于 B 点（AB 为 800 米分道跑第五道起点线的放射线长度）。再由 B 点向外道分道线作放射线（BB_n 长度如

表 2-20 所示）交 B_5、B_6、B_7、B_8 点，连接各点成弧线，即为第二组起跑线。

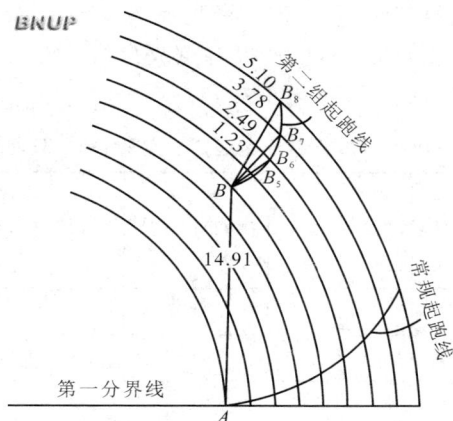

图 2-26 第二组起跑线放射式丈量示意图（$d = 1.22$ 米）

（三）1500 米跑起点线的计算与画法

1500 米赛跑的起跑线是在第二分界线向后 15.61 米处。该项目为不分道起跑，其起跑线为弧线。

1. 直接画法（图 2-27）

在第三分界线上离跑道内沿 30 厘米处取 A 点，并向第二分界线方向（离开跑道内沿 30 厘米）量取 100 米取 B 点，然后以 A 点为圆心，以 AB 为半径向外道画弧相交跑道外沿于 C 点，所画即为 1500 米赛跑起跑线，并在起跑线后 3 米处画一条集合弧线。这种画法，由于半径较长，测画比较困难，在实践中很少采用，通常用"点量法"画取 1500 米起点线。

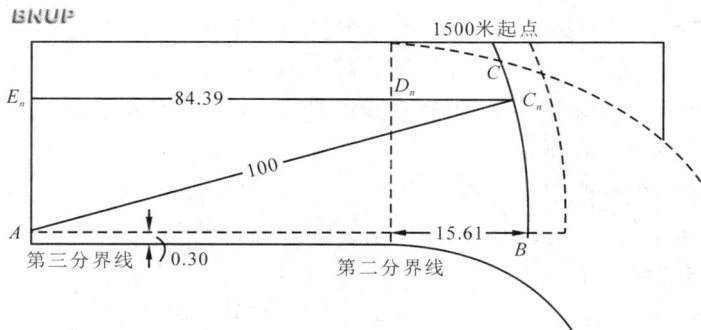

图 2-27 1500 米起点线画法示意图（单位：米）

2. 点量画法（图2-28）

延长点量法：从第二分界线起，将直段各条分道线向后延长一定距离（即 D_nC_n 长度）得出相应点，然后连接各点成弧线，即为1500米起跑线（表2-19）。

表 2-19　1500米跑起跑线延长点量 D_nC_n 长度表　　（单位：米）

长度 D_nC_n 分道宽	DC	D_1C_1	D_2C_2	D_3C_3	D_4C_4	D_5C_5	D_6C_6	D_7C_7	D_8C_8
1.22	15.61	15.60	15.59	15.55	15.51	15.44	15.36	15.27	15.16
1.25	15.61	15.60	15.59	15.56	15.50	15.42	15.35	15.25	15.14

1500米跑起点画法（图2-28）。

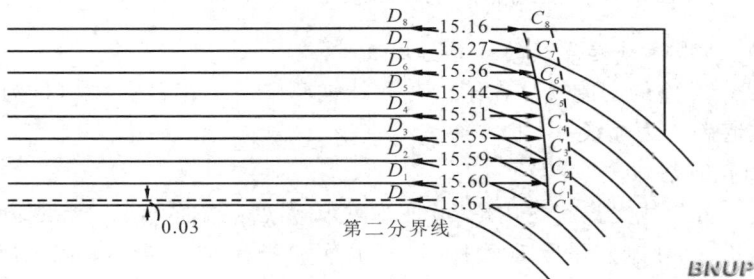

图 2-28　1500米跑起点延长点量法丈量示意图（$a=1.22$米）（单位：米）

六、障碍赛跑项目

障碍赛跑项目包括3000米障碍跑和2000米障碍跑。根据国际田联《田径场设施标准手册》（2002年3月第1版）的设计要求，分别计算和丈量障碍跑场地。国际田联规定，如果水池设在弯道内，障碍赛道场地 396.084 米（精确计算为 396.082 米）。

3000米障碍赛跑需跑7圈加上 227.41 米（396.084 米×7+227.412 米=3000 米），其起点应在离第三分界线后 27.412 米处。

2000米障碍赛跑应跑5圈加上 19.58 米（396.084 米×5+19.58 米=2000 米）。其起点应在离第一分界线后 19.58 米处（图2-29）。

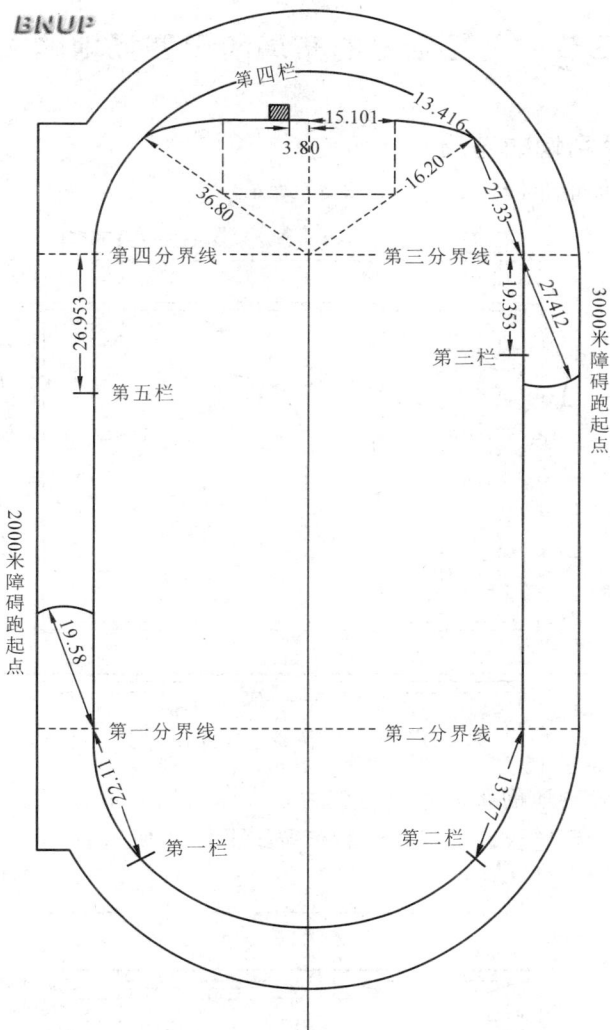

图 2-29 障碍跑场地示意图（单位：米）

第三节　田径场地的布局和田赛场地的丈量

一、田径场地的布局

标准田径场地布局，一般如图 2-30 所示。

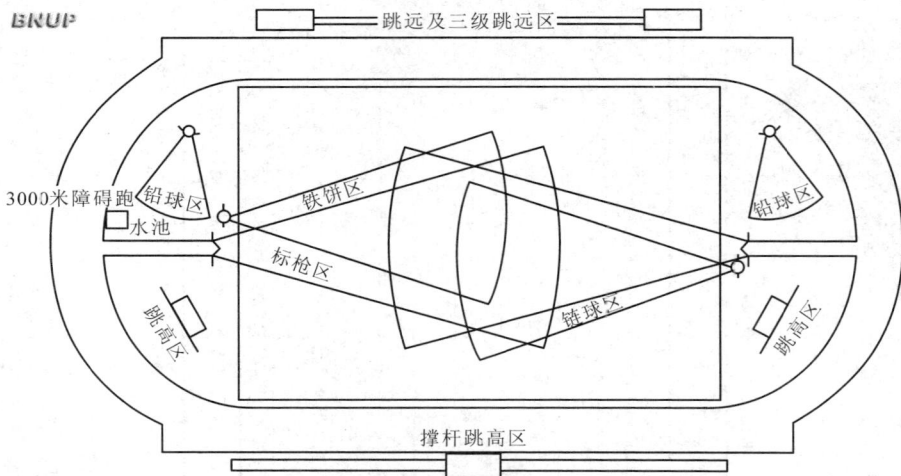

图 2-30　标准田径场地布局示意图

非标准田径场地的布局差异比较大，应因地制宜地合理安排。半圆式田径场内的田赛和篮、排、足球场地的布局如图 2-31 所示。

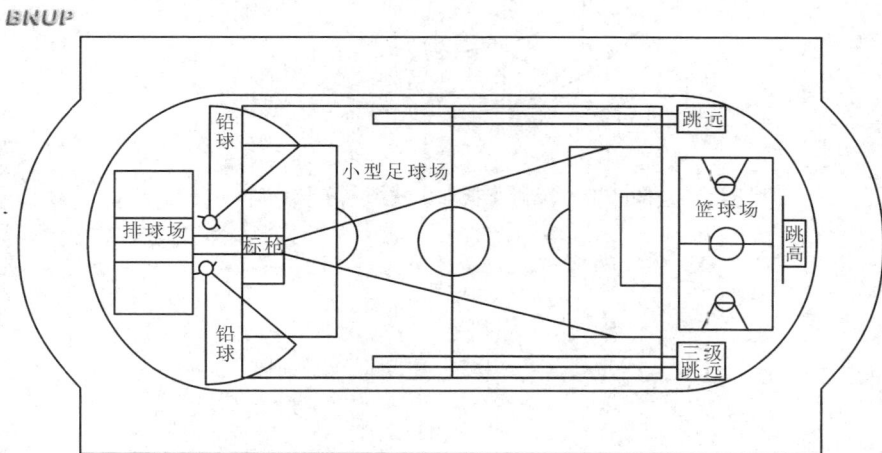

图 2-31　非标准田径场地布局示意图

体·育·场·地·与·设·施

二、田赛场地的丈量

用高度或远度计算成绩决定名次的比赛称为"田赛"。具体地说，就是在田径场跑道所围绕的中间空地或邻近场地上举行的跳跃和投掷项目，统称为"田赛"。下面分别介绍这些项目比赛场地的规格和画法。

（一）跳远和三级跳远比赛场地

1. 规格

跳远和三级跳远的比赛场地，包括助跑道、起跳板和落地区（沙坑）三个部分。

助跑道：助跑道的长度不得短于 40 米，最长为 45 米。助跑道的宽度 1.22±0.01 米，应用 5 厘米宽的白线标出。

起跳板：起跳板是起跳的标志，应埋入地面，与助跑道及落地区表面齐平。起跳板靠近落地区的起跳板边缘称为起跳线。紧靠起跳线外应放置一块用橡皮泥或其他适当材料制作的板子，以便运动员脚部犯规时留下足迹（图 2-32）。

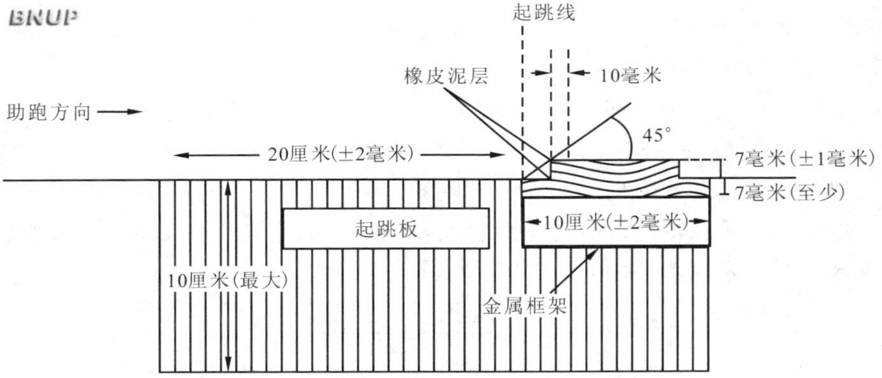

图 2-32　起跳板和橡皮泥显示板示意图

如不能设置上述装置，可在起跳线前沿着这条线铺上沙子，宽 10 厘米，高出起跳板至多 0.7 厘米，朝跑进方向倾斜成 30°角。跳远起跳板应安放在落地区近端 1～3 米处，至落地区远端不短于 10 米。

三级跳远起跳板至落地区远端的距离不得少于 21 米。在国际比赛中，起跳板至落地区近端距离，男子不少于 13 米，女子不少于 11 米。其他比赛，此距离应与比赛水平相对应。

落地区宽最小为 2.75 米，最大为 3 米。区内应填充湿沙，沙面应与起跳板齐平。如有可能，助跑道的位置居中，即其中线延伸时与落地区的中线重合。

当落地区中轴线与助跑道的中线不在一条线上时，应在落地区中布置一条或两条带子，即可使落地区中轴线与助跑道中线成一直线。

2. 画法（图 2-33）

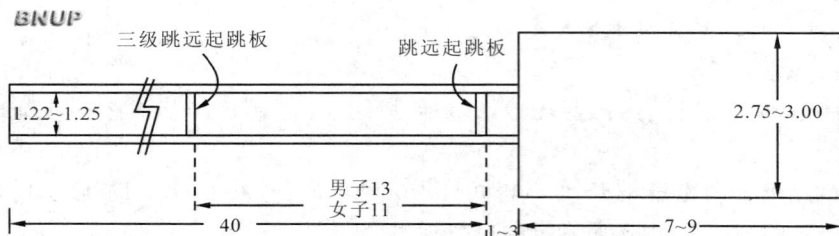

图 2-33　跳远、三级跳远场地示意图（单位：米）

（二）跳高和撑杆跳高比赛场地

1. 跳高比赛场地

助跑道及起跳区：跳高助跑道的长度不得短于 15 米。大型田径比赛跳高助跑道不得短于 20 米，在条件许可的地方不短于 25 米，助跑道和起跳区朝横杆中心的倾斜度不得超过 1：250。

起跳区必须平坦。如使用活动垫道，其表面应与地面齐平。在跳高横杆垂直面左、右两侧的地面上，各向外画一条宽 5 厘米、长约 5 米的延长线。跳高架两立柱之间的距离应为 4～4.04 米。

落地区：跳高落地区应为海绵包或沙坑（沙面应高出地面）。落地区至少长 5 米、宽 3 米（图 2-34）。

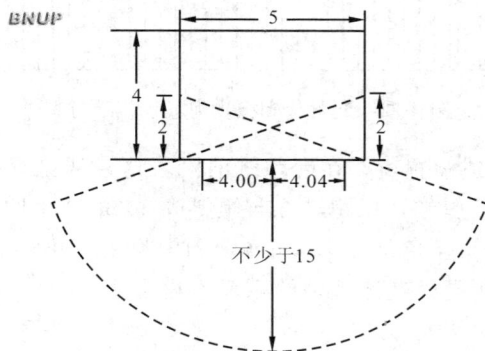

图 2-34　跳高落地区示意图（单位：米）

注：跳高架立柱与落地区之间至少应有 10 厘米的空隙，以免由于落地区移动而触及立柱碰落横杆。

2. 撑杆跳高比赛场地

助跑道及起跳区：撑杆跳高的助跑道长应不短于 40 米，条件许可时应不短于 45 米。其宽度为 1.22±0.01 米，用 5 厘米宽的白线标明。在沙坑的近沿中部安装一个木制撑杆插斗。撑杆跳高的架子或延伸臂之间的距离为 4.30～4.37 米。

落地区：撑杆跳高落地区为沙坑或海绵包，不得小于 5 米×5 米。撑杆跳高的沙坑一定要保持松软，沙面要高出地面。在大型比赛时或有条件的地方，尽可能使用不小于 5 米×5 米×1 米的海绵包。

撑杆跳高比赛场地画法如图 2-35 所示。

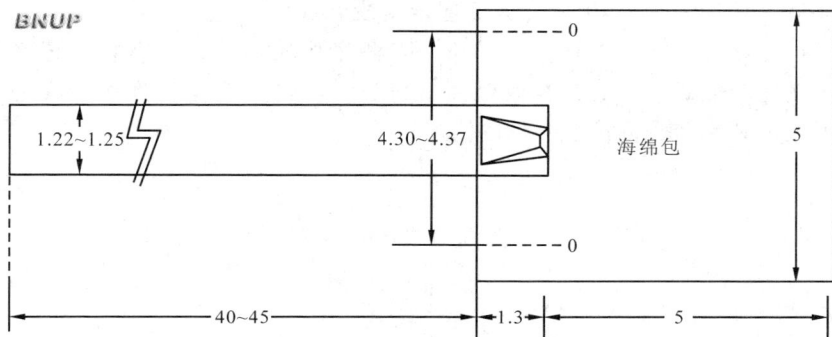

图 2-35　撑杆跳高比赛场地画法示意图（单位：米）

注：画一条 1 厘米宽的白线，与助跑道的中轴垂直，与插斗前壁内缘的顶端齐平。此线尽量延伸到两侧立柱的外端。

（三）推铅球、掷链球和掷铁饼的比赛场地

这三个投掷项目的比赛场地有共同之处，也有不同之处。

1. 共同之处

（1）推铅球、掷链球和掷铁饼的助跑都是在圆圈内进行，投掷区角度均为 34.92° 的扇形面。

（2）投掷圈均用铁板、钢板或其他合适材料制成，其顶端应与外部地面齐平。圈内地面应用混凝土、沥青或其他坚硬而不滑的材料修建。圈内地面应为水平，并低于铁圈上沿 1.4～2.6 厘米。铁圈上沿至少厚 0.6 厘米并漆成白色。

（3）投掷圈两侧向外各画一条宽 5 厘米，长至少为 75 厘米的白线。白线后沿应为圆圈直径的延长线并与落地区中心线垂直。

2. 不同之处

（1）推铅球、掷链球的投掷圈内沿直径为 2.135 米（±0.5 厘米）；掷铁

饼的投掷圈内沿直径为 2.50 米（±0.5 厘米）。

（2）推铅球的投掷圈前缘需安装抵趾板。掷铁饼和掷链球的投掷圈外需安装护笼，以保证投掷时的安全。

①推铅球、掷链球、掷铁饼掷区的画法（图 2-36）

正切量法：先确定投掷方向 OE，在 OE 线上取 $OA=9.539$ 米。以 A 为圆心，以 3 米为半径，向直线 OE 两侧分别画弧。取 $AB=4$ 米，以 B 为圆心，以 5 米为半径，向投掷方向左右画一弧与前弧相交于 C、D。通过圆心连接 OC 与 OD，并延长之，所构成的圆外扇形即为推铅球、掷链球、掷铁饼的落地区。落地区标志线内沿延长线的夹角为 34.92°。在投掷圈外两侧，直径延长线前沿各画长为 0.75 米，宽为 5 厘米线段。

这种丈量方法的主要优点是：第一，测量比较简单，数据容易记忆。第二，丈量比较准确，不容易出现误差。第三，不论推铅球、掷铁饼或是掷链球投掷区，画法和数据都是一样的。

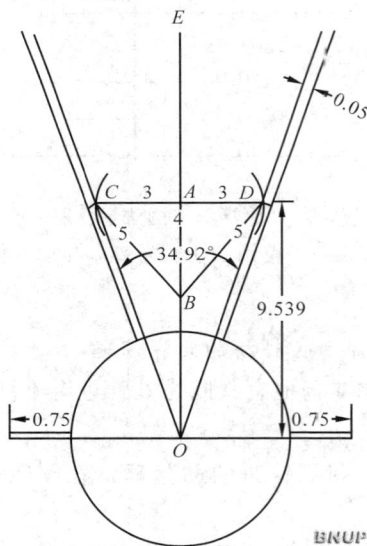

图 2-36 铅球、链球、铁饼投掷区画法示意图（单位：米）

弦量法：所谓弦量法，就是利用正弦或余弦定理，将圆心角所对的某弧段变成直弦长度，然后直接在圆周上量取其距离的方法。

铅球、链球投掷区的计算（图 2-37）。图中 $CD=0.641$ 米，$AC=BD=1.263$ 米。

铁饼投掷区的计算（图 2-37）。图中 $CD=0.75$ 米，$AC=BD=1.478$ 米。

画法：以铅球投掷区的画法为例，其步骤如下（图 2-38）。

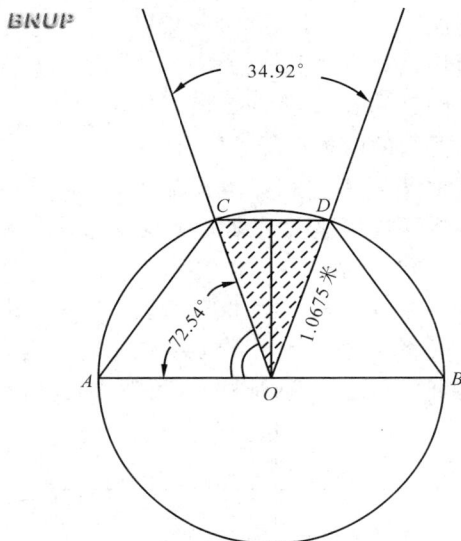

图 2-37　铅球、链球投掷区计算示意图

　　先确定投掷方向 OE，然后画一条与 OE 垂直的直线 FG，再以 O 为圆心，以 1.0675 米为半径画一圆相交于 A、B。再以 A 为圆心，以弦长 1.263 米为半径向投掷方向画弧相交圆周于 C，以 C 为圆心，以弦长 0.641 米为半径向前画弧相交圆周于 D，连接 OC、OD 并向投掷方向延长，那么 $\angle COD =$ 34.92°，它所对的圆外扇形便是推铅球、掷链球比赛的落地区。在投掷圈外两侧，FG 直线上各取 0.75 米，画 5 厘米线段。如图 2-38 所示，掷铁饼比赛落地区的画法与上相同。但弦长 $AC = DB = 1.478$ 米，$CD = 0.75$ 米。

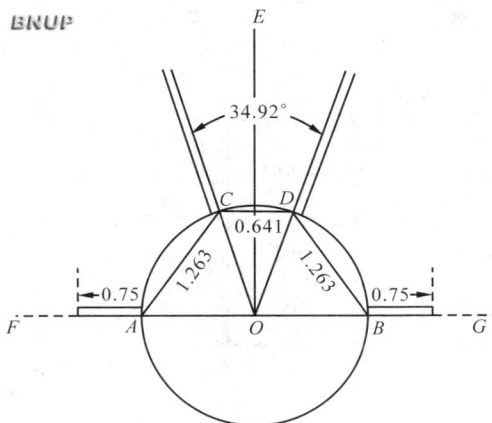

图 2-38　铅球、链球投掷区画法示意图（单位：米）

②掷标枪比赛场地

掷标枪比赛场地场地规格如下。

助跑道：掷标枪的助跑道宽度为 4 米，长至少应为 30 米，至多为 36.5 米，助跑道应用宽 5 厘米的两条平行线标出。

投掷弧：投掷弧的半径为 8 米，投掷弧可用油漆画出，或用木料制成，并漆成白色，与地面齐平。弧宽 7 厘米，弧两端应画出限制线，与助跑道平行线成 90°角，线宽 7 厘米，长 0.75 米。

落地区：半径为 8 米，夹角约为 29°的起掷弧外的扇形便是掷标枪落地区。用 5 厘米宽的白线将落地区标出，白线在理论上应通过起掷弧与助跑道平行线的交点（D 与 E）和起掷弧圆心 A（图 2-39）。

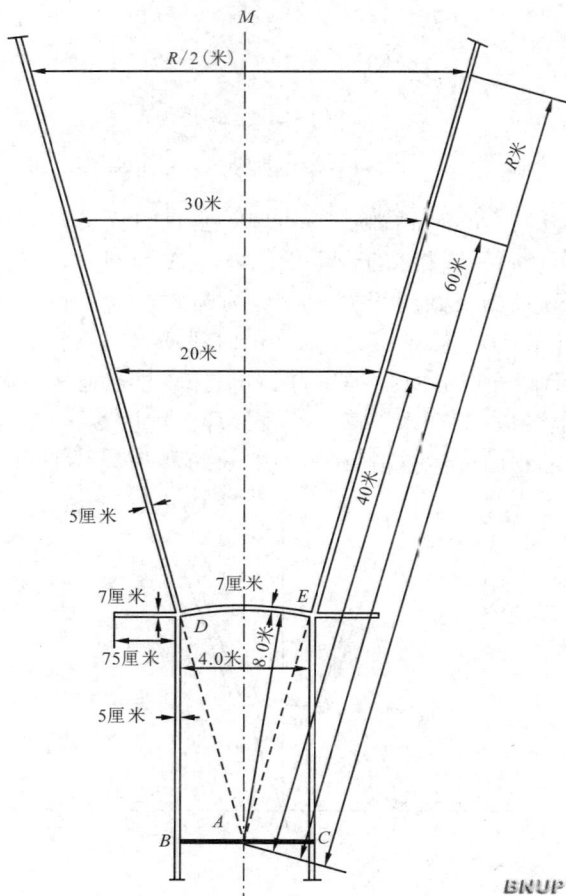

图 2-39　掷标枪助跑道和落地区画法示意图

画法：

若建有现成掷标枪场地，其投掷区画法：分别以起掷弧的两端 D、E 点为圆心，8 米为半径，向后在助跑道的中间画弧相交于一点 A，则 A 即为起掷弧的圆心，连接 AD、AE 并向外延长，即构成标枪落地区。落地区的角度约为 29°，起掷弧两端向外画长 0.75 米、宽 7 厘米的直线（图 2-39）。

若无现成掷标枪场，其投掷区画法：先向投掷方向做一条纵线 AM，再以 A 点为中心点，各向两侧垂直丈量 2 米至 B、C 点。然后通过 B 点和 C 点画两条与 AM 的平行线，并向后延长即为助跑道。再以 A 点为圆心，以 8 米为半径向前画弧，此弧与平行线分别相交于 D 点和 E 点，连接 AD 和 AE 并向前延长之，即构成标枪落地区，最后由 D、E 点分别向两侧各画一条与助跑道两平行线垂直的短线，长 0.75 米、宽 7 厘米的起掷弧线（图 2-39）。投掷区角度线的长度，应根据运动员成绩而定。以起掷弧圆心 A 点为圆心，以适当长度为半径在投掷落地区内画上第一条弧线，然后每隔 5 米画一条弧线。

第四节　非标准半圆式田径场地的计算与丈量

半径 35～38 米的 400 米半圆式田径场称为标准田径场，除此以外的各种不同半径、不同形状的周长不足 400 米的田径场，统称为非标准的田径场。我国不少地区，尤其是中小学校，由于受校园空地面积限制，无法设计一个标准的田径场。为了教学、课外活动、业余训练以及校运动会的需要，只能因地制宜地设计非标准的田径场地。

在设计一个非标准田径场时，应考虑以下几点：

（1）就地设计田径场要考虑有利于教学、训练和组织竞赛。

（2）就地设计田径场时，应把第一分道的周长取其整数，如周长为 300 米、250 米、200 米等，便于场地计算、测画和使用。

（3）要根据地面条件和使用需要来确定分道的数量和分道宽度，尽可能设计 6 条分道，每条分道宽为 1.22 米。

（4）要根据场地周围环境条件留有一定的余地，至少应留有 1 米的余地，以便绿化和参观比赛使用。

要设计一个非标准田径场，首先要实地丈量空地面积，根据它的长度和宽度，求出跑道弯道的半径，计算两端弯道的长度，然后求出两直段的长度，初步计算跑道的周长，并根据设计要求调整两直段长度，画出设计图。

现以 300 米、250 米半圆式非标准田径场为例，介绍其就地设计步骤以及计算和丈量方法。

一、周长为300米半圆式田径场

假设有块空地，量得其长度为 138 米，宽度为 68 米，要设计一个有 6 条分道，分道宽为 1.22 米，四周至少留有 1 米余地的田径场。

（一）设计步骤与计算方法

1. 求半径 r 的长度

$r =$ ［空地宽度－2×（跑道宽度＋余地）］÷2

$\quad =$ ［68－2×（1.22×6＋1）］÷2

$\quad = 25.68$（米）

为了便于计算，半径可取 25.50 米或 25 米，本例半径取 25 米，这样，两直道外侧便留有 1.34 米的余地。

2. 计算两弯道实跑线 C 的长度

$C = 2\pi r = 2\pi(25+0.3)$

$\quad\quad\quad = 158.9645883$

$\quad\quad\quad = 158.96$（米）

3. 求直段的长度

直段长度＝空地长度－2×（半径＋跑道总宽＋余地）

$\quad\quad\quad = 138-2\times(25+1.22\times6+1)$

$\quad\quad\quad = 138-66.64$

$\quad\quad\quad = 71.36$（米）

4. 计算第一道周长

第一道周长＝两弯道长＋两直段长

$\quad\quad\quad = 158.96+71.36\times2$

$\quad\quad\quad = 301.68$（米）

5. 调整跑道周长

为计算和使用方便，可将跑道 301.68 米的周长调整为 300 米，在周长中减少 1.68 米。调整方法有两种：一是修改原设计的半径；另一种是修改原设计的直段长。采取修改直段长度的方法比较简便，在两直段上把非整数部分减去，即（301.68－300）÷2＝0.84 米。那么直段长应为 71.36－0.84＝70.52 米，这样，田径场两弯道顶端则留有 1.42 米的余地了。

6. 验证周长

调整后的第一道周长＝158.96＋70.52×2＝300（米）

7. 绘制设计草图

设计确定之后，绘制场地平面图（图 2-40）。

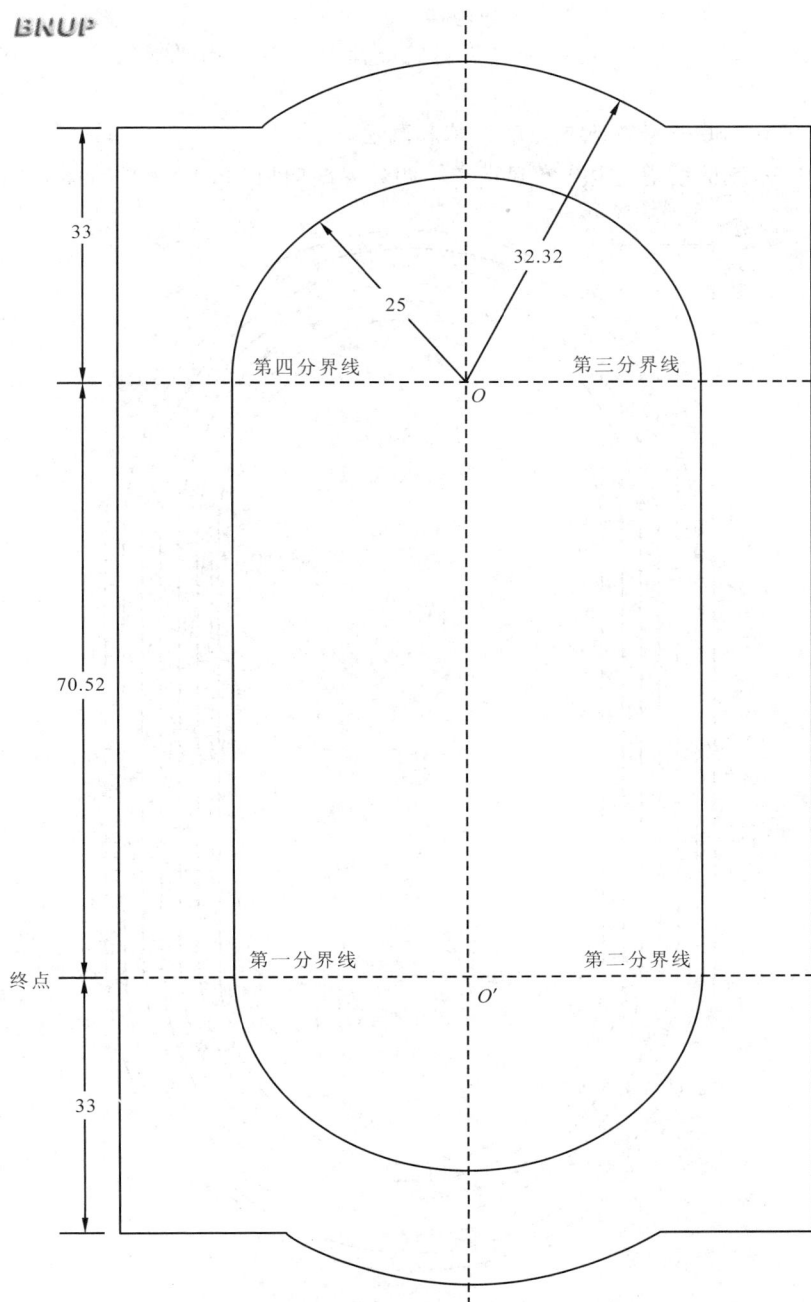

33

25

32.32

第四分界线　　　　　　　　　　　第三分界线

O

70.52

第一分界线　　　　　　　　　　　第二分界线

终点

O'

33

图 2-40　300 米田径场地示意图（单位：米）

（r＝25 米，直段长＝70.52 米，d＝1.22 米）

（二）各径赛项目场地计算和画法

为了方便裁判工作，各径赛项目的终点与 400 米田径场一样，设在第一分界线上。

1. 100～5000 米赛跑起点的计算和画法

100 米跑的起点：100 米起点在第四分界线向后 29.48 米处（图 2-41）。

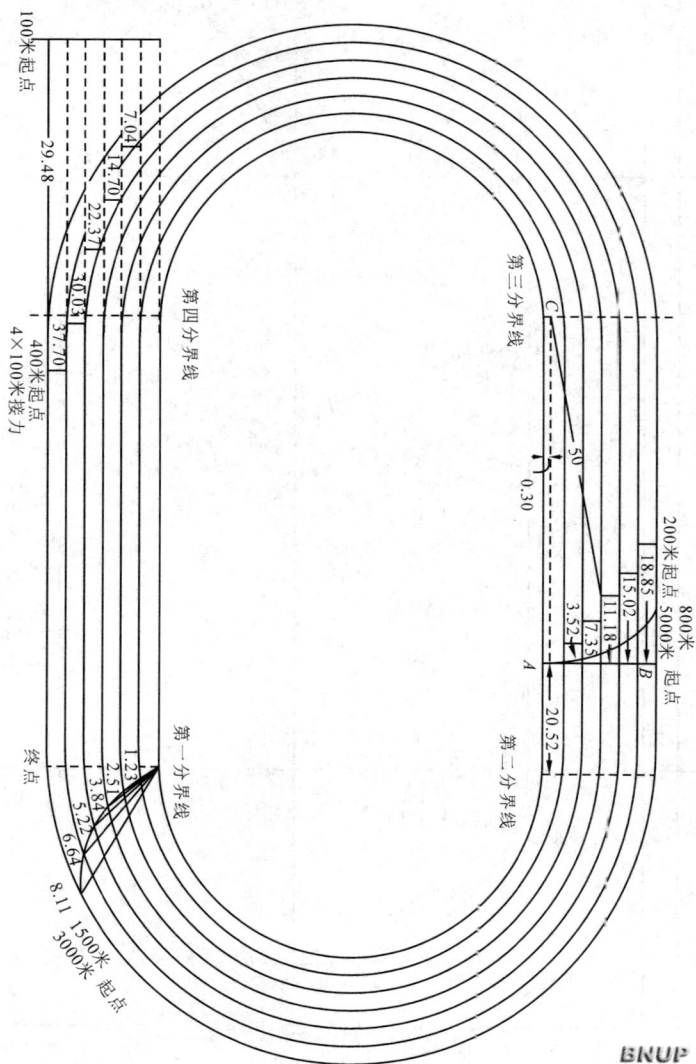

图 2-41　300 米田径场各径赛起点示意图（$d = 1.22$ 米）（单位：米）

200 米分道跑的起点：

前伸数的计算：200 米跑需跑一个弯道，第二道至第六道的前伸数公式：$C_n = \pi[(n-1) \times 1.22 - 0.1]$（$n$ 为第一道以外的道次）。

从公式中可以看出，前伸数仅与道次和分道宽有关，与半径无关，所以 200 米跑各分道前伸数和标准的 400 米田径场上 200 米跑前伸数相同。

200 米跑的第二道至第六道的前伸数如表 2-20 所示。

表 2-20　200 米跑各道前伸数表　　　　　　（单位：米）

前伸数　道次　分道宽	一	二	三	四	五	六
1.22	0	3.52	7.35	11.18	15.02	18.85

起点的画法：

由第二分界线向前量取 20.52 米，得第一道起点线，延长第一道起点线得 AB，再由 AB 向前分别量取各道前伸数，则得各道起点线（图 2-41）。

400 米分道跑的起点：

前伸数的计算：根据公式 $C_n = 2\pi[(n-1) \times 1.22 - 0.1]$ 计算各道前伸数，如表 2-21 所示。

表 2-21　　400 米跑的各道前伸数表　　　　（单位：米）

前伸数　道次　分道宽	一	二	三	四	五	六
1.22	0	7.04	14.70	23.37	30.03	37.70

起点的画法（图 2-41）：

第一道起点在 100 米起跑线上，其余各道分别向前量取前伸数，得出各道起点线。

800 米跑的场地计算及画法（图 2-42）。

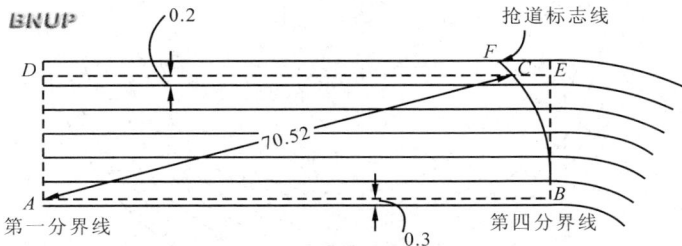

图 2-42　切入差计算及抢道标志线的画法示意图　（单位：米）

前伸数的计算：800米跑各分道前伸数等于200米前伸数加上切入差。各道切入差见表2-22。

800米跑前伸数：800米的各道前伸数为200米跑前伸数加上各道切入差（表2-23）。

比赛场地画法：

起跑线的画法：800米跑的第一道起点线在第二分界线向前20.52米的地方，第二道至第六道起点线画法（图2-43）。如果采取不分道起跑，其起跑弧线同5000米起跑线（图2-41）。

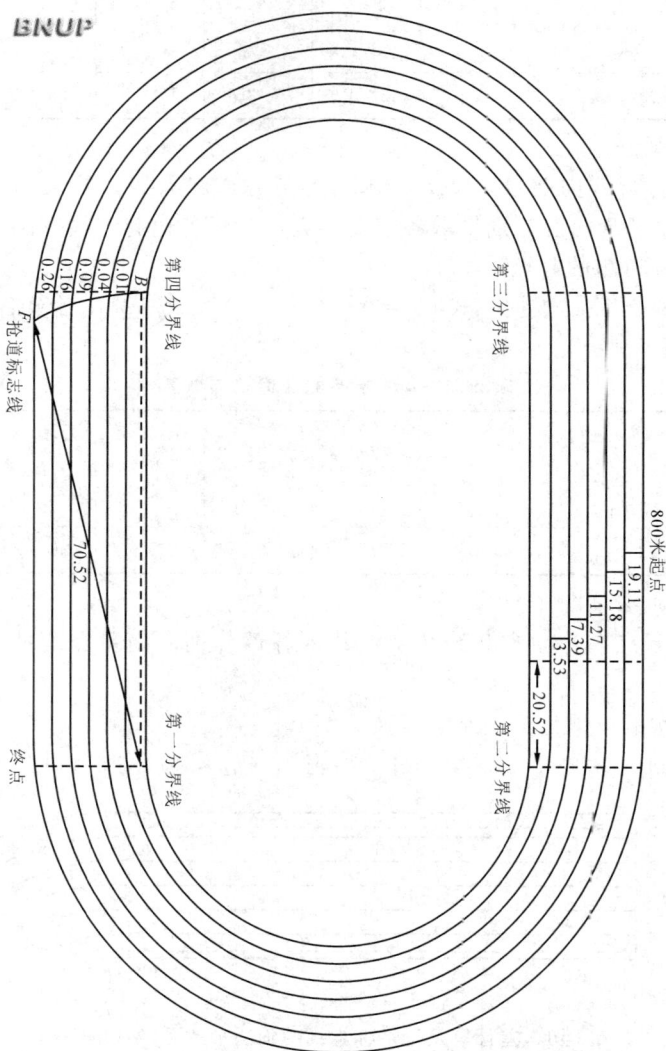

图2-43　800米跑比赛场地画法示意图（$d=1.22$米）（单位：米）

抢道标志线的画法：

画法之一：在第一分界线上离内沿 0.30 米处取一点 A，以 A 点为圆心，以 70.52 米为半径，在第四分界线前由内向外画 BF，此弧即为 800 米跑的抢道标志线（图 2-42）。

表 2-22　800 米跑的各分道切入差　　　　　　单位：米

切入差＼道次 分道宽	一	二	三	四	五	六
1.22	0	0.01	0.04	0.09	0.16	0.26

表 2-23　800 米跑的前伸数表　　　　　　单位：米

前伸数＼道次 分道宽	一	二	三	四	五	六
1.22		3.53	7.39	11.27	15.18	19.11

画法之二：由第四分界线向前沿着各分道实跑线量取切入差数据，找出相应的点，然后将这些点连接成弧线，此弧线即为 800 米抢道标志线（图 2-43）。

1500 米跑和 3000 米跑起点线的画法：1500 米和 3000 米跑的起点都在第一分界线前面的第一弯道上。起跑线的画法有两种：其一，采取渐开弧的画法；其二，采取点量法。

渐开弧的画法：沿着第一道实跑线丈量 25 米长（因为此弯道半径比标准场地弯道半径小，不必丈量 30 米，但不要小于 22 米），并固定皮尺端点，渐渐向外道画弧，使其与跑道外沿相交，所得弧线即是 1500 米、3000 米跑的起跑线，离开起跑线 3 米画一条弧线，即为集合线。

点量画法：点量画法有两种，一种是用放射线丈量，在各分道线上找出对应点；另一种是用弦长丈量，在各分道线上找出对应点，然后连接各点成弧线，此弧线即是起跑线。现介绍放射线丈量法（图 2-44）。

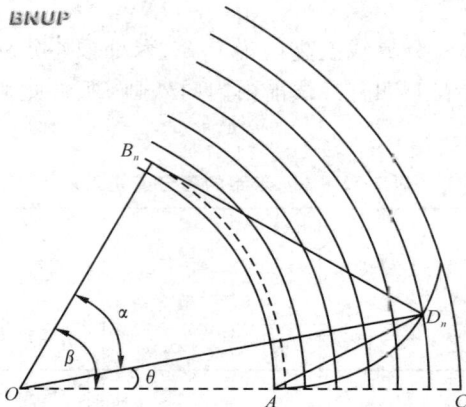

图 2-44　放射线和直弦长度计算示意图

结果见表 2-24。

表 2-24　放射线 AD_n 长度表　　　　　　（单位：米）

长度 分道宽	AD_n	AD_1	AD_2	AD_3	AD_4	AD_5	AD_6
1.22		1.23	2.51	3.84	5.22	6.64	8.11

起跑线画法如图 2-45 所示。

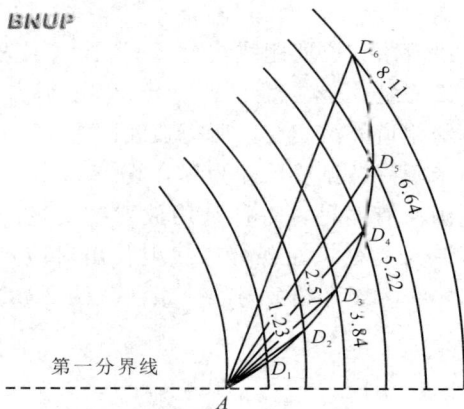

图 2-45　1500 米、3000 米起跑线放射式丈量示意图 （$d=1.22$ 米）（单位：米）

5000 米跑起跑线的画法（图 2-41）：5000 米起点在第二分界线前 20.52 米的直段上。

起跑线的画法：在第三分界线上离内沿 0.30 米处取一点 C，以 C 点为圆心，以 50 米长为半径，在第二分界线前面的直段上，由里道（离内沿 0.30 米处）向外画弧，此弧即为 5000 米起跑线。

2. 跨栏跑比赛场地的计算和画法

100 米跨栏跑场地画法：100 米跨栏跑的起跑线应是距第四分界线 29.48 米并与其平行的线段上（同 100 米起跑线）。起跑线至第一栏距离为 13 米，栏间距离为 8.50 米，最后一栏至终点线的距离为 10.50 米。

110 米跨栏跑场地的画法：由于场地的长度所限，110 米跨栏跑的终点应设在第一分界线后 10 米处，起跑线同 100 米跨栏跑。

成年男子和少年男子甲组 110 米跨栏跑比赛，起跑线至第一栏距离为 13.72 米，栏间距离为 9.14 米，最后一栏至终点距离为 14.02 米。

少年男子乙组 110 米跨栏跑比赛，起跑线至第一栏距离为 13.72 米，栏间距离为 8.70 米，最后栏至终点距离为 17.98 米。

200 米跨栏跑场地计算及画法：200 米跨栏跑比赛，起点与 200 米赛跑相同。起跑线至第一栏距离为 16 米，栏间距离为 19 米，最后一栏至终点距离为 13 米。

各道直段上的各栏位可直接丈量，而弯道上各栏位的确定，采取相应基准点放射式丈量法比较方便。

计算方法：以计算第四栏位的各分道放射线长度为例，求出弯道各栏位放射线长度。结果见表 2-25。

表 2-25　200 米跨栏跑各栏位放射线长度表　　　（单位：米）

（$r=25$ 米　直段长 $=70.52$ 米　$d=1.22$ 米）

栏位	长度 \ 基准点	各栏位的放射线和直道上的距离					
		一	二	三	四	五	六
起点	由 FG 线向前	0	3.52	7.35	11.18	15.02	18.85
第一栏	起点向前	16	16	16	16	16	16
第二栏	第一栏向前	19	19	19	19	(三)→ 0.02	→ 7.00
第三栏	由点向前	AB 弦长 3.95	3.46	7.03	10.46	13.73	16.87
第四栏	由点向前	BC 弦长 18.34	2.71	5.51	8.21	10.81	13.32

栏位	长度\基准点	各栏位的放射线和直道上的距离					
		一	二	三	四	五	六
第五栏	由点向前	CD 弦长 18.34	2.02	4.09	6.10	8.06	9.97
第六栏	由点向前	DE 弦长 18.34	1.45	2.93	4.38	5.82	7.24
第七栏	第四分界线向前	0.52	0.52	0.52	0.52	0.52	0.52
第八栏	第七栏向前	19	19	19	19	19	19
第九栏	第八栏向前	19	19	19	19	19	19
第十栏	第九栏向前	19	19	19	19	19	19
终点	第十栏向前	13	13	13	13	13	13

场地画法：由第二分界线两端向前量取 20.52 米的距离，得 F、G 两点，并连接之。200 米跨栏跑的第一道起点即在 FG 线上，其余各道起点，由 FG 向前分别量取各道前伸数而得。比赛场地的画法见图 2-46。

300 米跨栏跑比赛场地的计算及画法：300 米跨栏跑项目在非标准的 300 米田径场上进行比赛，各条跑道有五个栏架分别摆设在两个弯道上。弯道上的各道栏位距离，仍采取相应基准点的放射式丈量方法。

计算方法：各道起点放射线长度（图 2-47）。

体·育·场·地·与·设·施

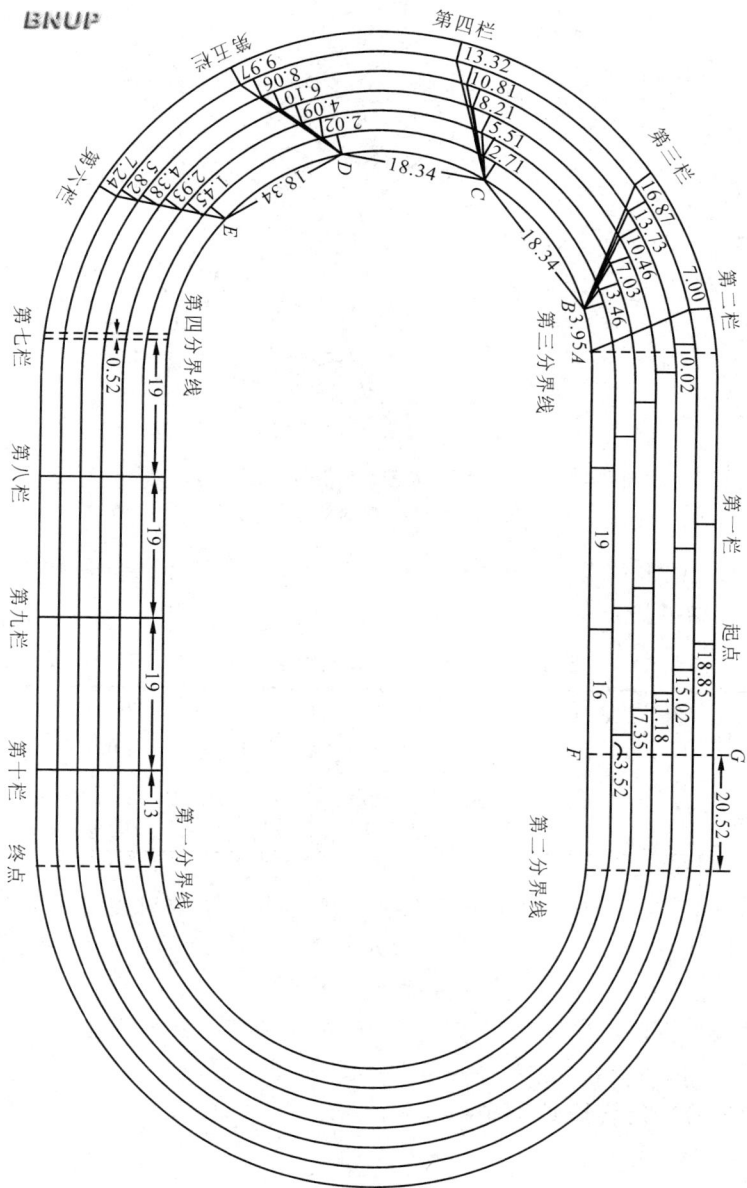

图 2-46　200米跨栏跑栏位放射线长度计算示意图（$d=1.22$米）（单位：米）

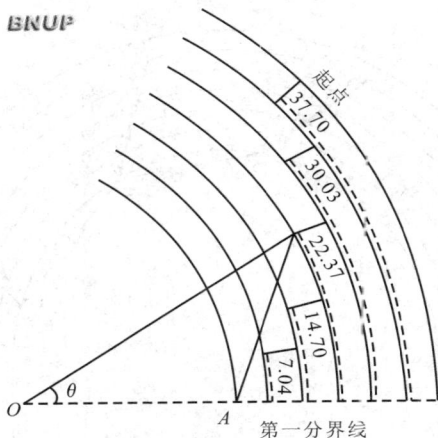

图 2-47 300 米跨栏跑起点放射线长度计算示意图

（r＝25 米，d＝1.22 米）（单位：米）

300 米跨栏跑需跑两个弯道，因而，各道前伸数与标准场地 400 米跑的前伸数相同。结果如表 2-26 所示。

表 2-26　各道起点分道线放射线长度表　　　　（单位：米）

长度　道次／分道宽	二	三	四	五	六
1.22	6.91	13.98	20.56	26.62	32.18

确定弯道各栏位放射丈量的基准点：弯道各栏位放射丈量基准点，设在第一分道的第一、二、五、六、七栏处的内突沿外缘处。采用弦量的方法，即用直弦 AB、BC、DE、EF 丈量找出基准点 B、C、D、E、F。

求弦长的方法：先计算直弦所对角度的余弦值，然后根据余弦公式求出弦的长度（图 2-47）。

各道栏位放射线长度（图 2-48）。

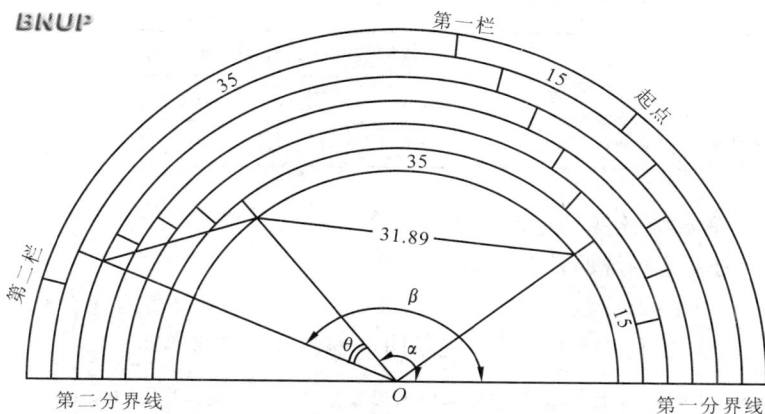

图 2-48　300 米跨栏跑弯道栏位放射线长度计算示意图

($r=25$ 米，$d=1.22$ 米）（单位：米）

弯道上的其余各栏位各道分道线放射线长度，如表 2-27 所示。

表 2-27　300 米跨栏跑各栏位放射线长度表

($r=25$ 米，$d=1.22$ 米）　　　　　　　　　　（单位：米）

栏位	长度　基准点	各栏位的放射线和直道上的距离					
		一	二	三	四	五	六
起点	A 点向前	0	6.91	13.98	20.56	26.62	32.18
第一栏	B 点向前	AB 弦长 14.61	6.28	12.73	18.77	24.37	29.57
第二栏	C 点向前	BC 弦长 31.89	4.83	9.80	14.52	18.98	23.19
第三栏	第二分界线向前	5.52	9.04	12.87	16.70	20.53	24.37
第四栏	第三栏向前	35	35	35	35	35	35
第五栏	D 点向前	4.93	3.42	6.95	10.34	13.58	16.70
第六栏	E 点向前	DE 弦长 31.89	2.09	4.23	6.31	8.38	10.31
第七栏	F 点向前	EF 弦长 31.89	1.24	2.47	3.81	4.94	6.17
第八栏	第四分界线向前	30.52	30.52	30.52	30.52	30.52	30.52

栏位	长度\基准点	一	二	三	四	五	六
		各栏位的放射线和直道上的距离					
终点	第八栏至终点线	40	40	40	40	40	40

300 米跨栏跑比赛场地的画法（图 2-49）。

3. 接力赛跑场地的计算及画法

4×100 米接力赛跑场地计算及画法：4×100 米接力赛跑在 300 米田径场地上进行，各道起点与 400 米赛跑相同（表 2-28、图 2-50）。

表 2-28　4×100 米接力跑各接力区放射线长度表　　　（$d=1.22$ 米）（单位：米）

接力区次		长度\基准点	一	二	三	四	五	六
起点		第四分界线	29.48 (四)→	22.44 (四)→	14.78 (四)→	7.11 (四)→	(四)→ 0.55	(四)→ 8.22
第一接力区	后沿	第一分界线向后或 A 点向前	10.00 ←(一)	2.96 ←(一)	5.07	11.96	18.52	24.65
	前沿	B 点向前	AB 弦长 9.82	6.49	13.15	19.37	25.13	30.45
第二接力区	后沿	第二分界线向前	10.52	14.04	17.87	21.70	25.54	29.37
	前沿	后沿向前	20	20	20	20	20	20
第三接力区	后沿	C 点向前	DC 弦长 19.25	2.09	4.23	6.31	8.34	10.31
	前沿	D 点向前	ED 弦长 18.78	1.48	2.98	4.46	5.91	7.36

4×400 米接力跑场地：4×400 米接力跑第一道的起点位置在 100 米跑的起点处，其余各道起点的前伸数是三个该道 200 米跑的前伸数加该道切入差。全程跑五个圈加上 100 米。各道运动员必须分道跑完三个弯道后再"抢道"，其抢道标志线设在第二分界线前。

接力区的计算：

体·育·场·地·与·设·施

第一接力区的计算：第一接力区的各道接力线离第一分界线的距离为 800 米前伸数（图 2-51 中虚线所示）。

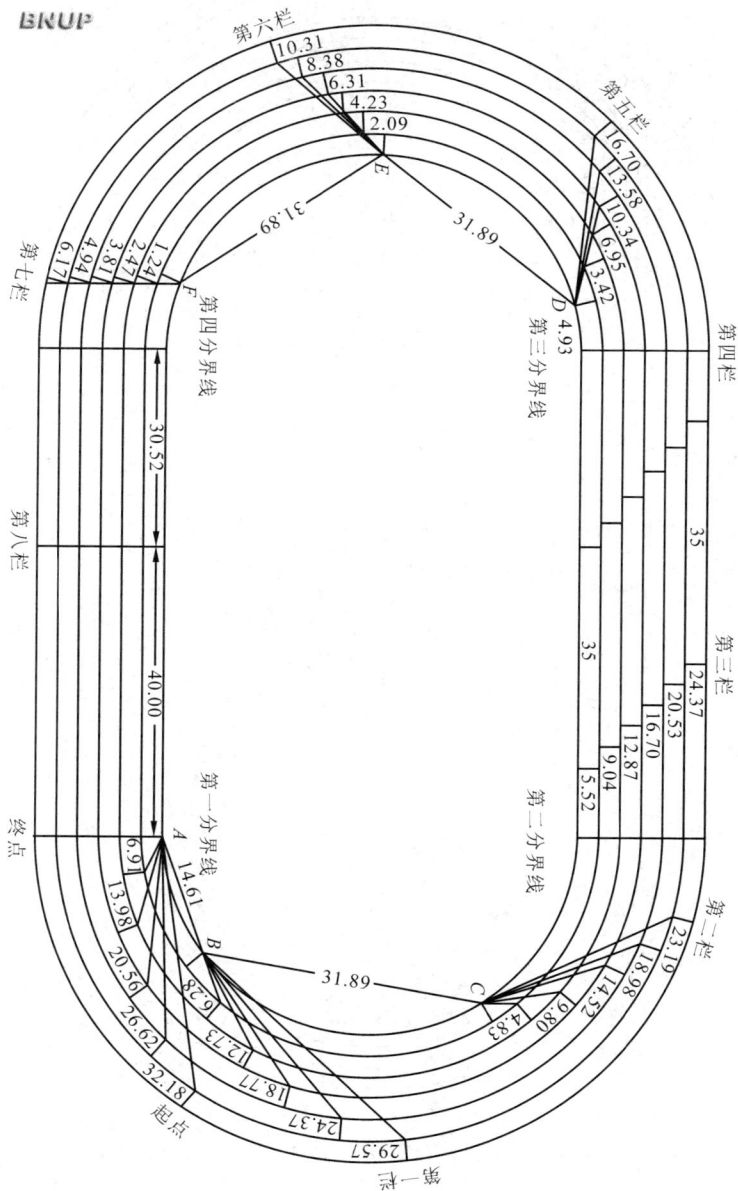

图 2-49　300 米跨栏跑场地放射丈量示意图（$d=1.22$ 米）（单位：米）

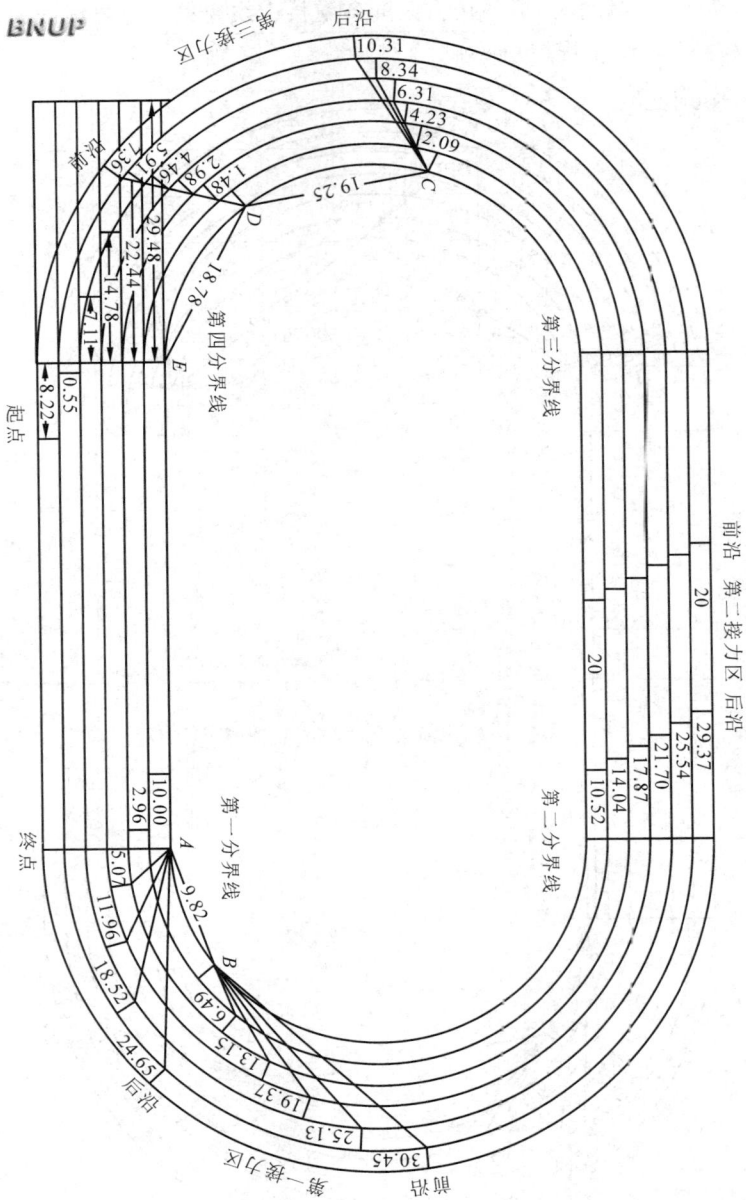

图 2-50　4×100 米接力跑场地画法示意图（a=1.22 米）（单位：米）

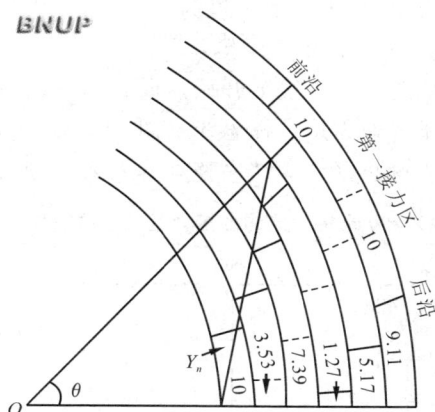

图 2-51 第一接力区前后沿放射线长度
计算示意图（r=25 米）（单位：米）

　　求第四、五、六道接力区后沿和第二道至第六道接力区前沿线与第一分界线所成夹角 θ 的余弦值，计算分道线放射线长度，并得出接力区前后沿放射线长度，如表 2-29 所示。

表 2-29　第一接力区各道前、后沿放射线长度表　　（单位：米）

位置	长度　　　　　道次 基准点	二	三	四	五	六
后沿	第一分界线与内	—	—	3.84	6.77	10.13
前沿	突沿交点外缘	13.03	16.39	19.63	22.74	24.74

　　第二接力区设在第二分界线前的第一直段上。其后沿离第二分界线距离为 10.52 米，前沿距后沿 20 米。该接力区应延长至第六道，外道运动员可在邻近里道接力区内完成传接棒。这样，外道运动员不多跑距离（图 2-52）。

　　第三接力区设在第四分界线后面的第二弯道的第一分道上。其前沿离第四分界线的实跑距离为 19.48 米，后沿离前沿实跑距离为 20 米。为了丈量方便，将它的实跑距离换算成直弦长，即 CB=18.78 米，BA=19.25 米。

　　接力区的画法（图 2-52）：

　　抢道标志线的画法：由第三分界线上离内突沿 0.3 米处取一点，以该点为圆心，以 70.52 米为半径，从第二分界线离内突沿 0.3 米处向外道画弧，此弧线即为抢道标志线。根据切入差公式，求出第二道至第六道切入差。即 n 道切入差 $= 70.52 - \sqrt{70.52^2 - [(n-1) \times 1.22 - 0.1]^2}$，编程序计算立即得出各道切入差；第二道为 0.01 米，第三道为 0.04 米，第四道为 0.09 米，第五道为 0.16 米，第六道为 0.26 米。

按照以上数据，从第二分界线上开始，向各道实跑线上丈量，得出五点；然后，连点成弧，此弧线即为抢道标志线（图 2-52）。

将以上各接力区丈量数据计算结果整理如表 2-30 所示。

表 2-30 4×400 米接力跑的各接力区放射线（距离）长度表

（单位：米）

接力区次	长度 / 道次 / 基准点	一	二	三	四	五	六
起点	第四分界线	29.48 ←	18.91 ←	7.39 ←(四)	4.16 (四)→	15.72 →	27.33 →
第一接力区 后沿	第四分界线或与内突沿交点向前	10 ←	6.47 ←	2.61 ←(四)	3.84	6.77	10.13
第一接力区 前沿		弦长 9.82	13.03	16.39	19.63	22.74	25.74
第二接力区 后沿	第二分界线	(二)→ 10.52	同第一道接力区				
第二接力区 前沿	后沿向前	20	同第一道接力区				
第三接力区 后沿	第四分界线向后	CB 弦长 18.78	同第一道接力区				
第三接力区 前沿	前沿向后	BA 弦长 19.25	同第一道接力区				

64

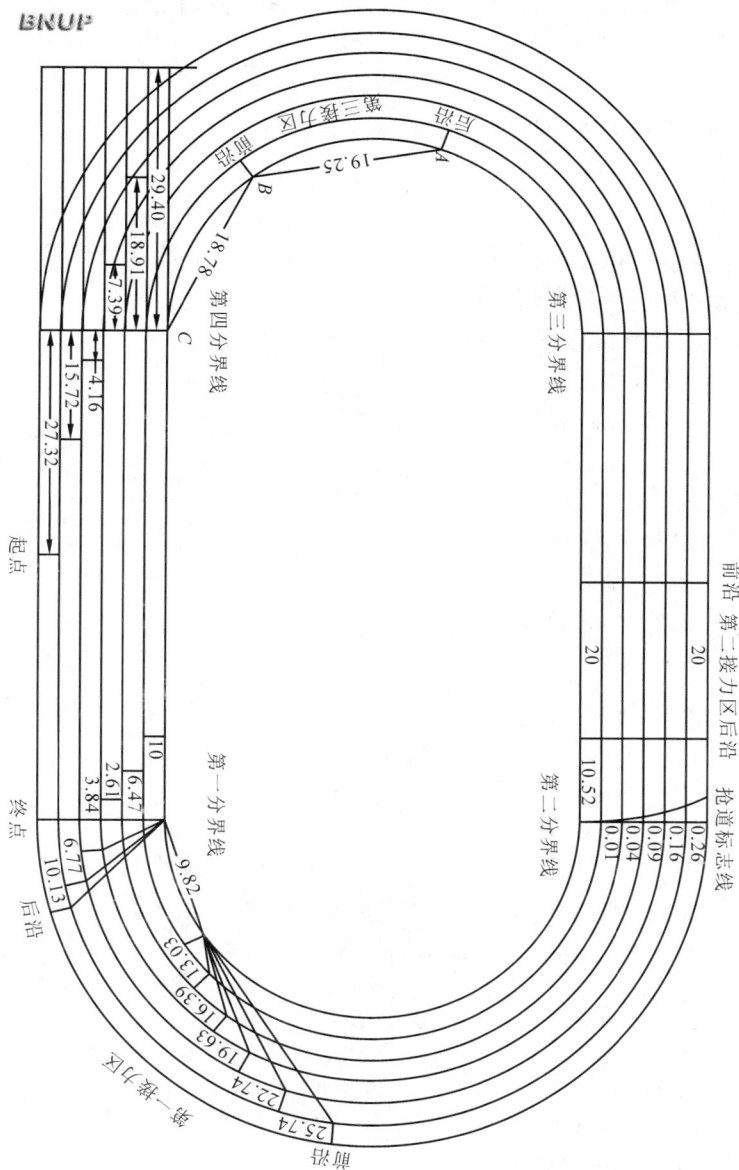

图 2-52　4×400 米接力跑场地画法示意图（单位：米）

二、周长为 250 米半圆式田径场

在空地不足修建 300 米田径场地的条件下，尽可能考虑设计一个 250 米的田径场。现有一块空地，量得其长 120 米，宽 58 米，要求设计有六条跑

第二章 ～ 田径类运动的场地与设施

65

道，每条跑道宽为 1.22 米，四周至少留有 1 米余地的田径场。

（一）设计步骤与计算方法

1. 半径 r 的长度

$r = [58 - 2 \times (1.22 \times 6 + 1)] \div 2$

$\quad = (58 - 16.64) \div 2$

$\quad = 20.68 (米)$

为了便于计算，半径可取 20.50 米或 20 米，若半径取整数 20 米，则两直道外侧便留有 1.34 米的余地。

2. 求两端弯道实跑线 C 的长度

$C = 2\pi r = 2\pi (20 + 0.3)$

$\quad\quad\quad = 127.5486617$

$\quad\quad\quad \approx 127.54 (米)$

3. 求直段的长度

直段长 $= 120 - 2 \times (20 + 1.22 \times 6 + 1)$

$\quad\quad\quad = 120 - 56.64$

$\quad\quad\quad = 63.36 (米)$

4. 求第一道周长

第一道周长 $=$ 两弯道长 $+$ 两直段长

$\quad\quad\quad = 127.54 + 63.36 \times 2$

$\quad\quad\quad = 127.54 + 126.72$

$\quad\quad\quad = 254.26 (米)$

5. 调整周长

将 254.26 米和周长调整为 250 米。可在两直段上减去 4.26 米，即一个直段应减去 2.13 米，即直段长调整为 61.23 米。那么，场地两弯道顶端便留有 2.06 米的余地。

6. 验证周长

第一道周长 $= 127.54 + 61.23 \times 2$

$\quad\quad\quad = 127.54 + 122.46$

$\quad\quad\quad = 250 (米)$

7. 绘制设计草图

设计确定之后，绘制场地平面图，略。

（二）各径赛项目比赛场地的计算和画法

由于场地的长度所限，部分径赛项目的终点不可能固定在第一分界线上，在实际测画场地时应该注意这个问题。

1. 100 米～3000 米赛跑场地的计算和画法

100 米跑的起点和终点：

起点：100 米跑的起点设在第四分界线向后 25 米的直道上比较合理，这样在起跑线后面还留有 4.38 米的空地作为起跑区。

终点：100 米跑的终点设在第一分界线向前 13.77 米的直道上，终点线前面则有 15.62 米的空地作为运动员到达终点后的缓冲区。

200 米跑起点和终点：

起点：200 米跑的起点设在第二分界线向前的直道上，各道起点的前伸数与标准田径场地 200 米跑前伸数相同，即：第二道＝3.52 米，第三道＝7.35 米，第四道＝11.18 米，第五道＝15.02 米，第六道＝18.85 米。

终点：设在第一分界线向前 13.77 米的直道上（同 100 米跑终点）。

400 米跑起点和终点：

起点：400 米跑起点设在第二分界线向前的直段上，因须跑三个弯道，所以各道起点前伸数为：$C_n = 3\pi[(n-1) \times 1.22 - 0.1]$，得出各道起点前伸数为：第二道：10.56 米，第三道：22.05 米，第四道：33.55 米，第五道：45.05 米，第六道：56.55 米。

终点：终点设在第四分界线向前 25 米的直段上。

800 米跑起点和终点（图 2-53）：

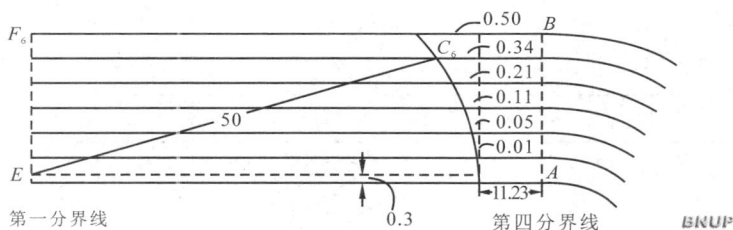

图 2-53　800 米起跑线点量距离计算及丈量示意图（d＝1.22 米）（单位：米）

起点：800 米赛跑应跑三圈加上 50 米（250×3＋50），起点位置应设在第一分界线向后 50 米的直段上。一般采用不分道跑，则起点线呈弧形。

画法之一：在第一分界线离跑道内沿 0.3 米处取一点，并以该点为圆心，以 50 米长为半径，向后在直段上由里向外画弧。此弧即为 800 米起跑线。

画法之二：采取点量画法，即在第四分界线内外沿各向前量取 11.23 米，得 A、B 两点，并连接 AB。然后，从这条线开始，在第二至第六道的左侧分道线上分别量取 0.01 米、0.05 米、0.11 米、0.21 米和 0.34 米（表 2-31），并在第六道右侧分道线上量取 0.50 米，找出这六个点，连接各点成弧，此弧线即为 800 米起点线（图 2-53）。

表 2-31   800 米起跑线点量距离表   （单位：米）

左侧分道线上距离 道次 分道宽	一	二	三	四	五	六
1.22	0	0.01	0.05	0.11	0.21	0.34

终点：800 米跑终点设在第一分界线上。

1500 米、3000 米起点和终点：

起点：1500 米需要跑 6 圈，3000 米需要跑 12 圈。因此，这两个项目的起点位置都在第一分界线向前的弯道上。采用不分道起跑，起跑线在弯道上呈弧形。

画法之一：在第一分界线向前的弯道上沿第一道实跑线量取约 20 米得一点，并固定该点。然后由第一分界线向外道画渐开弧，此弧即为 1500 米和 3000 米起跑弧线（图 2-54）。

画法之二：在实践中多采用放射线丈量的方法，即以第一分界线与内沿交点为基准点，向前做放射线与各道分道线相交若干点，然后连点成弧，所得弧线即是 1500 米和 3000 米起跑线（图 2-55）。

表 2-32   1500 米、3000 米跑起点各道分道线放射线长度表 （单位：米）

放射线长 道次 分道宽	一	二	三	四	五	六
1.22	1.23	2.53	3.88	5.29	6.79	8.30

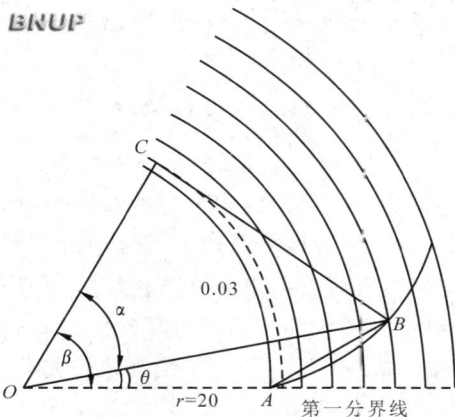

图 2-54   1500 米、3000 米起点放射线长度计算示意图（$r=20$ 米，$d=1.22$ 米）（单位：米）

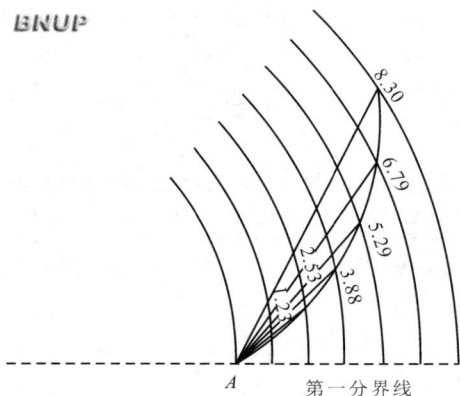

图 2-55　1500 米、3000 米跑起点放射线画法示意图（$d=1.22$ 米）（单位：米）

终点：1500 米、3000 米跑比赛的终点均在第一分界线上。

2. 跨栏跑场地计算和画法

100 米跨栏跑比赛场地：100 米跨栏跑比赛的起点和终点与 100 米赛跑相同。栏架的摆设同标准田径场 100 米跨栏跑。

200 米跨栏跑比赛场地：起点和终点与 200 米跑比赛相同。

弯道各栏位的确定：第一弯道的第四、五、六栏位采用直弦丈量方法确定，其余各道栏位分别以 A、B、C、D 为基准点，向各道分道线作放射线来确定。

计算方法（图 2-56）：

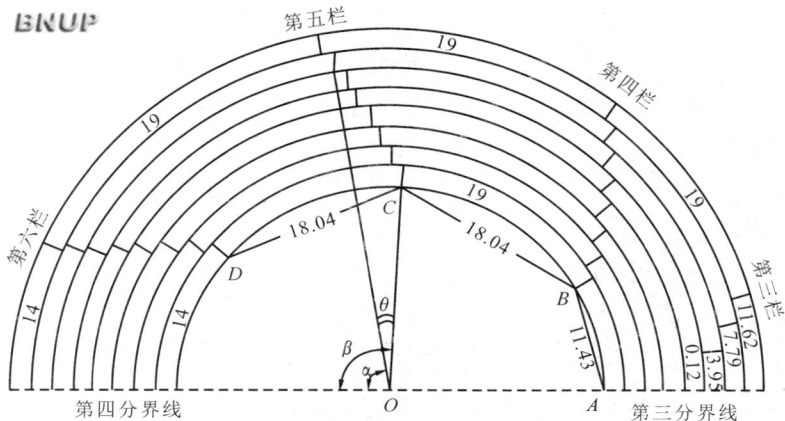

图 2-56　200 米跨栏跑弯道栏位计算示意图（$r=20$ 米，$d=1.22$ 米）（单位：米）

首先，找出弯道上的第四、五、六栏位放射丈量的基准点，即计算 AB、

BC、CD 直弦长度。根据弦长 $= r\sqrt{2(1-\cos\theta)}$ 公式，用计算器很快算得 $AB = 11.43$ 米，$BC = CD = 18.04$ 米。

各栏位放射式丈量的基准点确定之后，再计算各分道线放射线长度。结果如表 2-33 所示。

表 2-33　200 米跨栏跑各栏位放射线长度表

（$r = 20$ 米，直段长 $= 61.23$ 米，$d = 1.22$ 米）　　　　（单位：米）

栏位	长度 基准点	道次 各栏位的放射线和直道上的距离					
		一	二	三	四	五	六
起点	第二分界线 向前	0	3.52	7.35	11.18	15.02	18.85
第一栏	起点向前	16	16	16	16	16	16
第二栏	第一栏向前	19	19	19	19	19	19
第三栏	第三分界线 或 A 点向前	7.23 ←(三)	3.71 ←(三)	(三)→ 0.12	5.13	8.45	11.72
第四栏	由 B 点向前	AB 弦长 11.43	3.02	6.10	9.04	11.34	14.51
第五栏	由 C 点向前	BC 弦长 18.04	2.13	4.31	6.41	8.44	10.40
第六栏	由 D 点向前	CD 弦长 18.04	1.42	2.87	4.29	5.69	7.08
第七栏	第四分界线 向前	5	5	5	5	5	5
第八栏	第七栏向前	19	19	19	19	19	19
第九栏	第八栏向前	19	19	19	19	19	19
第十栏	第九栏向前	19	19	19	19	19	19
终点	与第十栏 相距	13	13	13	13	13	13

200 米跨栏跑场地的画法（图 2-57）。

3. 4×100 米接力跑场地的计算和画法

4×100 米接力赛跑的起点和终点位置与 400 米跑起点和终点完全一样，全程采取分道跑。各接力区前、后沿放射线的长度结果如表 2-34 所示。

表 2-34　4×100 米接力跑的各接力区放射线（距离）长度表　　（单位：米）

接力区次		长度　　道次 基准点	一	二	三	四	五	六
起 点		第二分界线	0	(二) → 10.56	→ 22.05	→ 33.55	→ 45.55	→ 56.55
第一接力区	后 沿	第一道接力区后沿	AB 弦长 26.03	8.65	17.21	24.74	31.22	(四)→ 2.70
	前 沿	第四分界线内沿点向后	弦长 14.44	7.71	2.46	(四)→ 7.36	→ 15.03	→ 22.70
第二接力区	后 沿	E 点向前	DE 弦长 3.71	6.66	13.35	19.46	24.97	29.91
	前 沿	F 点向前	EF 弦长 18.92	5.63	11.33	16.60	21.44	25.89
第三接力区	后 沿	第三分界线向后	21.33	17.71	13.89	10.04	6.21	2.38
	前 沿	第三分界线内沿点向前	1.23 ←(三)	2.52	6.22	9.73	13.06	16.21
终点		第四分界线向前	25					

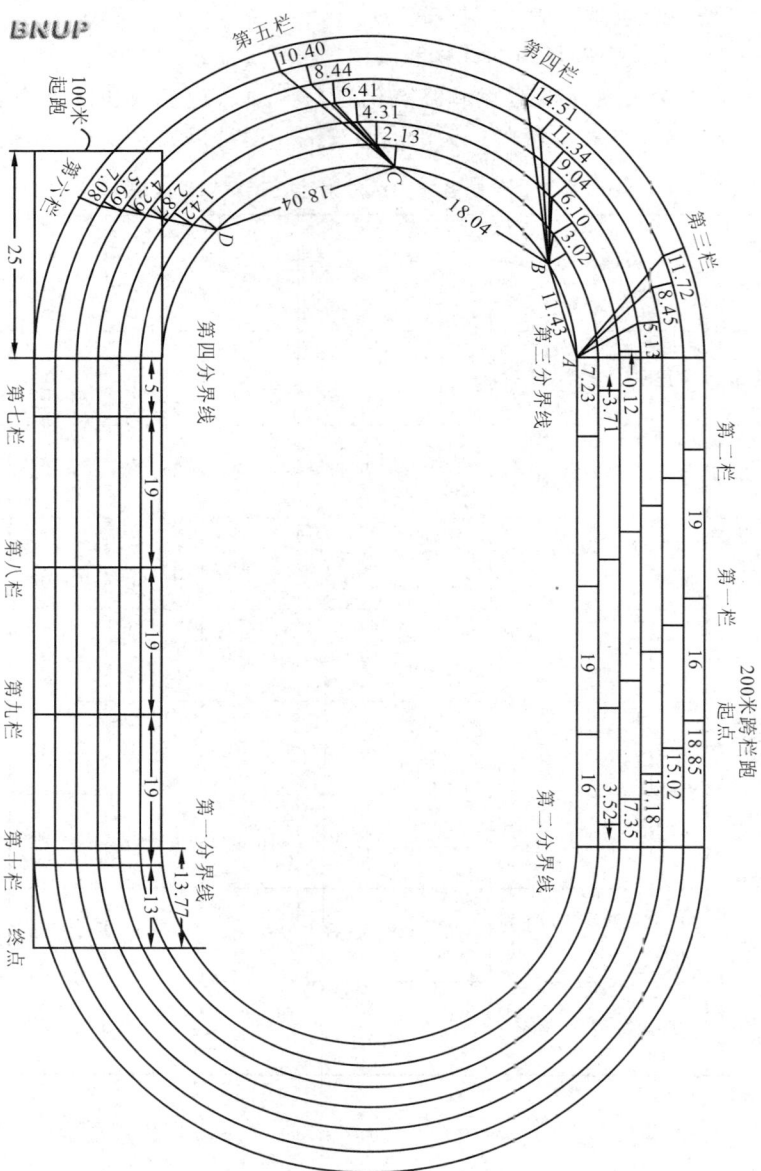

图 2-57　200 米跨栏跑场地画法示意图（$d = 1.22$ 米）（单位：米）

4×100 米接力跑场地画法见图 2-58。

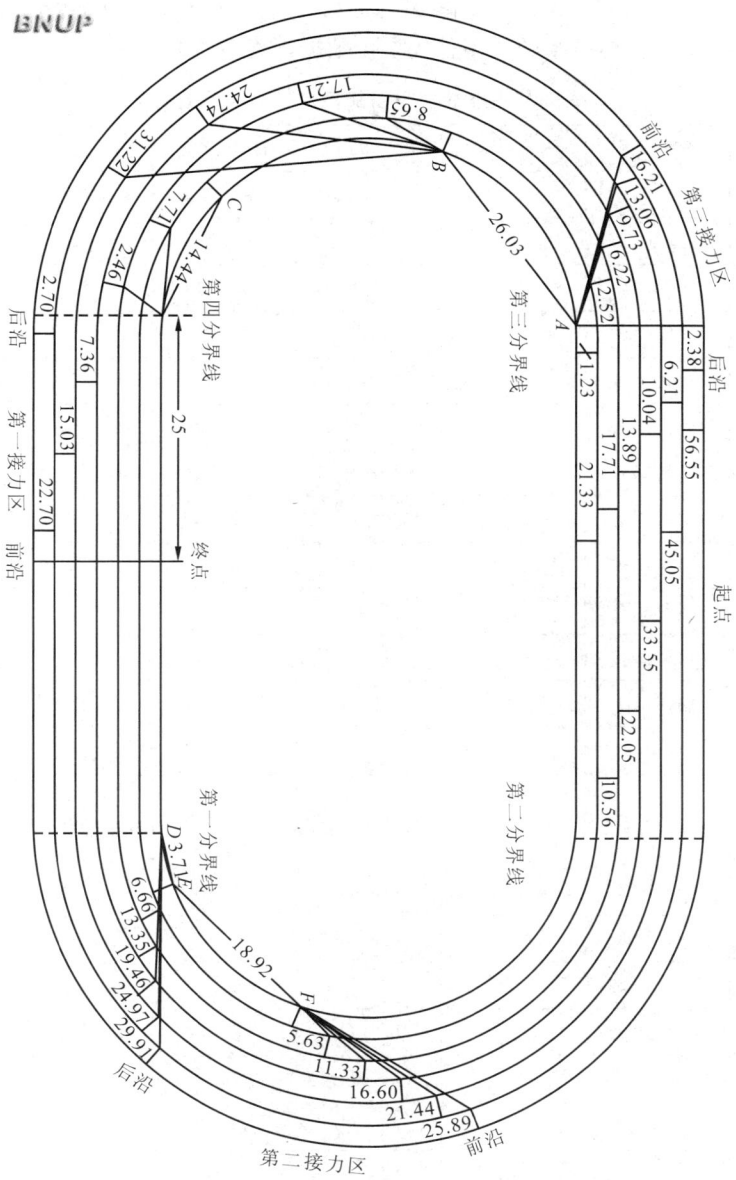

图 2-58　4×100 米接力跑场地画法示意图（单位：米）

三、设计非标准半圆式田径场简要参数

　　前面已把非标准的半圆式 300 米、250 米田径场的设计步骤、计算方法以及径赛项目场地的画法做了详细的介绍，这仅仅是实例。各地情况不同，空地面

积有大有小，为了方便大家在实践中就地设计非标准半圆式田径场，以下列出设计各种规格的非标准半圆式田径场参考数据（表2-35）。

表 2-35 非标准半圆式田径场简要参数表 （单位：米）

场地规格	场地面积	内沿半径	两个弯道长	直段长度	两端余地	两边余地
	153×70	29	184.10	82.95	1.14	
	153×71	29.5	187.24	81.38	1.4	
	152×72	30	190.38	79.81	1.21	
	152×73	30.5	193.52	78.24	1.50	
	151×74	31	196.66	76.67	1.28	
	151×75	31.5	199.80	75.10	1.57	
350米	150×76	32	202.94	73.53	1.35	1.12
	149×77	32.5	206.08	71.96	1.14	
	149×78	33	209.24	70.38	1.43	
	148×79	33.5	212.38	68.81	1.21	
	148×80	34	215.52	67.24	1.50	
	147×81	34.5	218.65	65.67	1.28	
	147×82	35	221.80	64.10	1.57	
	133×62	25	158.96	70.52	1.36	
	132×63	25.5	162.10	68.95	1.14	
	132×64	26	165.24	67.38	1.43	
	131×65	26.5	168.38	65.81	1.21	
	131×66	27	171.54	64.23	1.50	
	130×67	27.5	174.68	62.66	1.29	
300米	130×68	28	177.82	61.09	1.57	1.12
	129×69	28.5	180.96	59.52	1.36	
	128×70	29	184.10	57.95	1.14	
	128×71	29.5	187.24	53.38	1.43	
	127×72	30	190.38	54.81	1.21	
	127×73	30.5	193.52	53.24	1.50	

场地规格	场地面积	内沿半径	两个弯道长	直段长度	两端余地	两边余地
250 米	114×52	20	127.54	61.23	1.50	1.12
	113×53	20.5	130.70	59.65	1.29	
	113×54	21	133.84	58.08	1.58	
	112×55	21.5	136.98	56.51	1.36	
	111×56	22	140.12	54.94	1.15	
	111×57	22.5	143.26	53.37	1.43	
	110×58	23	146.40	51.80	1.22	
	110×59	23.5	149.54	50.23	1.50	
	109×60	24	152.68	48.66	1.29	
	109×61	24.5	155.82	47.09	1.57	
	108×62	25	158.96	45.52	1.36	
	107×63	25.5	162.10	43.95	1.14	
	107×64	26	165.24	42.38	1.43	
	106×65	26.5	168.38	40.81	1.21	
200 米	94×42	15	96.14	51.94	1.15	1.12
	94×43	15.5	99.28	50.36	1.44	
	93×44	16	102.42	48.79	1.22	
	93×45	16.5	105.56	47.22	1.51	
	92×46	17	108.70	45.65	1.29	
	92×47	17.5	111.84	44.08	1.58	
	91×48	18	114.98	42.51	1.36	
	90×49	18.5	118.12	40.94	1.15	
	90×50	19	121.26	39.37	1.43	
	89×51	19.5	124.40	37.80	1.22	
	89×52	20	127.54	36.23	1.50	
	88×53	20.5	130.70	34.65	1.29	
	88×54	21	133.84	33.08	1.58	
	87×55	21.5	136.98	31.51	1.36	

注：本表数字是在空地面积长和宽比例适度条件下，供设计非标准半圆式田径场时参考。表中各规格的田径场均以分道为 4 条，分道宽为 1.22 米计算。若空地过长或过宽，可以在场地一端或一侧修建田赛场地或其他运动场地。

第二章 田径类运动的场地与设施

第五节　户外运动的场地与设施

一、攀岩运动

（一）背景

攀岩是从登山活动中派生出来的一项运动。登山者即使选择最容易的路线攀登几千米的高峰，在途中也免不了要遇到一些悬崖峭壁，所以说攀岩也是登山运动的一项基本技能。由于登山对普通人来讲机会很少，而攀爬悬崖峭壁相对机会较多，且更富有刺激和挑战，所以攀岩作为一项独立的、被广大青少年所喜爱的运动迅速在全世界普及开来。攀岩即徒手攀登岩壁，英语称做"FreeClimbing"。这里是指不依赖任何外在的辅助力量，只靠攀登者的自身力量完成攀登过程。攀岩运动要求人们在各种高度及不同角度的岩壁上，连续完成转身、引体向上、腾挪甚至跳跃等惊险动作，集健身、娱乐、竞技于一身，是一项刺激而不失优美的极限运动，被全球的攀岩迷们称为"峭壁上的芭蕾"。

（二）历史

攀岩运动是脱胎于登山运动的一项新兴极限运动。20世纪50年代起源于苏联，到70年代，攀岩在欧洲成为了一项竞技体育运动。根据比赛内容的不同，可分为难度攀岩和速度攀岩两种。根据比赛场地的不同，又可分为户外攀岩和室内攀岩两种。

虽然攀岩运动吸引了众多爱好者，但因自然岩壁都是在郊外，交通、时间问题给人们带来了诸多不变，人们只能利用节假日来从事这项运动。

1985年法国人弗兰西斯·沙威格尼发明了可以自由装卸的仿自然人造岩壁。他实现了人们要把自然中的岩壁搬到城区的设想。因人工岩壁比自然岩壁在比赛规则上易于操作，并利于观众观看，1987年国际攀登委员会批准人工岩壁上的攀岩比赛为国际正式比赛，并于当年在法国举办了人工岩壁上的首届攀岩比赛。

1992年国际登联向国际奥委会申请把攀岩列入奥运会正式比赛项目。

1993年国际奥委会正式承认攀岩为奥运会项目，国际登联正努力争取把攀岩列入冬季奥运会正式比赛项目。

二、中国攀岩运动发展史

20世纪80年代初，攀岩运动从北美进入我国，开始时主要是作为中国登山协会的训练内容，以后渐渐在民间流行起来。1987年中国登山协会主办了第一届全国攀岩比赛，1993 年 12 月在我国长春举行了第一届亚锦赛。自此，每年一届的全国攀岩锦标赛成了攀岩爱好者们交流技术、检验成绩的盛会。

1987 年中国登山协会派出 8 名教练和队员去日本长野系统学习攀岩，回国后，于当年 10 月在北京怀柔大水峪水库自然岩壁举办了第一届全国攀岩比赛。1990 年在怀柔国家登山队训练基地的人工场地上第一次举办了攀岩比赛。1993 年，攀岩比赛被国家体委列入正式比赛项目，此后每年都举行一次全国锦标赛。目前，国内有十来个大型人工攀岩场地，下面介绍几个有代表性的场地：

（1）国家登山队训练基地：位于北京怀柔城区，是国内最早的人工场地。高 15 米，钢筋混凝土材料。主要用于国家登山队登山、攀岩队员训练，同时也对外开放。那里由国家级教练和国内一流水平的攀岩高手做现场表演或指导。

（2）中国地质大学（武汉）：位于湖北武汉，是国内最早最大的室内人工场地。高 13 米，硬木板面。主要用于大学攀岩队训练及教学。

（3）中国地质大学（北京）：位于北京市区。高 15 米，玻璃钢面。主要用于大学攀岩队训练及教学，同时对外招收大学攀岩俱乐部成员。

（4）北京大学：位于北京市区。高 15 米，玻璃钢面。主要用于大学攀岩队训练及教学，同时对外招收大学攀岩俱乐部成员。

（5）长春科技大学：位于吉林省长春市，框架高 25 米，岩面高 16 米，玻璃钢面。主要用于大学攀岩队训练及教学。

（6）大港油田：位于天津大港油田，是国内最大的人工攀岩场地。高 15 米，玻璃钢面。主要用于大港油田攀岩队训练。

（7）雁栖湖：位于北京怀柔雁栖湖风景区，距怀柔城区 10 公里。高 15 米，玻璃钢面。主要是对外营业。

（8）生存岛：位于北京怀柔生存岛，距怀柔城区 3 公里。高 15 米，玻璃钢面。

至于自然岩壁，由于受攀岩水平、装备等多种因素的制约，现在我国攀爬自然岩壁的人数较少。不过，我国幅员辽阔，各种风格的悬崖峭壁随处可见，随着攀岩运动在国内的进一步普及推广，相信会有许多经过清理、做好保护的自然岩壁供广大攀岩爱好者攀登。

三、运动形式

攀岩运动从不同的角度可进行不同的分类。按组织形式可分为竞技攀登（Sport Climbing）和自由攀登（Free Climbing）；按保护方式可分为有先锋攀登（Leading Climbing）和顶绳攀登（Toprope Climbing）；按运动场所可分为人工场地攀登和自然场地攀登。竞技攀登有难度赛、速度赛及攀石赛三种比赛项目。按比赛形式又可分为：世界杯赛和世界锦标赛；20岁以上的成年赛和19岁以下的青少年赛；男子组赛和女子组赛；国际赛、洲际赛及国家级比赛。另外值得一提的是，攀岩还是各级极限运动会（X-Games）中很重要的一个项目。

四、场地和装备

（一）攀岩的场地

攀岩是一项为广大群众所喜爱的户外运动，是一项勇敢者的运动。运动员在绳索的帮助下或在无绳索的条件下，依靠信心、体力和技巧攀上悬崖峭壁。攀岩一般是在岩石壁上进行的，岩壁上要有岩点和裂缝。

（二）攀岩的设施

1. 个人装备

安全带、下降器、安全铁索和绳套、安全头盔、镁粉和粉袋。

2. 攀岩装备

绳子、铁索和绳套、岩石锥、岩石锲。

由于攀岩运动本身所特有的危险性，从此项运动诞生之日起，人们就开始在不断地研制生产各种为攀登者提供安全保证和便于此项运动开展的装备和器械。攀岩基本装备包括：安全带、主绳、铁索、防滑粉袋、绳套、攀岩鞋、下降器及上升器等。因所有这些装备涉及攀登者的生命安全，在购买和选用时必须注意其质量。一般地，有国际攀登委员会（UIAA）认证标记和欧洲标准（CE）标记的都能保证安全。目前这些装备主要由法国、英国、意大利和美国等一些开展这项运动较早的国家生产。近几年来，我国出现了好几十家专门经营登山攀岩装备的商店，这为我国开展这项运动提供了较为便利的条件。

五、攀岩基本要点

经过几十年的发展，目前的水平已相当高，而且还在不断地进步之中，对它涉及的攀登技术、保护技术及竞赛规则提一些最基本的要点。

（一）尽量节省手的力量

攀岩是用手和脚，通过寻找岩面上一切可利用的支点，克服攀爬者自身的体重及所携带器械的重量向上进行攀登。所有攀爬者应该有一定的手臂、手指、肢尖及腰腹力量。由于手臂力量相对很有限，在攀登过程中，应尽量用腿部力量，而节省手的力量。

（二）控制好重心

控制重心平衡是攀岩过程中最关键的问题，重心控制得好就省力；反之，就会消耗许多不必要的力量，同时也就影响了整个攀登过程。

（三）有效地休息

在一条攀登路线中肯定是有些地方简单，有些地方难度较大，要想一口气爬完全程比较困难（除非这条线对你来讲很容易），所以想爬得高一些，应该学会有效地进行休息，一般是到达一个比较容易的位置，以最省力的姿势，边休息边观察下一段要攀爬的线路。这一点在比赛过程中显得更为重要，因为正式的比赛，攀登路线是完全陌生的，而且只有一次机会。

（四）主动去调节呼吸

初学者往往忽略这一点。攀爬一条路线是一个连续的过程，从一开始就应该主动去调节呼吸，而不应等快坚持不住了再去调整。另外要强调一点，攀岩是一项很具危险性的运动，若装备质量合格，保护技术过硬，保护人员操作规范、认真，就不会有危险；反之，若装备有质量问题，保护人员操作不规范、不认真，就容易出危险。因此，攀岩运动中的保护是每个参与者都应该时刻注意的问题，而不管他是初学者还是有经验的老手。

第六节　定向运动的场地与设施

一、定向运动简介

定向运动是参加者借助地图和指北针，按照规定的顺序独立地完成寻找若干个标绘在地图上的点标。在每两个点标之间选择自己认为最佳的路线，并以最短的时间跑完全赛程。为使定向运动在全世界得到普及和发展，1961年5月，十几个国家的定向运动积极分子在丹麦首都哥本哈根成立了国际定向运动联合会（International Orienteering Federation，IOF），确定了正式的比赛项目并制定了一系列的比赛规则与技术规范，国际定联成立时有成员国10个，截至2004年年底已发展到61个国家与地区。

定向运动作为一项能够使人们的体力、智力得到全面锻炼的新兴体育项目，今天它的爱好者在北欧已"超过了足球"；在另外一些国家，则被列入军队或地方院校的"必修课"。并在相对集中的一段时间内连续举办多种比赛及有关的展览、讲座、会议等活动。

二、定向运动的形式

定向运动按运动工具的不同可分为两种。

（1）徒步定向（俗称定向越野）：如传统定向越野跑、公园定向、接力定向、夜间定向、百米定向、记分定向、专线定向、五日定向、校园定向、特利姆定向等。

（2）工具定向：如滑雪定向、山地自行车定向、摩托车定向、轮椅定向等。

三、定向运动的特点

定向运动是一项智力与体力并重的运动。它不仅能强健体魄，而且能培养人独立思考，独立解决所遇到问题的能力，还有助于培养人的心理素质和适应社会的能力。

定向运动益处：

（1）是一项学生体育项目。因为它培养学生独立分析解决问题的能力和良好的逻辑思维能力。

（2）是一项家庭体育项目。周末一家人回归自然，放松身心，自我娱乐，融洽关系，增加乐趣。

（3）是一项富于挑战的体育项目。勇于尝试从未尝试过的方案，并要求全身心的从体力与智力两方面密切配合。

（4）是一项自然环境体育项目。因为它教会你如何在自然中把握自己，爱护自然，遵守郊野公园守则。

（5）是一项不需任何花费的群众性体育项目。所需的只是一张好的定向图和一个指北针。

（6）是一项广交朋友的社交性体育项目。在这里，不论男女老少、种族背景、文化阶层、社会地位都可以相互交流，共享人生。

定向运动在教学和训练中不但要求学生要有很好的体力和较高的智慧；还要求学生要有良好的心理素质和适应社会的能力。参加定向运动又可以锻炼学生的体能、增强学生的智慧，还能够培养学生的心理素质和适应社会的能力。

四、定向运动的场地

（一）定向运动的场地要求

（1）场地必须保证运动员能够充分发挥自己的定向越野技能，要有适当的难度。

（2）比赛区域必须是所有选手都不熟悉或不太熟悉的，至少应防止赛区当地的选手在比赛中获得明显的优势。为保证这一点，有的国家规定，三年内不得在同一地点举行两次定向越野比赛。

（3）赛前对比赛区域的选择必须严格保密。

（二）选择定向越野比赛地域的条件

（1）所选择的定向越野比赛地域应在地形变化多样的有限通视地域，该地域同时是生疏的、人烟稀少的地区。一般在组织定向越野活动时，城市公园、近郊区以及未耕种或作物未长成的田地都是可供选择的地点。

（2）应选择中等起伏的森林地，植被应适度。

五、定向运动必备的器材设备

（一）定向运动图

国际定向运动联合会制定的《国际定向运动图制规范》，对国际定向越野图最基本的要求如下。

（1）比例尺：通常为 1∶15000 或 1∶20000，当需要时也可采用1∶10000或 1∶25000。

（2）等高距：通常为 5 米，当需要时也可采用 2～10 米，但在一幅图上不得使用两种等高距。

（3）精度：至少要使以正常速度奔跑的运动员没有任何不准确的感觉。

（4）内容表示的重点：详细表示与定向和越野跑直接相关的地物、地貌，并利用颜色、符号等详细区分通行的难易程度。

（5）作用：野外定向地图接近于大比例的军用地图，与一般的旅游图或市区街道地图完全不同。定向地图应详尽、准确地记录赛区内的地面情况。如：利用等高线表示山丘的形状与高度；利用各种颜色表示道路的难易程度和植物的分布；利用各种符号表示等高线的形状与密度，赛区的地形地貌，山丘的形状、高度与坡度等。

定向地图的目的是提供清楚、详尽的资料，让运动员容易了解赛区内的地面情况，从而在公平的环境条件下进行竞赛。

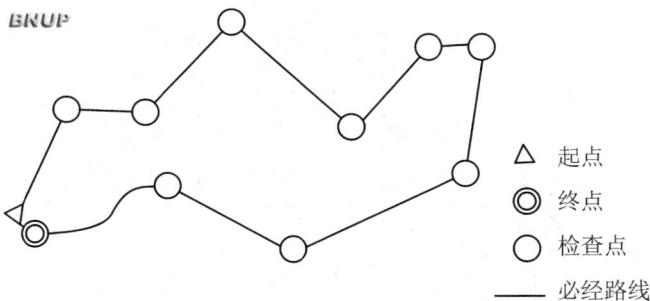

图 2-59　定向越野比赛的路线设计

在定向地图上标有定向运动路线，定向越野比赛路线通常按环形设计，如图 2-59 所示。一条定向运动路线一般包括一个起点（用三角形表示）、一个终点（用双圆圈表示）和一系列的检查点（用单圆圈表示）。检查点用于检验运动员是否按规定跑完全程，为此，应设置专门的标志，在地图上准确地表示出来。

（二）指北针

指北针也就是指南针，是中国古代的一项伟大发明。目前，国际上的定向越野比赛常使用由透明有机玻璃材料制成的指北针，如图 2-60 所示。

（三）点标旗

检查点标志是由三面标志旗连接组成的，称为点标旗。每面标志旗由正方形小旗沿对角线分开，左上为白色，右下为红色，旗的尺寸为 30 厘米×30 厘米。点标旗通常要编上代号（国际上曾使用数字做代号，现已使用英文字母），以便于选手在比赛时根据旗上的代号判断是否找到了正确的检查点。点标旗的式样，如图 2-61 所示。

图 2-60　定向越野比赛中常用的指北针

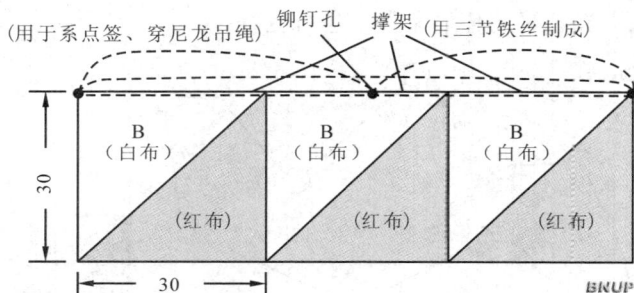

图 2-61　点标旗（单位：厘米）

运动员在比赛中根据定向地图提供的信息，利用指北针快速定向，在实际地形中寻找一个红色和白色相间的点标旗，该点标旗的位置准确放置在地图所标示的地点圆圈的中心点。点标旗有两种悬挂方法：一是桩式（图 2-70 的 K 和 M），二是无桩式（图 2-62 的 B）。悬挂高度一般从标志旗上端计算，距地面 80～120 厘米。

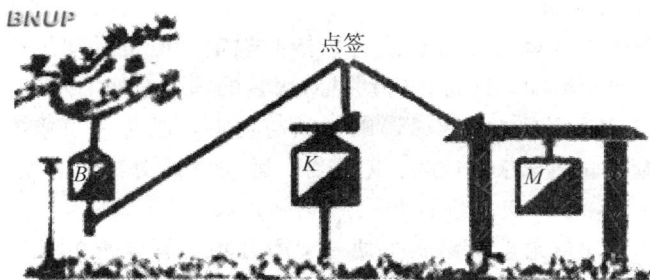

图 2-62　点标旗的悬挂方式

（四）打卡器

打卡器用弹性材料制成，顶端装有钢针，钢针的不同排列使检查钳可以印出不同的图案印痕。运动员在到达每一个检查点（点标）时，必须使用打卡器在卡纸上打卡，以此证明确实到达此点。目前，国内外大型定向越野比赛都用电子打卡系统打卡（图 2-63），它不仅能证实运动员正确通过检查点，同时还能记录运动员通过检查点的各段时间。

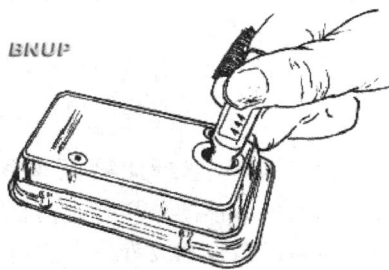

图 2-63　定向电子打卡器

（五）检查卡片

检查卡片用厚纸片制成，它主要用于判定运动员的成绩。检查卡片分为主卡和副卡两部分，主卡由运动员在比赛中携带，并按顺序将每个检查点的点签图案卡在空格中，到达终点时交裁判人员验证；副卡在出发前交工作人员留底和公布成绩时使用。检查卡片如图 2-64 所示。

图 2-64　检查卡片

（六）运动员服装

定向越野比赛对运动员服装没有严格的规定。但是运动员所穿服装必须轻便、舒适，便于活动。通常，运动员对服装的选择有如下要求：

（1）衣裤：紧身而又不至于影响呼吸与运动，服装过紧或太厚均不适合野外跋涉。为防止树枝刮伤和害虫侵袭，运动员最好穿面料结实的长袖和长裤。

（2）鞋：轻便、柔软而结实，便于上下陡坡、踩光滑的枝叶和走泥泞的地方，鞋底的花纹最好是高凸深凹的，以防止在野外的泥道或沙地上滑倒。

（3）护腿：由弹性面料及泡沫材料制成，使运动员在定向越野比赛的奔跑过程中，小腿不被树枝等碰伤，不被蛇、虫咬伤。

（七）号码布

号码布一般不超过 24 厘米×20 厘米，号码布数字的高不小于 12 厘米，字迹清晰、端正。号码布佩戴在运动员的前胸及后背两处。

六、定向越野比赛所使用的越野图的符号

同其他地形图一样，越野图也要求完整而详细地表示地貌、水系、建筑物、道路、植被和境界，即所谓"地图的六大要素"。

根据定向越野比赛的特殊需要，国际定联将越野图的符号分成五类。

（一）地貌，用棕色表示

这类符号还包括小丘、小洼地、土崖、冲沟、陡坡、土垣等表示地面详细形态的专门符号。

（二）岩石与石块，用黑色表示

岩石与石块是地貌的特殊形式，它们既可以为读图与确定点位提供有用的参照物，又可以向运动员表明是危险还是可奔跑通行的情况。为使它们明显地区别于其他地貌符号，这一类符号使用了黑色。

（三）水系与淤泥地（沼泽地），用蓝色表示

这类符号包括露天的明水系和水生或沼泽生的植物。

（四）植被，用白色（空白）或黄色和绿色普染表示

植被情况的详细区分和全面表示非常重要。植被是按下列基本原则表示的：

（1）白色（空白）：指一般性起伏地上的树林的密度适度，地面上无阻碍行进的灌木或杂草丛，可以按正常速度奔跑的地区。

（2）黄色：空旷的地域。分为空旷地、半空旷地及凌乱的空旷地。

（3）绿色：树林中密度较大的地区。按可跑性分为慢跑，使正常跑速降低 20%～50%；难跑，使正常跑速降低 50%～80%；通行困难，使正常跑速降低 80%～100%。上述可跑性的区分均取决于树林的生态，如树种、密度及

矮树、草丛、蕨类、荆棘、荨麻等的生长情况。

（五）人工地物，用黑色表示

包括各种道路、房屋、栅栏、境界等地图符号。

第七节 野外生存的场地与设施

野外生存的物质设备包括个人装备、宿营设备、烹调设备和自备食物、技术设备等。

一、个人装备

（1）衣服：进行野外生存运动时穿的衣服应是多层的，便于保温，穿着应舒适、吸汗。

（2）裤子：应穿宽松多口袋的棉质长裤。

（3）帽子：戴宽边能遮挡太阳的帽子，必要时可准备头盔。

（4）鞋子：鞋子必须轻便，有鞋帮，散热、透气性能良好；鞋底必须坚硬、耐磨。

根据野外生活的计划安排，在可能的情况下，应选择防潮、防寒的短靴。尽可能准备一些专用鞋，如溯溪鞋、攀岩鞋等。别忘了带一双拖鞋，在宿营时会大有用场。

（5）袜子：袜子最好选择棉织品，穿两双可有效地保护脚部。

（6）背包：背包是进行野外生存活动必不可少的装备，应根据活动内容选择体积为 20～100 升的背包。选择背包时以牢固性、舒适性和多功能性为原则。为了在行走时便于分配背包内部的重量，方便取放物品，应尽量选择在顶部、侧面和底部有多个口袋的背包。装包时应挑选有用的必需品，避免带过多的物品，最好带一物多用的物品，如雨披，既可当雨衣，又可当临时的遮阳布，还可当铺在地上的防潮布。在打包时应注意分类放置物品，且所有的物品都必须注意防水、防湿。

（7）太阳镜：抵挡紫外线、装扮时尚，是太阳镜对于户外运动的两大用途。

选购太阳镜必须注意：①注意视差与色差。优质墨镜不仅能将投射来的强光减弱，还能保持光的中性。②颜色不宜过深。选择墨镜的标准以灰色和绿色为最佳。③最好选用安全（不易碎）的树脂镜片，以防万一发生意外时眼镜碎片扎伤眼睛和脸部。

（8）头灯：伸手不见五指的夜晚，头灯的光亮能给人安全感。而不少人则觉得，除了在户外使用，头灯也可作为家中常备物品，以应付停电、在床上看书或半夜上厕所等。

（9）游泳衣：游泳衣就不用专门说了，虽然它的使用范围不算太广，但若在徒步的项目中有跳水活动，还是带上好一些。

（10）密封袋：不少户外生产厂家都会生产专用的密封袋，大小各有规格。遇到天公不作美时，手机、GPS、MP3、电池、数码相机等怕潮湿的物件要是有个密封袋密封起来就什么也不用担心了。脏的衣服、换掉的袜子和内衣也用得着它，密封起来以免"串味"。

（11）水壶：一般用 0.75～1 升就行了，也可用同容积的矿泉水瓶代替。最好能知道沿途能否补充水，看具体情况带多少水。

（12）雨具：防水透气面料的冲锋衣最好，不要带很厚的橡胶雨衣。

（13）药品：创可贴、清凉油、云南白药气雾喷剂、黄连素、人丹、镇痛药、抗生素、绷带等（按实际需求携带）。

（14）其他可选带：地图、火柴或打火机、指南针、哨子、手套、相机、针线、茶或咖啡、帽子、杯子、牙膏牙刷、梳子镜子、拖鞋、面霜、毛巾、手表、垃圾袋、笔记本、笔、望远镜等。

还有一点要慎重的就是刀具方面，刀具既可以在求生时救你一命，但也可以成为杀人的凶器，对于刀具的使用一定要慎重。最好不要让容易激动或性格暴躁的人持有或使用管制刀具。

二、宿营设备

（一）帐篷的搭建方法

1. 简易帐篷的搭建方法

简易帐篷主要是利用现有的自然条件，借助一些简单设备进行搭建的。如用树枝插土来支撑帐篷，利用斜挂的树枝吊起帐篷，利用树干撑起帐篷，利用树的枝叶避风等。

2. 小型圆形帐篷的搭建方法

小型圆形帐篷是由篷布、玻璃纤维的骨架、钉、绳等设备构成的。搭建小型圆形帐篷的步骤如下：先平整土地，然后将帐篷布摊开，将各组骨架连接起来穿过帐篷上缝成的管状布，将骨架的末端插入帆布的四角或六角洞内，再用钉子将营帐固定在地面上。

3. 三角形简易帐篷的搭建方法

用绳子系在两棵距离合适的树上；在帐篷四周钉上木桩并系好四角斜拉的绳子；用塑料布或帆布拦腰搭在横拉的绳子上面，帆布多余的部分沿下坡的方向折向里面，帐篷四周用石头压好；在帐篷旦面铺一块塑料布防潮。

（二）寝具

寝具主要包括以下物品。

（1）睡袋：防潮、防湿、防寒，还能提高绝缘性。

（2）充气枕：便于携带。

（3）防潮垫：可将人体与潮湿、冰凉的地面隔开。

（4）衬垫：棉质衬垫能保护睡袋，使其不易被磨损并使周围的热量不易散发。

（三）烹调设备和自备食物

（1）炊具：餐具主要有碗、杯、盘、开水壶、锅、匙等。为减轻背包的重量，除合金制品外还可选择塑料制品。

（2）自备食物和饮用水：食物主要有饼干、罐头食品、肉干、咸菜、水果糖、茶叶、咖啡、奶粉、少量的盐和糖以及复合维生素丸等。

（四）技术设备

（1）通信及定向装备：主要有卫星电话、移动电话、对讲机、全球卫星定位系统等。

（2）绳索：有主绳和辅绳之分。主绳用于人身保护，特别是攀岩和岩降时使用；辅绳用于捆扎物品。进行野外生存运动时，应准备直径不小于8毫米、长50米的主绳和直径不小于6毫米、长50米的辅绳若干条。

（3）其他装备：还应准备的物品有安全带、上升器、下降器、岩锥、岩石锤、救生衣等专用技术设备以及望远镜、照相机、摄像机、指针式手表、哨子、刀、罐器、当地地图、足够的现金等。

（4）求生盒：求生盒内应装有下列设备：钓鱼钩和钓丝锤、钓鱼线、解剖刀、铅笔、安全别针、细金属线、钢丝锯、缝纫包、塑料袋、指北针、抗生药片、膏药、高锰酸钾、净水剂、放大镜、蜡烛、打火机、火柴、储存罐等。

>>> **练习与思考**

1. 径赛场地如何定位？如何确定各径赛起点的位置？

2. 简述400米标准场地各径赛项目的画法。

3. 简述300米标准场地各径赛项目的画法。

4. 简述250米标准场地各径赛项目的画法。

5. 简述田赛各场地的规格及画法。

6. 攀岩运动需配备哪些设备？

7. 定向运动场地有什么要求？需配备哪些设备？

8. 野外生存运动需配备哪些设备？

9. 如何搭建野外生存运动的帐篷？

第三章　球类运动的场地与设施及比赛器材

本章要点

  1. 篮球、排球、足球、棒球、垒球、网球、乒乓球、羽毛球、门球、橄榄球、曲棍球、高尔夫球比赛场地的规格；
  2. 篮球、排球、足球、棒球、垒球、网球、乒乓球、羽毛球、门球、橄榄球、曲棍球、高尔夫球比赛场地的画法；
  3. 篮球、排球、足球、棒球、垒球、网球、乒乓球、羽毛球、门球、橄榄球、曲棍球、高尔夫球比赛器材的和类及规格要求；
  4. 篮球、排球、足球、棒球、垒球、网球、乒乓球、羽毛球、门球、橄榄球、曲棍球、高尔夫球比赛场地的布置。

第一节　篮　　球

一、比赛场地的规格

  篮球比赛场地应是一个长方形的坚实平面，无障碍物（图 3-1），是从球场上方 1 米处测量的。灯光应符合电视转播的要求。奥运会篮球比赛和世界篮球锦标赛的比赛场地长 28 米，宽 15 米，其他比赛长度可减少 4 米，宽度减少 2 米，要求其变动互相成比例。球场的丈量从界线的内沿量起。所有新建球场均应符合国际篮联要求：长 28 米，宽 15 米。

  天花板或最低障碍物的高度至少应为 7 米。

  长边的界线称边线，短边的界线称端线。球场上各线都必须十分清晰，线宽均为 0.05 米。

  从边线的中点画一平行端线的横线称中线。中线应向两侧边线外各延长 0.15 米。

  以中线的中点为圆心，以 1.80 米为半径（半径从圆周的外沿量起），画一个圆圈称中圈。

  三分投篮区是由场上两条拱形限制出的坦面区域，在此区域外投篮得三分。

从罚球线两端画两条线至距离端线中点各 3 米的地方（均从外沿量起）所构成的地面区域叫限制区。它的作用是：球在本队控制时，限制本队队员在对方限制区内停留的时间不得超过 3 秒钟。

罚球区是限制区加上以罚球线中点为圆心、以 1.80 米为半径向限制区外所画的半圆区域，它是执行罚球的区域（图 3-1）。

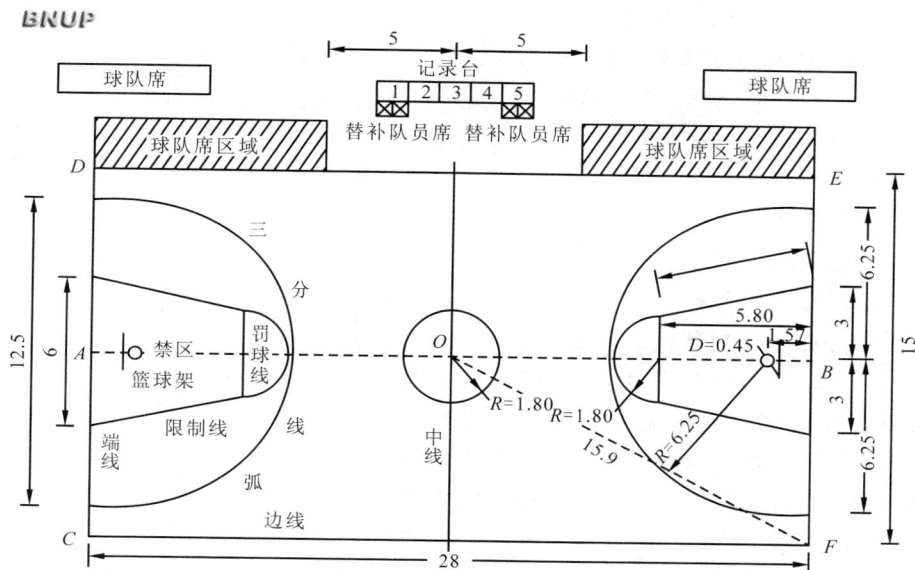

图 3-1 篮球场场地规格（单位：米）

篮球场地有土质、水泥、沥青和木质等。有条件的一般都用木质场地。土质、水泥和沥青场地比较经济，基层单位使用较多，但要注意地面平整，以防出现伤害事故。

任何场地都要求地面平整，不要有凸起和小坑，不要有小石块，日常要维护好，画线要清晰。比赛场地的灯光，至少应为 1500 勒克斯，这个光度是从球场上方 1 米处测量的。灯光应符合电视转播的要求。

二、比赛场地的画法

（一）纵轴线和横轴线

首先画一条纵轴线 AB，然后画一条与纵轴线垂直的横轴线 MN（图3-2），找出中心点 O，再由中心点 O 向纵轴两端取 OA、OB 各 14 米的距离，向横轴两端取 OM、ON 各 7.5 米的距离，则 AB 为纵轴长 28 米、MN 为横轴长 15 米。

（二）边线、端线和中线

从 A 点和 B 点分别作垂线 CD 和 EF，使 $AC=AD=BE=BF=7.5$ 米。连接 C 和 E，D 和 F，则 CD 和 EF 为端线，CE 和 DF 为边线。CE 和 MN 交于 M 点，DF 和 MN 交于 N 点，则 MN 为中线。

（三）场地内各区域的画法

1. 三分投篮区的画法（图 3-1）

分别以球场两端篮圈的中心与地面的垂直投影点为圆心，以 6.25 米为半径，各画半圆（包括线宽），半圆线的两端连接两条平行于边线的线，与端线相接。端线内沿的中点距圆心 1.575 米。

2. 限制区和罚球区的画法

从两端线的中心 A 点和 B 点各向场内纵轴取 5.80 米，以其端点为圆心，以 1.80 米长为半径各画一个圆，并通过圆心各画一条与端线平行的直径，这两条直线为罚球线（图 3-3）。

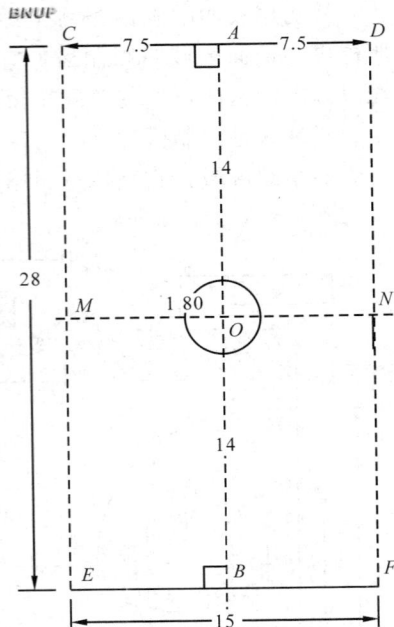

图 3-2 纵轴线、横轴线
画法（单位：米）

再在端线上从 A 点和 B 点各向两侧量 3 米的距离，取此两点与罚球线的两个端点相连成一个梯形即为限制区（图 3-3）。

罚球区就是限制区和以罚球线中心为圆心、以 1.80 米为半径所画的圆。其中有半圆与限制区重合，其重合部分的半径弧线用虚线画出，虚线的每个线段长 35 厘米，线段间隔 40 厘米。罚球区两侧的位置区画法是（图 3-3）：第一条线距离端线内沿 1.75 米（沿罚球区两侧边线丈量），第一位置区的宽度为 85 厘米，其旁是 30 厘米的中立区域。第二位置区与中立区相连，宽度为 85 厘米。与第二位置区相连的是第三位置区，宽度是 85 厘米。分位线的长度为 10 厘米，宽 5 厘米（不包括在位置区的宽度内），并与罚球区边线垂直（图 3-3）。

应该注意，篮球场地各种画线的宽度均为 5 厘米，边线和端线的宽度不包括在场内，场地中三个圆圈的半径都包括线的宽度。

三、比赛器材的规格

（一）篮球

球应是圆形、暗橙色的，外壳为皮、橡胶或合成物质组成的。球的圆周不得多于 0.78 米、少于 0.749 米，重量不得多于 650 克、少于 567 克。充气后，使球从 1.80 米高度（从球的底部量起）落到坚硬的木质地板或球场的地面上，反弹起来的高度不得低于 1.20 米，也不得高于 1.40 米（从球的顶部量起）。球面接缝或槽的宽度不得超过 0.635 厘米。要有盛球装置，装好符合标准的球，置于场外不影响比赛、训练和教学的地方。

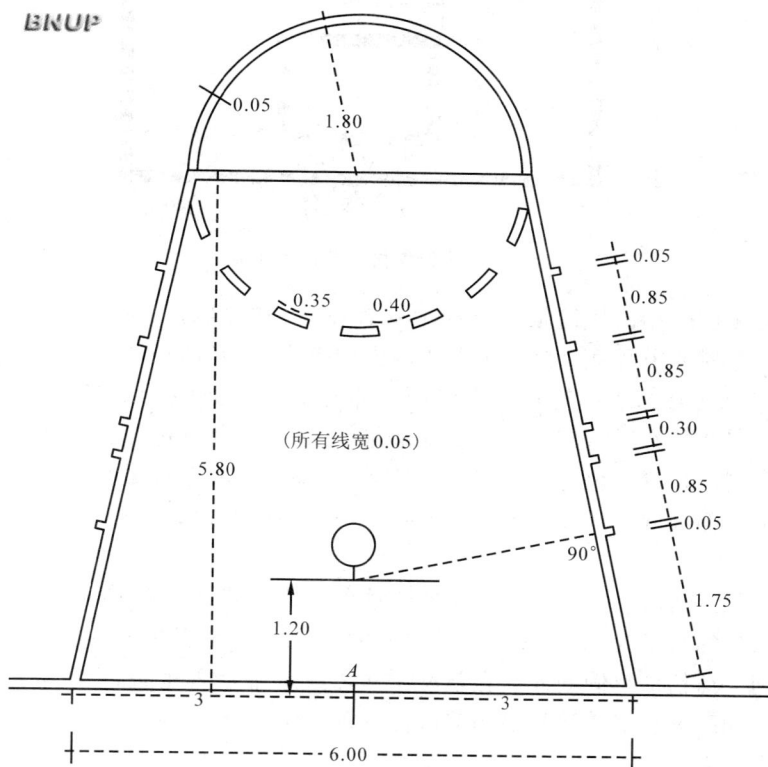

图 3-3　罚球区规格示意图（单位：米）

（二）篮板

篮板应用 3 厘米厚的坚硬木料或适宜的透明材料（应是整块的，坚硬度与木制篮板相同）制成。它的规格为长 1.80 米，宽（竖高）1.05 米，厚 0.03 米。下沿距地面 2.90 米（图 3-5）。非奥林匹克比赛和世界锦标赛，其规格也可为长 1.80 米、宽（竖高）1.20 米、厚 0.03 米。下沿距地面 2.75 米。

篮板必须平整，如不是透明的则应呈白色。板面画法如下：在篮板四周的边沿画 5 厘米宽的线；在篮圈后面画一长方形，宽 59 厘米、高 45 厘米（线宽 5 厘米包括在长方形内），底部的上沿必须与篮圈水平面齐平（图 3-4）。如果篮板是透明的，则画白线；若不透明，则画黑线。篮板四周的线和小长

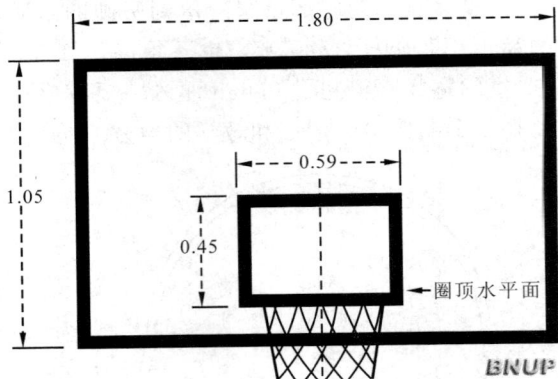

图 3-4 篮板规格（单位：米）

方形线的颜色应相同。篮板应牢固地安置在球场的两端，与地面垂直，与端线平行。篮板的中心垂直落在距端线内沿中点 1.20 米的场内。篮板的支柱应距端线外沿至少 1 米，其颜色应鲜明，并与端线后面的背景有明显的区别，以便使比赛队员看得清楚（图 3-5）。篮板底部和边沿应包扎。包扎物须覆盖其底面和侧面，侧面包扎物距底部最低为 35 厘米，其厚度最少 5 厘米；篮板前后面距底部最低 2 米处应覆盖，包扎物的最小厚度为 2 厘米。

（三）球篮

球篮包括篮圈和篮网。篮圈由实心铁条制成，其直径为 45 厘米（图3-6），橙色。圈条的直径为 1.7～2.0 厘米，圈的下沿设有 S 环或类似的东西，以便悬挂篮网。球篮应牢固地安装在篮板上，需成水平，离地面 3.05 米，与篮板两垂直边的距离相等。篮板面与篮圈内沿的最近点是 15 厘米。如是定压篮圈则应符合下列要求：

（1）它们与那些不可活动的篮圈具有完全相同的反弹特性，并保证队员的安全。

（2）具有定力锁定器的那些篮圈，在离篮板最远点的圈顶上施加 105 千克的静载荷时，定压装置绝不可松动。

（3）当圈放开后，向下转动，与原来水平位置的夹角不得超过 30°。

（4）在圈放开后并不再施载，该圈应立即自动返回至原来位置。

篮网用白色的细绳结成，长 40 厘米，悬挂在篮圈上。它的结构应使球穿过时稍加阻力再落下为宜。

（四）篮架（图 3-5）

篮架可由金属、木质或其他适宜的材料制成。篮架可做成固定式的或机械活动式的。比赛时，在任何情况下篮架均不得移动。

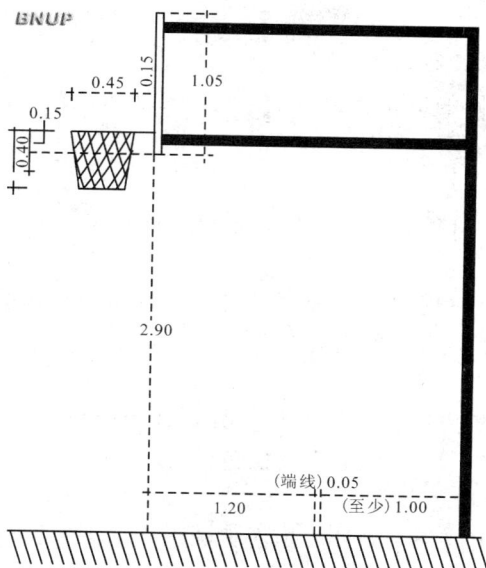

图 3-5　篮板、篮架（单位：米）

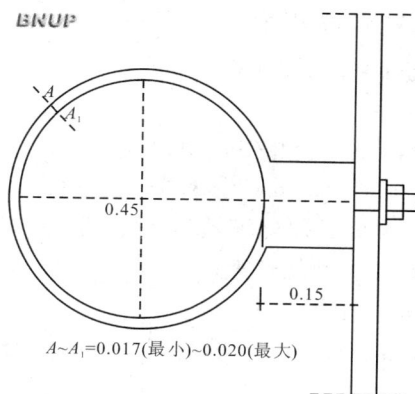

$A \sim A_1 = 0.017$(最小)~ 0.020(最大)

图 3-6　篮圈（单位：米）

重要的国际比赛，篮板支柱必须放置在距端线外沿至少 2 米的界外地区，篮架支柱支撑的篮板必须符合比赛规则的要求。

篮架支柱应做如下包扎：篮板背面的高度低于 2.75 米的任何支柱都必须在其下面包扎直到距离正面 60 厘米处，由篮架支柱做成的可移动的篮板，在面向球场的基座表面，必须有包扎，高度为 2.15 米。

（五）比赛计时钟和暂停计时表

比赛计时钟和暂停计时表至少各一个。应放在计时员和记录员都能看清楚的地方。

（六）执行 24 秒钟规则装置

执行 24 秒钟规则的适宜装置一个。它能被所有队员和观众看到，并由 24 秒钟计时员操纵。

（七）记录表

国际篮联正式批准的记录表，由记录员按规则填写。

（八）信号器材

按规则要求，至少应提供三种信号器材。另外，应有记录板，放在队员、观众和记录台人员都能看到的地方。

（九）数字牌

1～5 数字牌，标志队员犯规次数。数字牌为白色，数字的最小尺寸为长 20 厘米、宽 10 厘米，1～4 的数字为黑色，5 为红色。

（十）犯规计数标志

两个供记录员用的全队累计犯规次数标志，标志为红色。

（十一）全队犯规计数标志

指明全队犯规次数的适宜装置。

四、比赛场地的布置与要求

篮球比赛场地全场布置如图 3-1。

（一）记录台

记录台在边线一侧与主席台相对，距边线 3 米，在正对中线左右各 5 米的范围内。记录台设有助理记录员、记录员、技术代表、计时员和 24 秒钟计时员五个席位。记录台人员必须能够清楚地看到全场，并能控制比赛时间、比赛分数、暂停时间及 24 秒钟规则等。

（二）球队席和替补队员席

替补队员席在记录台前或记录台的两侧，应能使记录台人员清楚地看到全场及正等待上场的替补队员。

球场的界线必须明显，如限制区和中圈的颜色与球场地面颜色有明显的区别，球队席区域 2 米长的线的颜色与边线和端线应有明显的差别。篮球场地界线外至少 2 米处不得有观众、广告牌或任何其他障碍物。

第二节 排 球

一、比赛场地的规格

排球比赛场地为长方形（图 3-7），其长度为 18 米，宽度为 9 米。四周至少有 3 米宽的无障碍区。从地面量起至少有 7 米的无障碍空间。国际排联世界性比赛场地边线外的无障碍区至少 5 米，端线外至少 8 米，比赛场地上空的无障碍空间至少 12.5 米高。

所有界线宽 5 厘米，其颜色与地面和其他项目的场地画线不同。

长方形比赛场地的长边为边线，短边为端线。边线和端线的线宽均包括在比赛场区的面积之内。

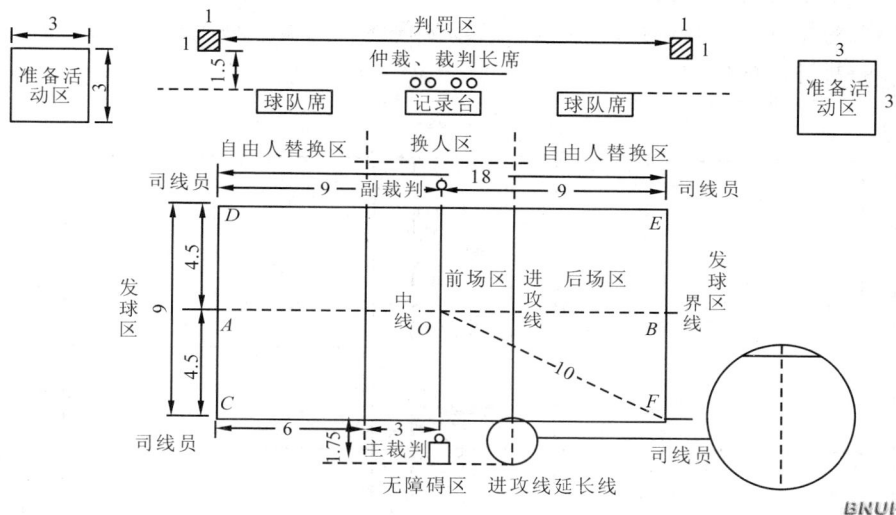

图 3-7　排球比赛场区（单位：米）

中线在网下，是两条边线中点的连线，将比赛场区分为两个相等的场区。每个场区各画一条距离中线 3 米的进攻线（其宽度包括在内）。中线与进攻线之间为前场区。

两条边线延长线上，距端线 20 厘米，各画两条长 15 厘米、垂直于端线的短线，两条短线之间为发球区，短线宽度包括在发球区内，发球区的深度延至无障碍区终端。

两条进攻线的延长线之间的记录员席一侧边线外的范围为换人区。国际排联世界性比赛的无障碍区外的替补席远端，画有 3 米×3 米的准备活动区。

比赛场地为土质、木质或合成物质。国际排联世界性比赛场地的地面只能是木质或合成物质的。场地的地面必须平坦，成水平，并且是划一的，地面不得有任何可能伤害运动员的隐患，不能是粗糙、湿或滑的场地。室内场地的地面必须是浅色的。室外场地能够排水，每米可有 5 毫米的坡度。不得用任何坚硬的物体作为场地界线。

国际排联世界性比赛室内照明在距地面 1 米高度进行测量，应为 1000～

1500 勒克斯。灯光设备的安置不要妨碍运动员的视觉。

二、比赛场地的画法

排球比赛规则要求，比赛场地必须是长方形，其长度为 18 米，宽 9 米。因此首先确定：

（一）纵横线

在空地的南北方向，画一条纵线，并找出其中点 O（图 3-8），然后从 O 点向两端量 9 米长，取得 A 点和 B 点。接着从 O 点作一条与 AB 垂直的横线，此线是排球场的中线。

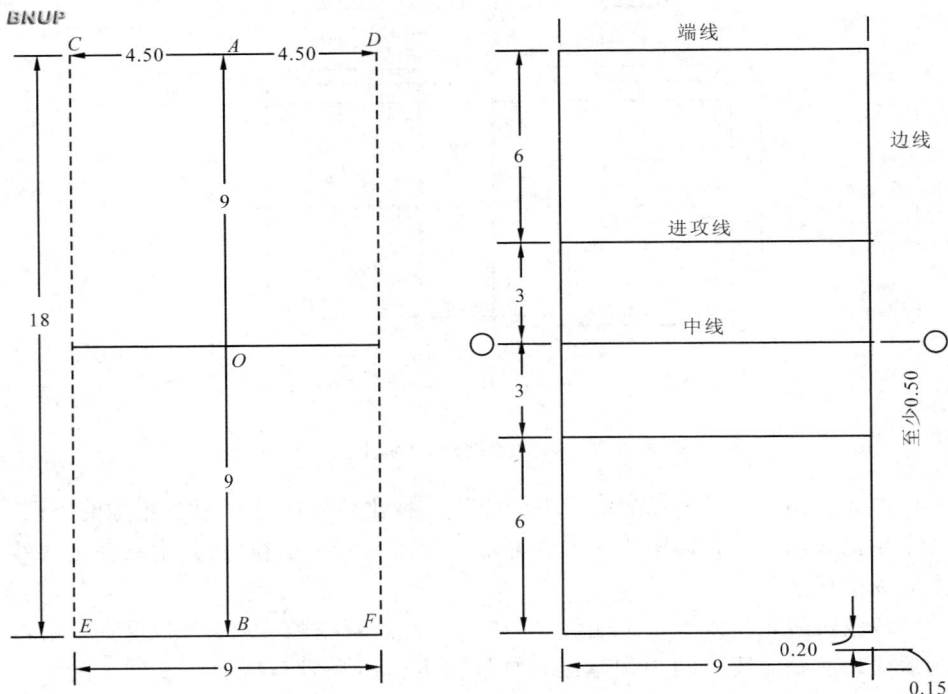

图 3-8 比赛场地的画法（单位：米）

（二）边线、端线

通过 A 点和 B 点各画一条与中线平行的线，在这两线上，分别从 A 点和 B 点各向两侧量 4.50 米，取 C、D 点和 E、F 点，连接 C、E 两点和 D、F 两点，则 CD 和 EF 是排球比赛场地的两条端线，CE 和 DF 是两边线。

（三）前场区

在距离中线两侧 3 米处，各画一条与中线平行的横线，即进攻线，与中线间的区域为前场区（进攻线的宽度包括在内）。

（四）发球区

在两边线延长线的方向上，距端线 20 厘米，各画两条长 15 厘米、宽 5 厘米的短线。两短线间并至无障碍的终端为发球区。

三、比赛器材的规格

（一）排球

比赛用球是圆形的，由柔软皮革制成外壳，内装橡皮或类似材质制成的球胆。球周长不得多于 67 厘米、少于 65 厘米，重量不得多于 280 克、少于 260 克，气压为 0.40～0.45 千克/平方厘米（392～422 毫巴）。在一次比赛中，所用的球的特性、圆周、重量、气压和牌号等必须是统一的。

（二）网柱

网柱是两根高 2.55 米的光滑圆柱，最好是可以调节高度，一般应为金属或其他适宜的材料制成。网柱固定在两条边线外 0.5～1 米的地方，禁止用拉链固定网柱，一切危险设施或障碍物都必须排除。网柱必须包有防护海绵。

（三）球网

球网长 9.50 米、宽 1 米，设在中线的中心线垂直上方。球网应为黑色，网孔为 10 厘米×10 厘米。球网上沿要缝有 5 厘米宽的双层白帆布带，带子的两端要钉有金属环的小孔，用绳索穿小孔系在网柱上，使网的上沿能拉紧，用一根柔软的钢丝贯穿帆布带并固定于网柱上（图 3-9）。球网的下沿也要用绳索穿起来，其两头固定在网柱上。

网上装有两条宽 5 厘米、长 1 米的白色带子即标志带。它分别设在球网的两端并垂直于边线，两条标志带均视为球网的一部分。标志杆是两根有韧性的杆子，长 180 厘米，直径为 1 厘米，它是由玻璃纤维或类似材质制成的。两根标志杆分别设在标志带的外沿并与之平行。标志杆的下端与球网的下沿持平，其上沿高出球网 80 厘米，其高出部分每 10 厘米应涂有明显的对比颜色，最好为红白相间。标志杆也被视为球网的一部分，并当做球网区的边界。

（四）裁判台

裁判台要求能升降并有活动座位，裁判台的周围要包有防护海绵。

（五）丈量杆

丈量杆高 2.50 米、宽 5 厘米，一般为木质或其他适宜材料。在 2.24 米及 2.43 米处刻有明显的标志，用于丈量球网的高度。

（六）司线旗

司线旗是红色的，规格为 30 厘米×30 厘米，旗杆长 45 厘米，直径为 1.5 厘米。

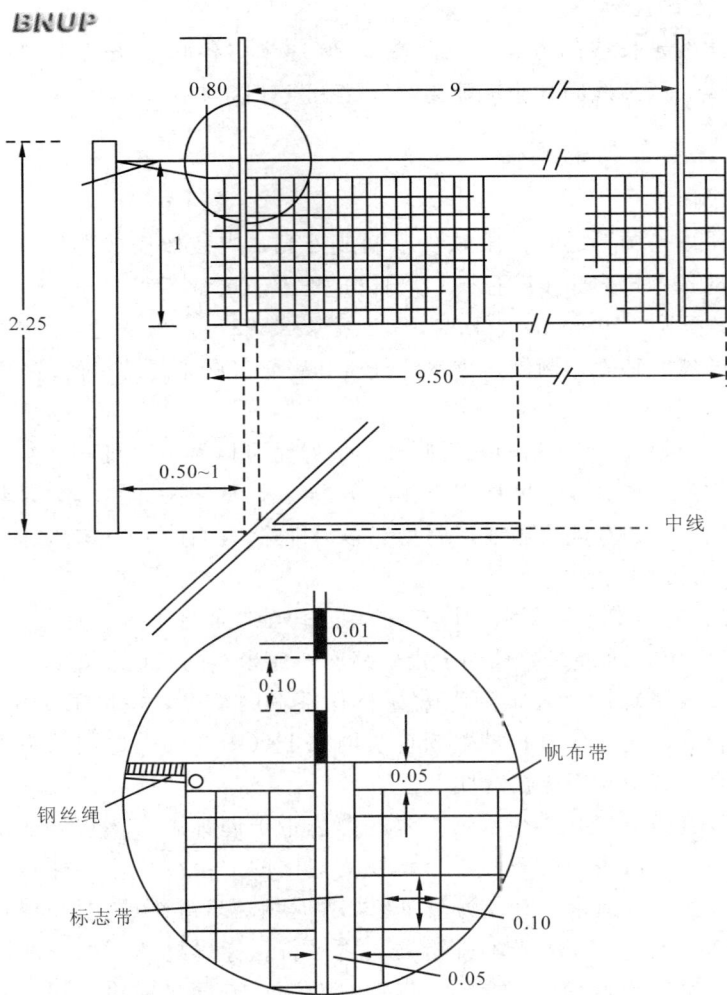

图 3-9　排球球网规格（单位：米）

（七）红黄牌

红黄牌长 15 厘米，宽 10 厘米，厚 2～3 毫米。

（八）换人号码牌

每个比赛场地都要有换人号码牌，每套 20 块，每块牌长 25 厘米，宽 18～20 厘米，把长 15 厘米。牌为白色，号码为深色，分别写 1～20 号。牌为木质或其他适宜材质制成。

气压表为测球压用，还有天平、气筒、圆度仪等。为保证比赛顺利进行，还要有测光表、记分表、位置表、报分表和擦球用毛巾等。

四、比赛场地的布置与要求

（一）裁判台

裁判台放置在靠近主席台一侧的网柱外侧。

（二）记录台

记录台放置在裁判台对面，距边线 3～5 米无障碍区外，有 4 位记录人员座席。

（三）仲裁委员和裁判长席

在记录台后方 2 米处，放置 4 个席位。正式国际比赛，要求此席高出记录台 20～30 厘米。

（四）运动员替补席

在记录台两侧各距边线 3～5 米无障碍区外，自进攻延长线处，向两侧端线方向延长，设置可坐 12 人的矮长凳。

（五）替补队员活动区

在运动员替补席外侧无障碍区外，画一 3 米的方形小区，即为替补队员活动区。

第三节 足 球

一、比赛场地的规格

足球比赛场地是长方形（图 3-10）。其长度不得大于 120 米或小于 90 米，宽度不得大于 90 米或小于 45 米。在任何情况下，长度必须超过宽度。

标志比赛场地长度的线称边线，标志比赛场地宽度的线为端线。整个比赛场地由两条边线和两条端线围成，各条线的宽度（12 厘米）都包括在场地内。

在比赛场地两条边线的中点连线，横穿场地，使场地平分为两个相等的半场，称为中线。

中线的中点为比赛开始或进球后开球方必须将球放置的地点，此点称发球点，应有一个明显的标记，并以此点为圆心，以 9.15 米为半径，画一个圆圈叫中圈。

在比赛场地两端距球门柱内侧 5.50 米处的线上，向场内各画一条长为 5.5 米与端线垂直的线，其一端与球门线相接，另一端点相互连接并与端线平行，这三条线与端线范围内的地区称球门区。

在比赛场地两端距球门柱内侧 16.50 米处的端线上，向场内各画一条长

16.50 米并与端线垂直的线，这两条线的另一端点相互连接并与端线平行，这三条线与端线围成的区域称罚球区。

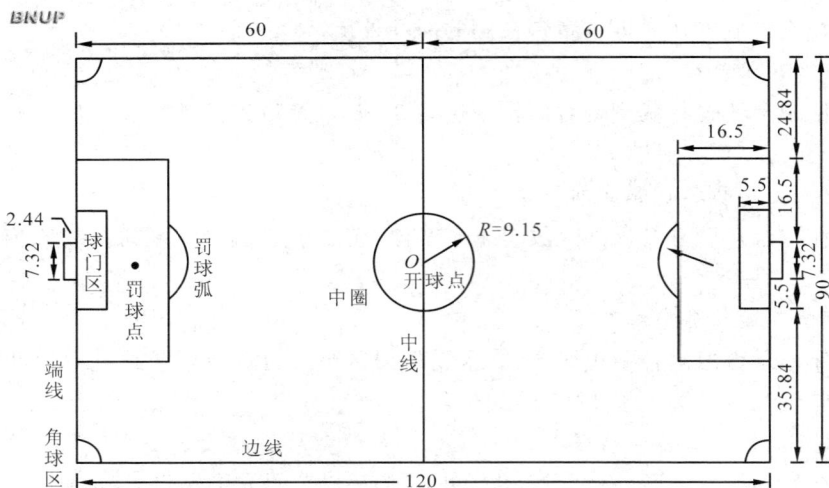

图 3-10　足球场地规格（单位：米）

两端线中点垂直向场内 11 米处各做一个清晰的标记，称为罚球点。

以罚球点为圆心，以 9.15 米为半径，在罚球区外画一弧线，并与罚球区线相交，此弧称为罚球弧。

以边线和端线外沿交点为圆心，以 1 米为半径向场内各画 1/4 圆弧并与边线和端线相交，这个弧内地区称为角球区。

球门应设在每条球门线的中央，由两根相距 7.32 米、与两面角旗点等距的直立门柱和一根下沿离地 2.44 米高的水平横木连接组成。两个门柱间的端线段称为球门线。为确保安全，无论是固定球门或可移动球门都必须稳定地固定在地上。

为了使球门框架始终保持要求的标准，一般采用混凝土穴位或焊接钢板穴位固定门柱，避免门柱下沉，保持门柱的高度及稳定。横木要避免弯曲，要保持水平。

比赛场地应按照平面图画出清晰的线条，线长必须符合规则要求，各种线条宽度不得超过 12 厘米。场地丈量都应从线宽的外沿量起，球场各区域界线的宽度均应包括在区域面积之内。线宽不得做成"V"形凹槽。

画线所用材料以前使用灰粉或滑石粉，这比较经济，但有时线条不清楚，当雨水较大时更易模糊，而且比赛后尚需描画。近年来常采用合成稀料画场地，它能有效地在雨季长时间保持线条清晰，而且对草坪的损失较小。无论使用何种材料画线，线条都必须是白色的。

比赛场地有三种：草坪场地、人造草坪场地和土质场地。正式比赛只允许用天然草皮。场地的种类不同、性质不同，要求也不同。比赛场地地面应是龟背形倾斜，草坪场地倾斜度为 4%～5%，土质场地倾斜度为 2%～3%，这都有利于排水。但都要求为运动员比赛创造较好条件，使他们在比赛和训练中做出合理冲撞的高难度动作时不发生伤害事故。

（一）草坪场地（见第十章）

（二）人造草坪场地

人造草坪由人造合成材料制成，要求场地平整、松软，使球的运行和弹起与自然草坪相同，便于运动员掌握球的性能。草坪也要有一定的厚度，这是一种"全天候"的场地，便于运动员使用，但应注意不使运动员发生伤害事故。

（三）土质场地

目前有的省、市、地区级和大、中、小学以及业余体校的比赛和训练场地是土质的，这种场地要平整，土质软硬要适度，要保持一定的潮湿度。在场地上没有明显的沙粒、土块、小石块及玻璃片等物，应在比赛或训练时保持场地清洁，保证比赛中球的正常运行，保证运动员身体安全。

足球比赛白天和晚上都可以进行。晚间比赛需灯光照明，它要求光线充足，能清晰地看出球的运行方向和轨迹。照明要均匀，灯光设备的安置不要妨碍运动员的视觉。

二、比赛场地的画法

前面说过，足球比赛场地必须是长方形，其长度为 90～120 米，宽度为 45～90 米。国际比赛的场地长度不得多于 110 米，宽度不得多于 75 米或少于 64 米，"标准半圆式 400 米跑道"内含标准足球场，尺寸一般为 105 米×68 米。因此首先确定：

（一）纵横线

在空地上顺南北方向画一条纵轴线，并在线上找出空地的中心点 O（图 3-11）。然后通过 O 点向两端各丈量 52.12 米，取得 A 点和 B 点。

（二）边线、端线

通过 A 点和 B 点各画一条与纵轴垂直的端线，并向两侧延伸，分别丈量 34 米（68/2＝34 米），取得 E、F、C 和 D 四点，连接 C、E 和 D、F，则 $CDFE$ 就是足球场地的轮廓。CD 线和 EF 线是足球场的端线，CE 线和 DF 线是边线。

（三）中线和中圈

通过 O 点做一条与南北纵轴的垂线，与两条边线的中点相交，并与球门线平行，此垂线就是中线。以 O 点为圆心，以 9.15 米为半径，在场地中央画一个圆，就是中圈。

三、比赛器材的规格

（一）足球

比赛用足球应为圆形，它的外壳应用皮革或其他许可的材料制成，在它的结构中不得使用可能伤害运动员的材料。球的圆周不得多于 71 厘米或少于 68 厘米。球的重量在比赛开始时不得多于 453 克或少于 396 克，充气后其压力应等于 0.6～1.1 个大气压（海平面上），即等于 600～1000 克/平方厘米。在比赛进行中，未经裁判员许可不得更换比赛用球。

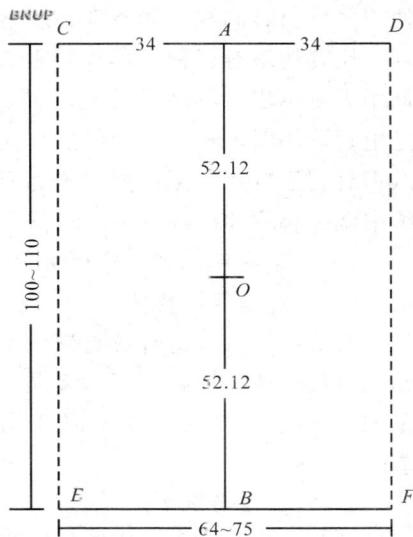

图 3-11　纵横线画法（单位：米）

（二）球门和球网

球门的门柱及横木必须用木质、金属或国际足球理事会批准的其他材料制成，其形状可为正方形、长方形、圆形、半圆形或椭圆形，门柱必须为白色。球门框架背面应有网钩，钩住球网。球门的两门柱内沿间距 7.32 米，横木下沿距地面为 2.44 米。

球门网允许用大麻、黄麻或尼龙制成。尼龙绳可以使用，但不得比大麻或黄麻绳细。其网眼大小不得超过 12 厘米，球门网应挂在球门的背面，球网下端要与地面衔接牢固。球网要适当撑起，使守门员有充分活动的空间。

（三）角旗

角旗旗杆不得低于 1.5 米，应为圆形平顶，上系 40～60 厘米小旗一面。旗杆可为木质、金属或富有弹性及韧性的玻璃钢杆，要插卸方便，要能使运动员碰撞后不致受伤。四个角球区（在两边线中点外侧 1 米可插一面角旗，也可不插）角旗颜色应与巡边员手旗和场地颜色有明显区别，晚间比赛使用灯光时可用白色角旗。角旗可用布或绸料制成。

（四）裁判器材

比赛中裁判员要有计时表掌握准确时间，一般准备秒表和手表各一块。口哨是发布裁判命令的声音标志。

巡边员用的裁判手旗，是判定比赛中各种违反规则行为的旗语标志。

要有若干个号码牌，用做更换运动员的标志物。还有气压表、充气筒、气针、钢卷尺和磅秤等，以备临场检查和选择比赛用球。

四、比赛场地的布置与要求

足球比赛的场地要符合规则要求，其他诸如运动员席位和裁判台等都有具体要求。

（一）裁判席位

裁判台应设在球场外，距边线 5～6 米处的中央地区（在田径场地第四、五跑道附近），要设一名替补裁判和一名裁判监督。裁判台上需备有换人号码牌、计时器和比赛备用球。

（二）运动员替补席位

运动员替补席应设在裁判席两侧，距裁判台 30 米处与边线平行的延长线上，允许有 12 个席位。在裁判员与运动员替补席上，均应安装保护圈，用布、塑料布或有机玻璃制成，起到保护作用。

在运动员替补席前的边线外 1 米处画一横线为教练员临场指挥区域，根据竞赛规程，在比赛前确认具体的指挥人员，并不得更换，只允许 1 人在技术区域内进行战术指挥，指挥后立即返回替补席，不得干涉裁判员工作。

（三）摄影人员限制

在两条球门线后画一条线，距角旗至少 2 米、距球门区线与球门交点至少 3.50 米、距门柱至少 6 米为摄影人员限制线。不准摄影人员超越限制线，不准使用闪光灯等人工光源。

（四）广告牌位置

广告牌应放置在边线外 6 米处，避免运动员在激烈比赛中冲出场地出现伤害事故。场地外的田径投掷圈也应覆盖好。

第四节　棒　　球

一、比赛场地的规格

棒球比赛场地是一个直角扇形区域（图 3-12），并且由几个区域组成。

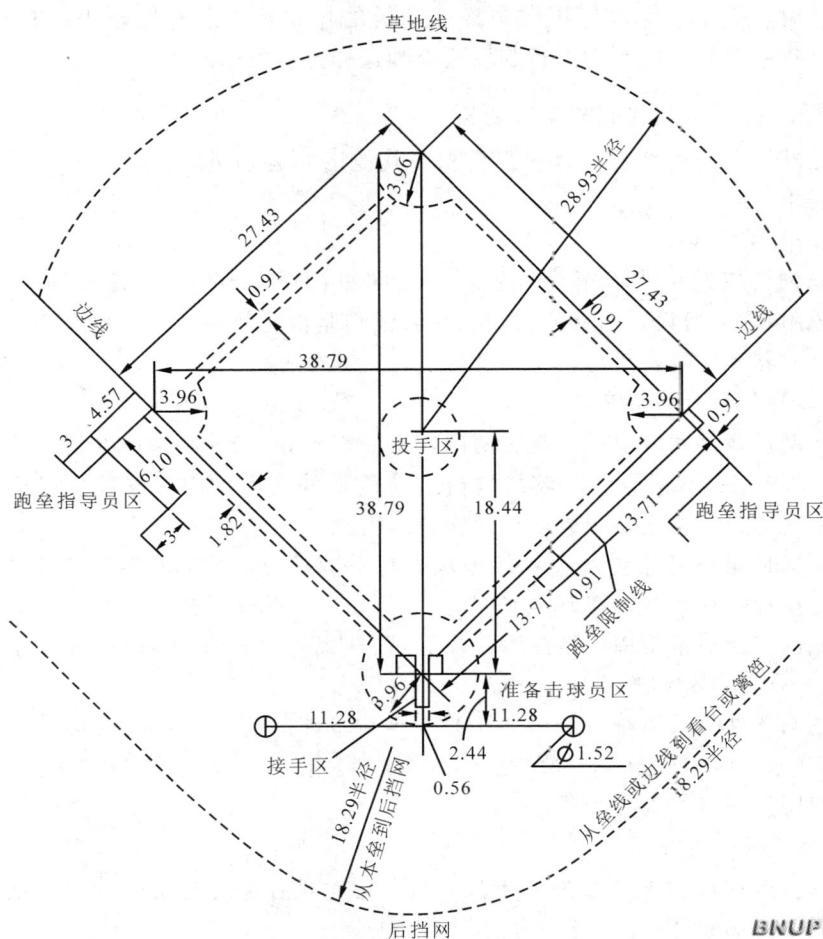

图 3-12　棒球比赛场地规格　（单位：米）

　　界外地区：直角扇形的两直角边线以外的地区。界外地区与界内地区均为有效地区。

　　界内地区：直角扇形的两直角边线以内的地区。界内地区又分为内场和外场。

　　内场：内场呈正方形，四角各设一个垒位，在直角尖角上的垒位为本垒，依逆时针方向分别为一垒、二垒和三垒。一垒与二垒、二垒与三垒的边线称为内场线。内场每边垒间距离为 27.43 米，投手板的前沿中心和本垒尖角的距离为 18.44 米。

　　外场：本垒与一垒、本垒与三垒这两条边线向一、三垒前延长 97.54 米或至少 76.40 米处（这段延长线称为外场线），本垒与二垒连接的线向二垒前延长至 121.91 米处，这三条延长线端点连接成一个弧形线，此弧形线为本垒打线。本垒打线与内场间的区域为外场区。

接手区：在二垒至本垒的中线上，向本垒后面延长 2.44 米（图 3-13），从中线端向两侧做垂线，各取长 0.55 米，然后再从此线两端向本垒方向画一与中线平行的线，与击球员区界线连接，这个区域叫接手区。

击球员区：在本垒的两侧，各画一个长 1.82 米、宽 1.22 米的长方形击球员区（图 3-13）。击球员区长边与本垒边线平行，相距 0.15 米，本垒两钝角尖连线与击球员区长边的中线在同一直线上。

投手区：棒球投手区在本垒尖和二垒的连线上，以距本垒尖 17.985 米处为圆心、以 2.74 米为半径画圆，此圆即为投手区（图 3-12）。

击球员准备区：在二垒与本垒连线上，距本垒尖 3.96 米处做一垂线，连线的侧垂线各取 11.28 米，以此为圆心、以 0.56 米为半径，画两个圆，这两个圆就是击球员准备区（图 3-12）。

跑垒指导员区：在一、二垒及二、三垒线与边线相交的点以外 4.57 米处向本垒方向各画一条与边线平行的长 6.10 米的线，再在线端向外各画一条长 3 米的垂直线，这三条线以内的区域为跑垒指导员区（图 3-12）。

跑垒限制线：由本垒和一垒边线的中点和沿边线至一垒后 0.91 米处各向场外画一条 0.91 米的垂线，并将两垂线的端点相连，就是跑垒限制线。这条线和边线所构成的长条区就是跑垒限制道（图 3-12）。

野传球线：距两条边线外至少 18.29 米处，各画一条与边线平行的线，线的一端与后挡网连接，另一端与本垒打线和边线末端相交的延长线相连，此线是野传球线，用以区别界外比赛地区和无效地区（图 3-12）。

本垒打线：以二垒垒位的中心为圆心，以圆心到边线顶点的距离为半径，画一弧线与两侧边线末端相交，此弧线即为本垒打线。

草地线：在草皮场地上，以投手板前沿中心为圆心，以 28.93 米为半径，在界内连接两边线所画弧线即为草地线。此线以外的外场地区为草地，以内为土地（图 3-12）。

棒球比赛场地主要是土质场地，部分是草场地。比赛场地必须平整，不得有任何障碍物，不得有土块、小石块及玻璃碎片等物。

二、比赛场地的画法

（一）确定击球方向和本垒位置

为避免阳光刺眼，影响投手和击球员的视线，本垒最好位于场地的西南偏北的位置。

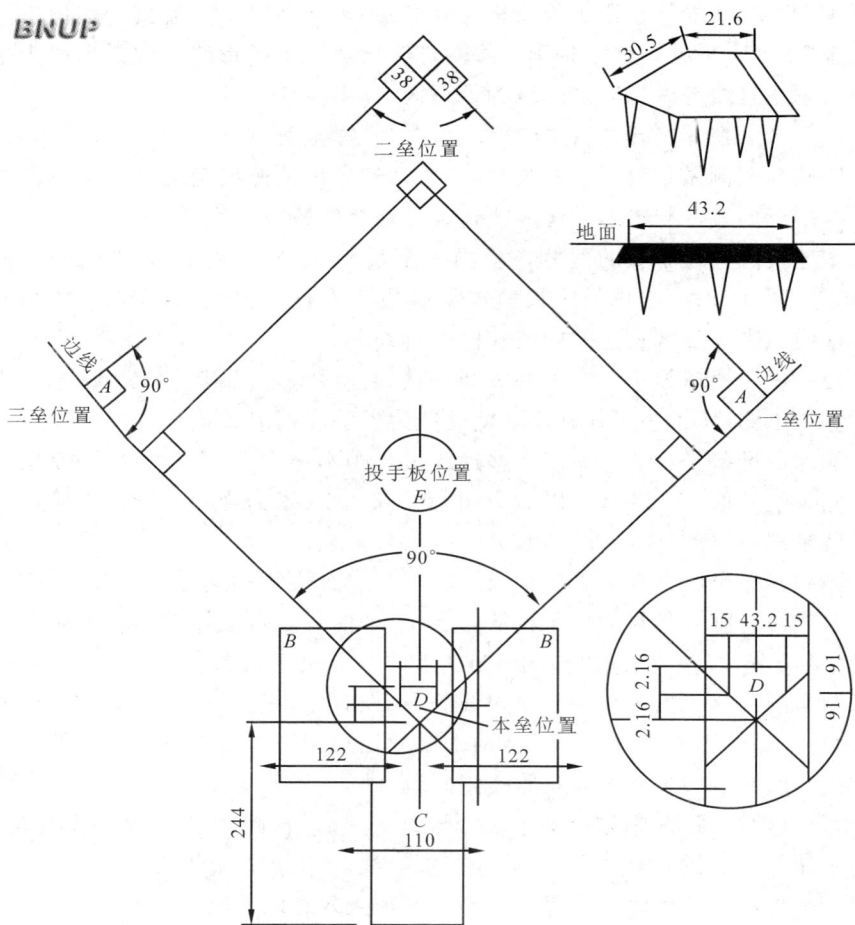

图 3-13　棒球接手区、击球区规格　　（单位：米）

（二）内场的画法

本垒位置确定后，在本垒尖角处钉一小木桩，桩上系一长绳（至少长 54.86 米），并在 18.44 米、27.43 米、38.79 米及 54.86 米处各系一结（记号）。

1. 一、三垒画法

分别延长本垒尖角两边。把长绳拉向右边尖角边，在长绳的 27.43 米的绳结处钉一小木桩，就是一垒的外角。再把长绳拉向左方尖角边，在长绳的 27.43 米的绳结处钉一小木桩，就是三垒的外角（图 3-14）。

2. 二垒、投手板画法

延长一、三垒外角边（或做本垒与一垒、本垒与三垒边线的垂线）相交于一点，此点为二垒中心。将长绳拉向二垒中心点，长绳 38.79 米的绳结与二垒中心重合。再在长绳的 18.44 米的绳结处钉一小木桩，此处就是投手板前沿中心（图 3-14）。

（三）外场的画法

外场的边线、草地线和本垒打线的画法都已在比赛场地规格中做了介绍，可参看有关部分。

（四）界外地区的画法

界外地区由后挡网和野传球线组成。后挡网是以本垒尖角为圆心、以 18.29 米为半径与内场两边线向外的延长线相交，形成 90°弧线，在弧线上安置（图 3-14），并与野传球线相连，构成界外地区。

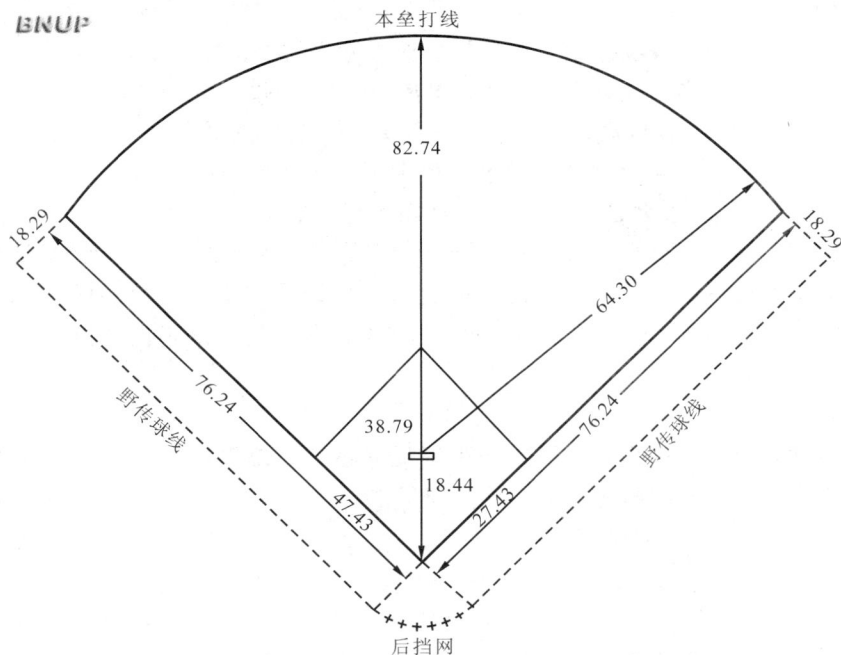

图 3-14　棒球比赛场地的画法（单位：米）

棒球场地上各种画线的宽度均为 7.6 厘米，此宽度都包括在各区域的有效范围内，边线通过击球员区的部分不应画出。

三、比赛器材的规格

（一）本垒板

本垒板用白色橡胶、塑料或木板制作，呈五角形，本垒尖角为 90°，角的两边各长 0.305 米，钝角的边长 0.215 米，90°角对面的边长 0.43 米。本垒尖角位于本垒与一垒和本垒与三垒两边线的会合处，必须埋入地下，与地面持平。可用长钉固定，必须防止板边、钉帽等物碰伤运动员（图 3-13）。

（二）垒包

棒球的三个垒包都是相同的，呈正方形，每边长 0.381 米，厚 0.076～0.127 米。垒包外面是白色帆布，内装棕毛或稻草等细软物。填充物要结实，不宜太软。一、三垒垒包应整个放在内场，二垒垒包的中心放在两垒线的交叉点上，垒包应钉牢在地面上。

垒包钉置的方法：将带钩的长钉（至少长 0.3 米）钉入地下，用十字帆布带将垒包捆好，下面的交叉中心与钉钩扎牢。也可用混凝土固定垒包的下半部，但露在地面上的垒包高度必须符合 0.076～0.127 米的规定。

（三）投手板

投手板用白色橡胶或木板制成，安装在投手区内，长 0.61 米，宽 0.153 米，前沿中心距本垒尖是 18.44 米，安放在一个 1.524 米长、0.864 米（也有 0.60 米的）宽并高出地面 0.25 米（也有 0.38 米的）的平台上，与台齐平。投手区的平台向内场四个垒位倾斜，成龟背形。从平台前沿起向本垒方向 1.83 米，每向前 0.305 米降低 0.0254 米，这样逐渐下降至与地面齐平（图 3-15）。

另外，还有一种小龟背形投手区，即平台的高度到投手区边缘逐渐降为平地，这种做法较前法为易，北京丰台棒球场即采用小龟背形的做法。投手板安放在平台后沿，即向二垒的方向。只要逐渐倾斜降低高度，至二垒处与地面齐平即可。

（四）球

棒球是以圆形软木、橡胶或类似物质做球心，绕以麻线，再用两块白色马皮或牛皮包紧平线密缝而成。球面应平滑，重量为 141.7～148.8 克，圆周长 22.9～23.5 厘米。弹性为：自 4.12 米高处，自由下落至 0.06 米厚的大理石板上，能反弹起 1.43～1.50 米的高度。

（五）球棒

球棒是圆柱形，棒面必须平滑无截面接头。一端较细便于手握，一端较粗用以击球。握棒部分的棒帽末端可以制成直径为 2.5～5 厘米，最粗处直径不得超过 7 厘米，棒长不得超过 1.07 米。为便于握棒，从握棒的一端起至 45.7 厘米的长度内，用布、胶布带或橡胶包缠。金属棒的两端必须密封。

（六）松香粉、镁粉

松香粉或镁粉装在口袋里。要准备三个口袋，一个放在投手板后，两个放在击球员准备区，供投手和击球员使用。

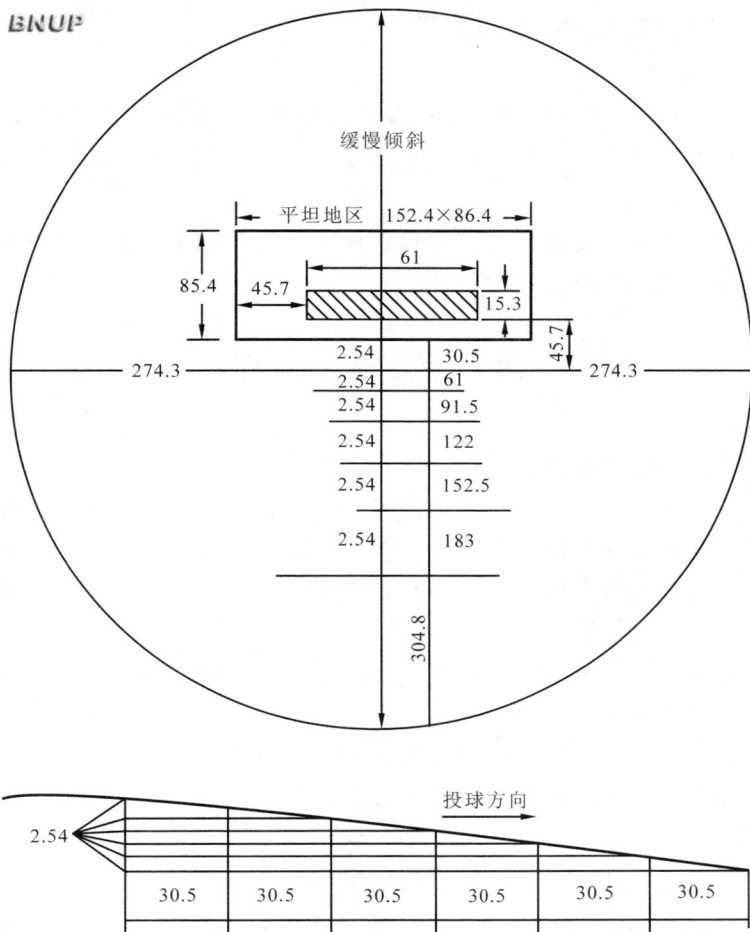

缓慢倾斜

平坦地区 152.4×86.4

85.4

45.7

61

15.3

45.7

2.54　30.5
2.54　61
2.54　91.5
2.54　122
2.54　152.5

2.54　183

274.3　274.3

304.8

投球方向

2.54

30.5　30.5　30.5　30.5　30.5　30.5

图 3-15　投手板和投手区（单位：厘米）

（七）挡网

挡网由金属制成，高 4 米以上，长 20 米以上。

（八）棒圈

为检查球棒的粗细是否符合规则要求，应准备直径为 7 厘米的有柄铁环棒圈。检查时，把球棒从圈内穿过，穿不过者为不合格。

（九）计分牌

棒球场的计分牌应悬挂于本垒打线外面中间附近的计分板上。计分板做成绿色或黑色，使之清晰可见。计分牌可根据场地大小决定，使教练员、运动员、裁判员、工作人员及观众都能看到。

四、比赛场地的布置与要求

（一）队员席

一垒、三垒两侧各设一个队员席，距边线至少 18.29 米的野传球线外侧，上面安置顶棚，背后和两侧都应是封闭的。

（二）记录台

记录台应在比赛场地后挡网后面，设若干席位供记录员、裁判员和记者等进行工作用。

第五节　垒　　球

一、比赛场地的规格

垒球比赛场地是一个直角扇形区域，由几个区域组成。它与棒球场地基本相同，只是大小和长短有差异。

界外地区：直角扇形的两直角边线以外为界外地区（图 3-16），界外地区与界内地区均为有效地区。

界内地区：直角扇形的两直角边线以内为界内地区（图 3-16）。界内地区又分为内场和外场。

内场：内场呈正方形，与棒球场形状完全一样，只是垒间距离为 18.29米。投手板的前沿中心和本垒尖角顶点之间的距离男子为 14.02 米，女子为12.19 米。

外场：本垒至一、三垒外的延长线不小于 60.96 米（女子快投）、68.58米（男子快投），在两条边线的末端，各插一支高至少 2.5 米的白色标杆，以本垒尖角顶点为圆心、以 60.96 米和 68.58 米为半径画弧，这条弧线就是本垒打线，由两条内场线、两条外场线和本垒打线构成的面积为外场。

击球区：在本垒的左右两侧，各画一个长方形的击球区，长 2.13 米，宽0.91 米。击球区的内边距本垒边沿为 0.15 米，击球区的两端在本垒中心前1.22 米（图 3-17）。

击球准备区：在本垒两侧靠近球员席画一以 0.75 米为半径的圆圈（图3-16），即是击球准备区。

接手区：以两个击球区外侧为边线，向后画一接手区，长 3.05 米，宽2.57 米（图 3-16、图 3-17）。

投手区：以投手板前沿中心为圆心，以 2.44 米为半径画圆，此圆即为投手区（图 3-16）。

跑垒指导员区：在一垒和三垒垒外 3.65 米处，各画一条向本垒方向并与垒线平行的线，再在线的两端向外各画一条长 1 米的垂直线，这三条线围成的范围即是跑垒指导员区（图 3-16）。

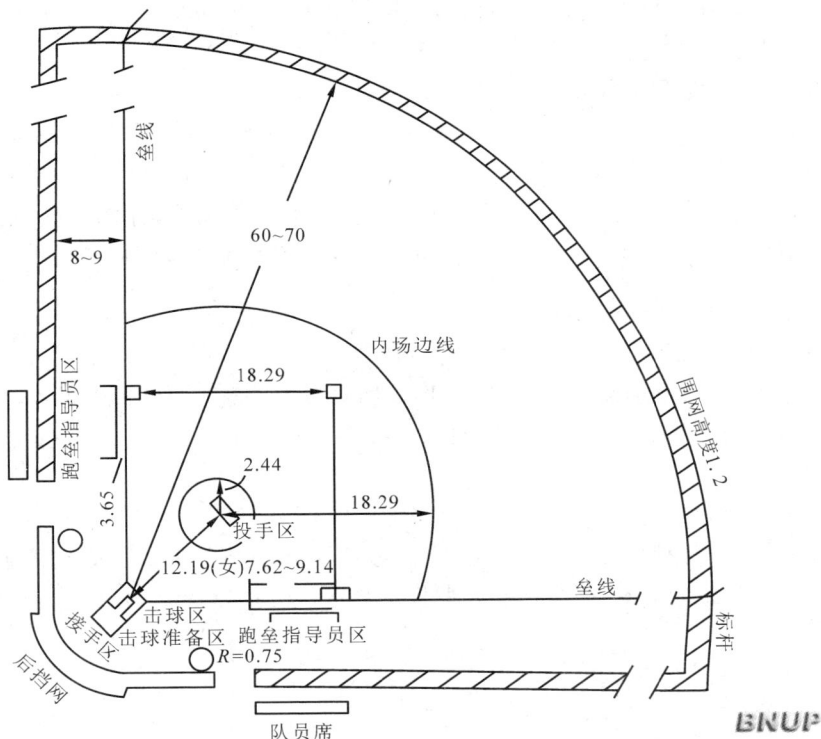

图 3-16　垒球场地规格（单位：米）

野传球线：在本垒到一垒、本垒到三垒的边线外 7.62～9.14 米处画一与边线平行的线，为野传球线。

垒球比赛场地主要是土质场地，必须平整，无障碍物，也不得有土块、小石块及玻璃碎片等杂物。

二、比赛场地的画法

（一）确定击球方向和本垒位置

为避免阳光刺眼，影响投手和击球员的视线，本垒最好位于场地的西南偏北的位置。

（二）内场的画法

本垒位置确定后，在本垒尖角处钉一小木桩，桩上系一长绳，并在 12.19

米、18.29 米和 25.86 米处分别做上标记。

1. 一、三垒画法

分别延长本垒尖角两边,在长绳的 18.29 米标记处钉一小木桩,就是一垒的外角。再把长绳拉向左方尖角边,同样在长绳的 18.29 米标记处钉一小木桩,就是三垒的外角(图 3-16、图 3-18)。

2. 二垒、投手板画法

延长一、三垒外角边(或做本垒与一垒、本垒与三垒边线的垂线)相交于一点,此点为二垒中心,将长绳拉向二垒中心重合。再在长绳的 12.19 米、14.02 米标记处钉二块小木桩,这两处就是女子和男子投手板前沿的中心。场地上各线宽度均为 7.6 厘米,此宽度包括在各区域的有效范围内。

三、比赛器材的规格

(一)本垒板

本垒板须用橡胶板制成,呈五边形,面对投手一边长为 43.2 厘米,两边应与击球区内边平行,长为 21.6 厘米,接手一侧两斜边长为 30.5 厘米(图 3-17)。

(二)投手板

投手板应用橡胶制成,长 61 厘米,宽 15 厘米(图 3-17),板面须与地面齐平并钉牢于地上,板的前沿距本垒板尖男子为 14.02 米、女子为 12.19 米(图 3-16)。

(三)垒包

除本垒外,其他垒包均为 38.1 厘米的方包,厚度不超过 12.7 厘米。垒包的材料与棒球垒包材料完全相同,垒包要钉牢在地上(图 3-17)。

一垒垒包可以选用双垒包,呈长方形。其规格为 38.1 厘米×76.2 厘米,厚度不超过 12.7 厘米,用与其他垒包相同的材料制成。垒包的一半白色部分钉牢在界内地区,垒包另一半橙色部分钉牢在界外地区(图 3-17)。在国际垒联举行的世界锦标赛中,必须使用双垒包。

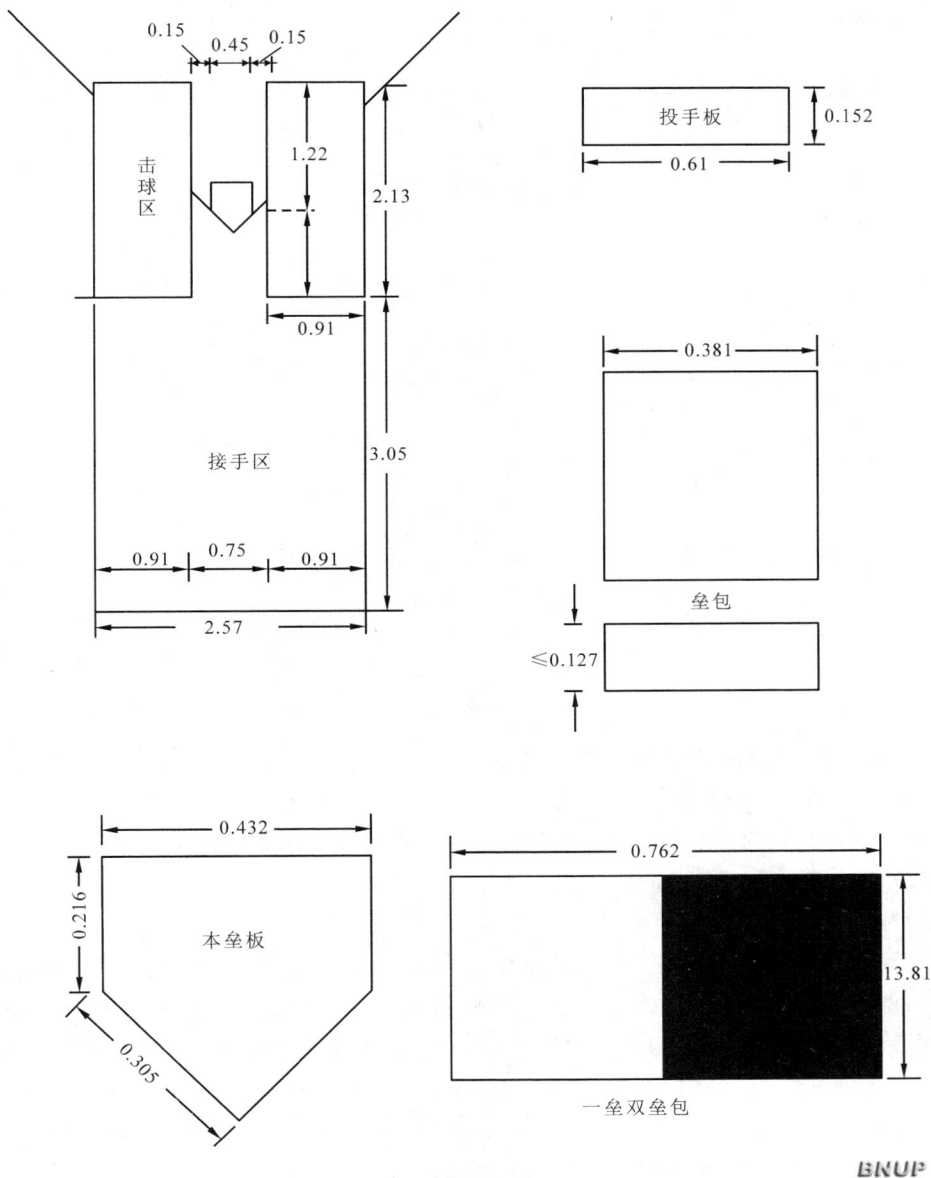

图 3-17　垒球比赛场地器材规格（单位：米）

（四）球

垒球的球芯用优质长纤维木棉、软木和橡胶混合物或聚氨酯混合物或其他经国际垒联批准的材料制成。再用高质纱线涂上乳胶或橡胶粘结用手或机

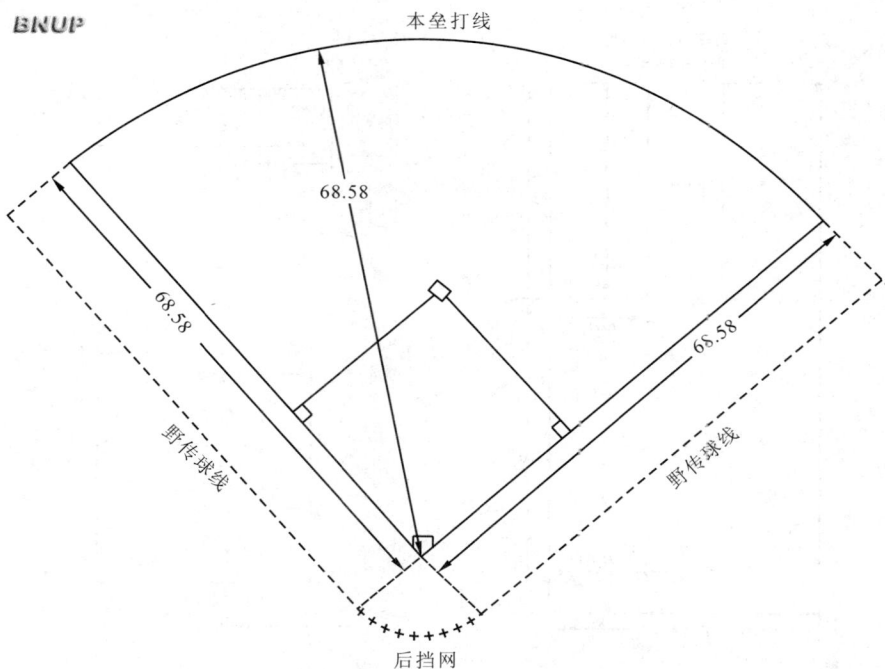

图 3-18　垒球场地画法（单位：米）

器绕成。球的表面用优质骆革、马皮、牛皮或合戒材料和球芯粘牢，再用棉线或尼龙线双针缝合而成，针数不少于 88 针。球应是整洁平滑，重量为 177～200 克，圆周 30.2～30.8 厘米。国际垒联的锦标赛用球必须符合其规定的标准，并需有国际垒联的标记。

（五）球棒

球棒可由整块硬木、两块或多块木料粘合在一起制成，其纹理均须平行于球棒的长轴。也可用金属、竹片、塑料、石墨、碳素、镁、玻璃纤维、陶瓷或由国际垒联批准的其他合成材料制成。球棒可以是层压的，但只能由木料和胶粘剂制成。球棒呈圆形或三角形，金属球棒也可呈曲角形或三角形。球棒长度不超过 86.4 厘米，重量不得超过 1077 克。圆形球棒最粗处直径不得超过 5.7 厘米，允许有 0.8 毫米的膨胀差数。三角形球棒击球面不得超过 6 厘米。

球棒的表面必须光滑，不得有铆钉和帽钉，附着物不得露出表面，边沿部分不得粗糙尖利。金属球棒的末端须密封。

球棒握柄可用软木、胶布（不得使用光滑的塑料带）或其他的合成物缠绕，长度不得少于 25.4 厘米，离握柄棒头长度不得超过 40 厘米。金属球棒不得使用木制握柄。

球棒须有一安全柄头，与握柄成 90°，至少伸出 6 毫米，可焊接或拴紧柄头，也可是铸造或车出。喇叭形或圆锥形的握柄为异形球棒。

（六）松香粉、镁粉

与棒球比赛要求相同。

（七）挡网

挡网由金属制成，高 4 米以上，长 15 米以上。棒圈和记分牌与棒球相同。

四、比赛场地的布置与要求

（一）队员席

一垒、三垒两侧各设一个队员席，在距边线至少 7.62 米的野传球线外侧。队员席上面安置顶棚，背后和两侧都是封闭的。

（二）记录台

记录台在比赛场地后挡网后面，设若干席位供记录员、裁判员和记者等进行工作用。

第六节　网　　球

一、比赛场地的规格

（一）单打比赛场地

单打比赛场地是一个长方形场地，长为 23.77 米，宽为 8.23 米。其长边为边线，短边为端线。在端线以外至少要有 6.4 米的空地，边线以外要有 3.66 米的空地。球网把全场分成相等的两个区域（图 3-19）。

发球线：在场内距球网两侧 6.4 米，画一条与球网平行的横线，即是发球线。

中线、中点：连接两个发球线的中点，画一条 5 厘米宽的纵线，即为中线。

在端线的中心，向场内画一条长 10 厘米、宽 5 厘米的短线并与端线垂直，此短线即是中点。支撑球网的网柱中心距边线 0.914 米。

（二）双打比赛场地

双打网球场地也是长方形场地，只是宽为 10.97 米，比单打球场每边多 1.37 米，两发球线间单打球场的边线，改做发球区域的边线。其余部分的画线与单打球场画线完全相同（图 3-19）。

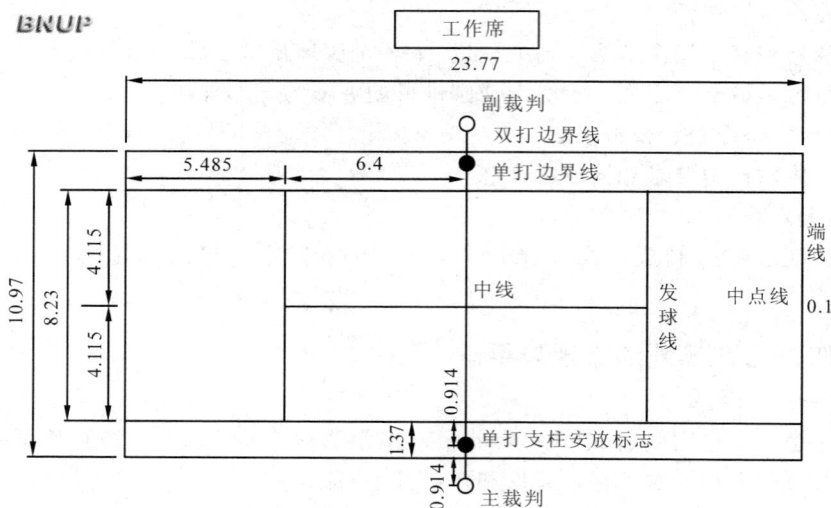

图 3-19　网球比赛场地规格（单位：米）

网球比赛场地可分室内和室外两种场地，按场地的面层质地又分为以下四种场地：

（1）草皮网球场地：人造草皮、自然草皮。

（2）硬地网球场地：水泥面、沥青面。

（3）塑胶网球场地：多层粘合面、整体粘合面。

（4）土质网球场地：红黏土上撒红砖末、黄黏土上撒水洗中沙。各种场地都要平整，地面不得有小坑或土块等杂物。

灯光高度不低于 10 米，每支灯的照明度要达到 100 只炬光。灯光的光线应均匀地照在场地上，光线柔和不刺眼，不应影响视力，灯杆的位置安装在不影响打球的地方。

二、比赛场地的画法

（一）确定纵轴、横轴

根据场地形状和大小，在空地的较长范围中间画一纵直线，取纵轴的中心点 O（图 3-20），向两侧各截取 6.40 米，取 A 点和 B 点，AO＝OB＝6.40 米，则 AB 为中线。通过 O 点做 AB 的垂线，在垂线两端截取 C 点和 D 点，使 OC＝OD＝5.485 米，CD 即为横轴。在横轴上取 E 点和 F 点，使 EO＝OF＝4.115 米（图 3-20）。

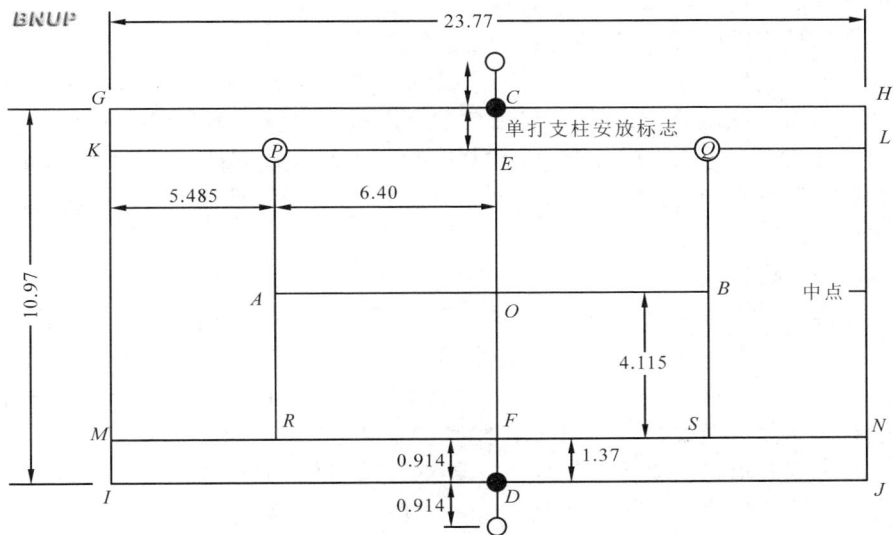

图 3-20 网球场地的画法（单位：米）

（二）场内画线和名称

通过 C 点和 D 点分别做两条平行于中线的直线 GH 和 IJ，使 CG=CH=
11.885 米、DI=DJ=11.885 米，连接 G、H、J、I，则 GHJI 为双打网球
场地（图 3-20）。通过 E 点和 F 点分别做 AB 的平行线 KL 和 MN，分别交
GI 于 K 和 M，交 HJ 于 L 和 N，则 KLNM 为单打网球场地（图 3-20）。

通过 A 点和 B 点分别做 CD 的平行线，分别交 KL 于 P 和 Q，交 MN 于
R 和 S，则 PR 和 QS 为发球线。在横轴线 E、F 两点外量出 0.914 米，取中
做 3 厘米×3 厘米的单打网柱的标记。距双打网球场边线外 0.914 米处为双打
网柱支撑点位。

在网球场两端线的中点各画垂直端线的长 10 厘米、宽 5 厘米的中点线。
全场除端线可宽 10 厘米外，其他各线宽度均不得超过 5 厘米，也不得少于
2.5 厘米。

三、比赛器材的规格

（一）球

球为白色或黄色，外表毛质均匀，接缝没有缝线。球的直径 6.35～6.67
厘米，重量是 56.7～58.5 克。

球的弹性是：球从 2.54 米的高处自由落下，在混凝土地面上能弹起 1.35～
1.47 米高；在气温 20℃ 时，如果在球上加 8.165 千克压力，推进变形应为
0.56～0.74 厘米，复原变形应为 0.89～1.08 厘米，此二变形值为对球的三个

轴的试验的平均值，每两个轴向数值不得相差 0.03 厘米。

在海拔 1219 米以上的地方比赛时，可以使用另外两种球。第一种球落地后弹起的高度应大于 121.92 厘米、小于 135 厘米，球内压力大于外界压力，这种球称为"有压球"。它的其他规格同上面所述之球。第二种球落地后，弹起的高度为 135～147 厘米，球内压力几乎和外界压力相同，并且已置于特殊比赛的气压下有 60 天或更长时间，这种球称为"零压球"或"无压球"。它的其他规格同上述之球。

（二）球网支柱

球网支柱一般为金属制成，它是直径不超过 15 厘米的圆形或边长不超过 15 厘米的正方形。网柱顶部有的有小槽，网绳或钢丝绳绷紧时便于固定。网柱高 1.07 米，不得超过网绳顶部 2.5 厘米。网柱中心距边线外沿 0.914 米，网柱高度应使网绳或钢丝的顶部距地面 1.07 米。

若为兼有单打、双打的场地，挂着双打球网用于单打时，则必须增加两根支柱，此支柱称为"单打支柱"。其高度为 1.07 米，是直径不超过 7.5 厘米的圆形或边长不超过 7.5 厘米的方形。这两根支柱立于距单打场地边线外沿 0.914 米处支撑球网。

（三）球网

球网悬挂在直径不超过 0.8 厘米的绳或钢丝绳上，通过网顶绷紧在网柱上。球网两端挂在网柱的钩上拉紧，使球网的中央高 0.914 米。

球网应充分展开，单打网长为 10.06 米，双打网长 12.80 米。球网完全填满两柱之间，网孔大小以不让球穿过为准。在球网的中点，用不超过 5 厘米宽的白色中心带绷紧垂直于中线紧束于地面。网顶的绳或钢丝要用白色网边布包缝，每边宽不得少于 5 厘米，也不得多于 6.3 厘米。

（四）挡布、挡网

场内两端线外的铁网上挂好挡布，挡布宽 2.5 米、长 20 米，颜色为深蓝或深绿，挡布下沿离地面 20 厘米左右。场内如有挡墙，墙面前要挂好挡网，防止球弹回影响比赛。挡网宽 3 米、长 20 米，为深蓝色或深绿色，网眼大小以通不过球为标准。挡网距墙 10 厘米左右，下沿紧贴地面。

（五）其他

网球比赛还需记分牌、电子秒表、挂表、地毯及领奖台、测量网高的直尺等。

四、比赛场地的布置与要求

（一）裁判席

根据比赛级别决定设裁判的人数。主裁判和副裁判在网球场的两侧，其他司线裁判在其司线的场外。主裁判应在裁判椅上执行裁判工作。

（二）其他要求

在球网、中心带、网边白布或单打支柱上不得有广告。如在球场后面放置广告或其他物品时，则不得使用白色、黄色。任何浅颜色，只有当其不妨碍运动员视线时，方可使用。如广告放置在司线员座椅上，也不得使用白色或黄色，不妨碍运动员视线时方可使用。记分牌的位置应靠场地端线外把角的地方，面对主裁判和观众。

第七节　乒　乓　球

一、比赛场地的规格

（一）比赛场地

比赛场地不应小于 14 米长、7 米宽和 4 米高（图 3-21）。赛区应用 75 厘米高的深色挡板围起，与相邻的比赛场地及观众隔开。

（二）地面

比赛场地的地板应是坚实不滑的硬木。地板不应呈淡色或明显反光，其表面不得用砖石或三合土、混凝土铺设。

（三）场地的挡板

挡板应轻便稳妥，在运动员冲撞挡板时不致受伤。挡板宽为 1.4 米。

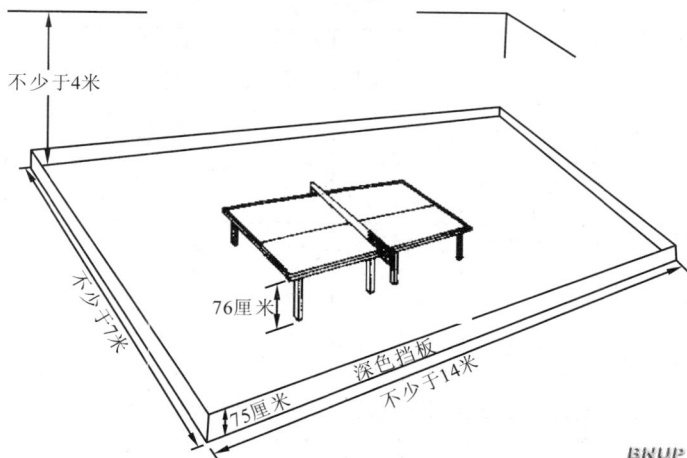

图 3-21　乒乓球比赛场地规格

（四）灯光

从乒乓球台面高度测量，整个台面的照度应均匀，不得低于 1000 勒克斯，赛区其他部位的照明度不得低于台面照明度的一半。光源离地面不得低于 4 米。场地四周一般应为暗色，不应有明亮的光源或透过未加覆盖的窗子或缝隙的日光。

二、比赛器材的规格

（一）球台

球台的上层表面叫做"台面"，应为与水平面平行的长方形，长 2.74 米、宽 1.525 米（图 3-22），离地面高 76 厘米。台面应包括球台上面的边缘，不包括上面边缘以下的侧面。台面可用任何材料制成，但应具有一致的弹性；当标准球从离台 30 厘米的高处落下时，弹起高度应约为 23 厘米。台面应一律为均匀的暗色，无光泽，沿 2.74 米长的边线边缘及 1.525 米长的端线边缘应有一条 2 厘米宽的白线。比赛台面由一个垂直的球网划分为两个相等的"台区"，并且在各区的整个面积应被看做是一个整体。球网与端线平行。双打时，各台区应由一条 3 毫米宽的白色中线划分为两个相等的"半区"，此线与边线平行，叫做"中线"。中线应视为双打时发球运动员的右半区和接发球运动员右半区的一部分。

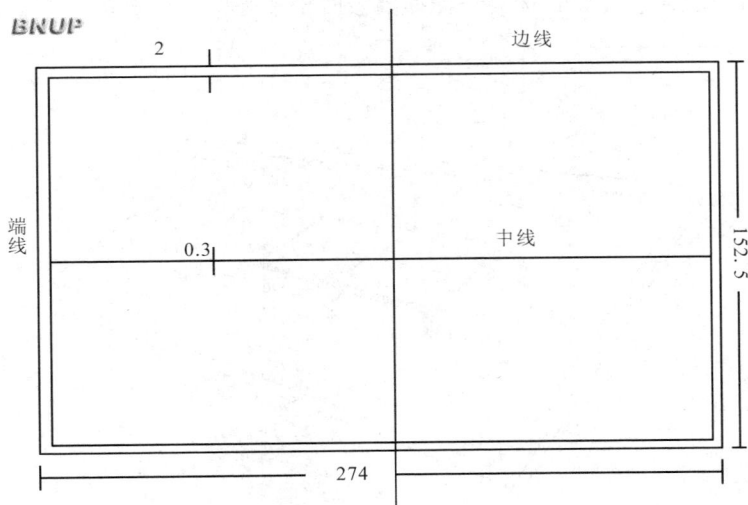

图 3-22 乒乓球台面规格（单位：厘米）

（二）球网

球网包括网、悬挂网绳及支架。球网应悬挂在一根绳上，绳子两端系在高 15.25 厘米的直立网柱上，网柱外缘离开边线外缘 15.25 厘米。整个球网的顶端距台面 15.25 厘米。球网的底边应尽量贴近台面，网的两端应尽量贴近网柱（图 3-23）。

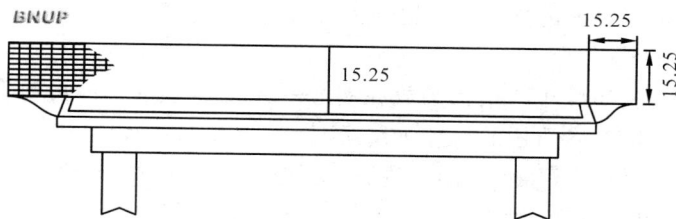

图 3-23　乒乓球网（单位：厘米）

（三）乒乓球

球应为圆形，直径为 38 毫米，重 2.5 克。球的材料为赛璐珞或类似的塑料，呈黄色或白色，无光泽。

（四）球拍

球拍的大小、形状和重量不限，但球拍底板应平整、坚硬。底板厚度至少应有 85% 的天然木料。底板的黏合层可以用加强纤维材料，诸如碳纤维、玻璃纤维或压缩纸，但每层黏合层不超过底板总厚度的 7.5% 或是 0.35 毫米，不管哪种算法，取其数小的一种。

用来击球的拍面应用一层普通的、颗粒向外的颗粒胶覆盖，连同粘合剂总厚度不超过 2 毫米；或用颗粒向内或向外的海绵覆盖，连同粘合剂总厚度不超过 4 毫米。"颗粒胶"是一层橡胶，其颗粒必须以每平方厘米不少于 10 颗、不多于 50 颗的密度均匀分布在整个表面。"海绵胶"即在一层泡沫胶上覆盖一层颗粒胶，颗粒胶厚度不超过 2 毫米。

覆盖物应覆盖整个拍面，但不得超过其边缘。靠近拍柄部分及手指执握部分可不予覆盖或者用任何材料覆盖。

底板和覆盖物以及任何夹层、粘合层，均应为厚度均匀的一个整体。

球拍两面的表面不管是否用来击球，一律为暗色无光泽的。拍身边缘上的包边应无光泽，不得呈白色。

三、比赛场地的布置与要求

（一）场地的划分

比赛场地确定之后，应对比赛场地进行划分，根据比赛的需要划分为若干赛区，每个赛区设置一张比赛球台。

1. 划分原则

乒乓球比赛一般采用淘汰赛或循环赛的方式进行。在比赛前期使用球台数量较多，后期较少。因此，赛区划分应根据竞赛委员会或竞赛管理部门对球台设置数量的要求进行，并在比赛不同阶段进行调整。

2. 划分方法

用统一颜色和尺寸的挡板码放在赛场一定的位置上，即可将赛场划分为若干赛区。根据上述挡板的尺寸（高76厘米、长1.4米），10块挡板顺序码成一条直线，就是赛区14米的长边；5块挡板顺序码成一条直线，就是赛区7米的宽边。因此，30块挡板即可围成一个赛区。但是，必须注意挡板码成的赛区的长边与宽边要垂直。

（二）赛区的布置与要求

1. 球台

球台应安放在赛区的正中，并做到"两对齐"，即球台两个台区的分界线（即球网所在的直线）与赛区边线（赛区14米长边）中点对齐、球台的中线与赛区端线（赛区7米宽边）中点对齐。

2. 其他器材

无论裁判员的座椅，还是副裁判员、记分员和记数员的座椅，都应尽量靠近赛区边线位置放置，确保运动员在比赛中有尽可能多的活动空间。在重大比赛中，为能使观众看清比分，往往增加一至两名场外记分员。因此，还需要设置场外记分员的座位和裁判用桌。

第八节 羽 毛 球

一、比赛场地的规格

（一）场地

羽毛球场地是一个长方形，长13.40米，单打场地宽5.18米、双打场地宽6.10米。球场四周2米以内、上空9米以内不得有任何障碍物。场地线的颜色最好是白色、黄色或其他容易辨别的颜色。场地上的画线的宽度均为4厘米，所有场地线都是它所确定区域的组成部分（图3-24）。

（二）地面

比赛场地一般采用木质地板或塑料胶地面，这样的场地应具有一定的弹性，滑涩程度适中。

（三）灯光

比赛应在场地四周比较暗的环境中进行，因此，赛场上空的灯光至关重要。一般灯光的设计和布局有两种方法：一种是白炽灯泡，安装在每一球场的两侧网柱的上空；另一种是荧光灯，挂在与球场边线平行并且长度一样的地方。为避免自然光线的干扰，场馆内应挂上窗帘，场地上的照明度要求达到 500～750 勒克斯。

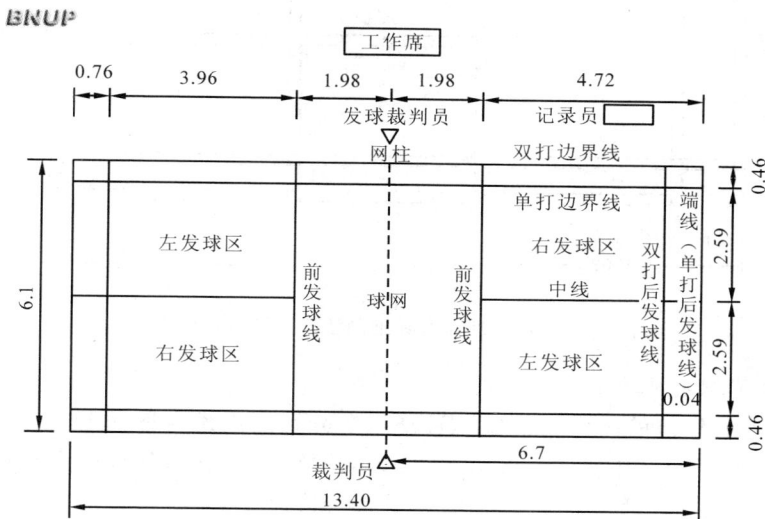

图 3-24　羽毛球比赛场地规格（单位：米）

二、比赛场地的画法

（一）中线

画中线，并取中心点，这条 13.40 米的线应把长方形场地宽平分成两半，它的 1/2 处便是中心点 O。从 O 点向纵轴线的两个方向各量 6.7 米，即为场地的中线，A、B 在中线的端点（图 3-25）。

（二）端线

过 A 和 B 各做一条垂直中线的直线，从 A 和 B 各向直线两端量出 3.05 米的距离，分别得出 C、D 和 E、F 四点。使 CD 和 EF 这两条线的外缘分别通过 A 和 B，CD 和 EF 即是球场的端线，也是单打场地的后发球线。连接 CE 和 DF，并使其外缘通过 C、E、D、F，CE 和 DF 即为双打场地的两条边线（图 3-25）。

（三）单打场地的两条边线

从双打场地的四个顶点 C、D、E、F 分别向端线内量 0.46 米，找出 G、H、I、J 四点，这就是单打场地的四个顶点。连接 G、J 和 H、I 即为单打比赛的两条边线。同样，这两条线的外缘分别通过 G、J 和 H、I（图 3-25）。

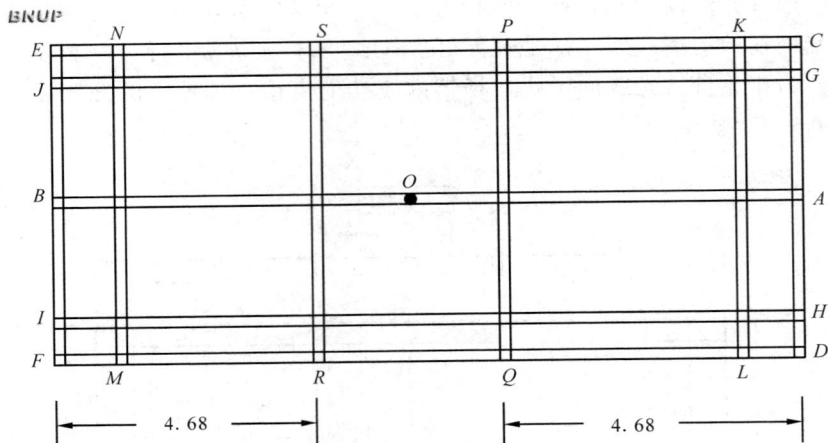

图 3-25 羽毛球比赛场地画法示意图（单位：米）

（四）双打比赛的后发球线

从双打场地的四个顶点 C、D、E、F 分别向边线内量 0.76 米，找出 K、L、M、N 四点，用直线连接 K、L，连接 N、M，这两条线即为双打比赛的后发球线（图 3-25）。

（五）前发球线

从双打场地的四个顶点 C、D、E、F 分别向边线内量出 4.68 米，找出 P、Q、R、S 四点，连接 P、Q 并使直线外缘通过 P、Q，连接 R、S 并使直线外缘通过 R、S，就画出 PQ 和 RS 两条前发球线（图 3-25）。

（六）检验标准

一块羽毛球比赛场地能否画得标准，关键是要找准场地四个顶点 C、D、E、F 的位置。检验的方法，是用钢尺测量场地两条对角线 CF 和 DE 的长度。标准场地 CF 和 DE 的长度均为 14.723 米。

三、比赛器材的规格

羽毛球比赛器材主要包括球网及其装置、球、球拍。

（一）球网及其装置

球网应用深色、优质的细绳织成。网孔方形，各边长在 15～20 毫米之间，网顶端为 75 毫米的白布对折而成，用绳索或钢丝从夹层穿过，将网悬起。网长 6.10 米，上边和下边之间宽 750 毫米。球网架设好后，其高度为：球网中央高 1.524 米、双打边线处高 1.55 米，球网的两端必须与网柱系紧，它们之间不应有缺缝（图 3-26）。

网柱高 1.55 米，必须稳固地同地面垂直，使球网保持紧拉状态并与网柱顶端取平。网柱应放置在双打的边线上。

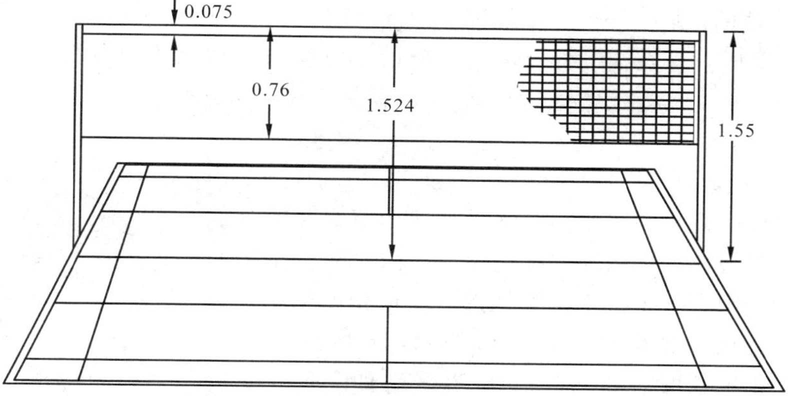

图 3-26　羽毛球球网及装置（单位：米）

（二）羽毛球

羽毛球可由天然材料、人造材料或用它们混合制成。只要球飞行性能与用天然羽毛和包裹薄羊皮的软木球托制成的球的性能相似即可。

1. 一般样式

羽毛球应有 16 根羽毛固定在球托部。羽毛球全长 6.4～7.0 厘米，但每一个球的羽毛从托面到羽毛尖的长度应一致。羽毛顶端围成圆形，直径为 5.4～6.4 厘米。羽毛应用线或其他适宜材料扎牢。球托直径 2.5～2.8 厘米，底部为圆形（图 3-27）。非羽毛制成的球，在尺寸和重量上与羽毛制成的球允许有不超过 10％的误差，其余完全相同。

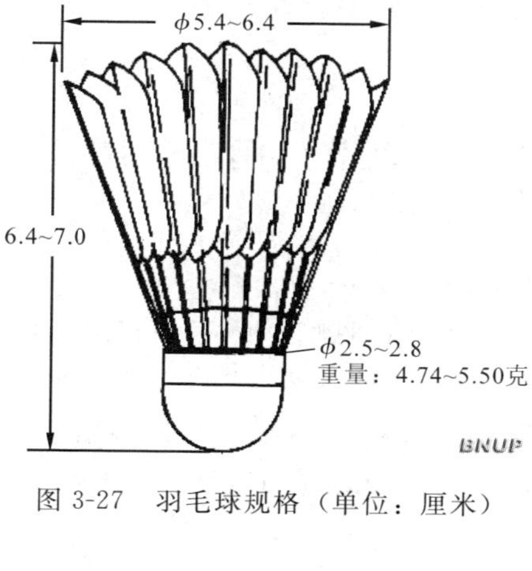

图 3-27　羽毛球规格（单位：厘米）

2. 重量

羽毛球重量 4.74～5.50 克。

3. 球的检验

验球时，站在端线外，用低手向前上方全力击球，球的飞行方向须与边线平等。一个具有正常速度的球，应落在离对方端线 53～99 厘米之间的区域内。

（三）球拍

拍面应是平的，用拍弦穿过框架十字交叉或其他形式编织而成。编织的式样应保持一致，尤其是拍面中央的编织密度不得小于其他部分。球拍的框架，包括拍柄在内，总长度不超过 68 厘米，宽度为 20～25 厘米。拍框长度为 25～25.5 厘米。弦面长不超过 28 厘米，宽不超过 25 厘米（图 3-28）。

四、比赛场地的布置与要求

（一）场地的设置

一般可容纳四个球场的场地，可按下列原则设置球场：

（1）四个球场均面向主席台，男、女间隔，一字排开。

（2）四个球场面向四个方向，便于观众观看。

（二）场上器材的布置与要求

裁判员座椅与发球裁判员座椅应在场外边线中点处，司线员座椅均应离开球场两米以外，并正对其所负责的直线。

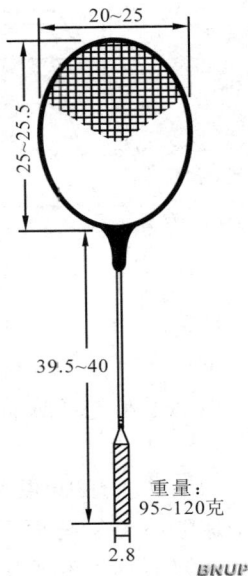

图 3-28 羽毛球球拍
（单位：厘米）

第九节 门 球

一、比赛场地的规格

（1）场地可以是略带沙质的平整土地，也可以是草坪。

（2）场地规格：长方形，长 25 米，宽 20 米（图 3-29）。也可稍小一些，长 20 米，宽 15 米。四周的连线称界线，即比赛线。场地四周各扩出 1 米，即长 27 米、宽 22 米，或长 22 米、宽 17 米。其四点连线叫限制线。

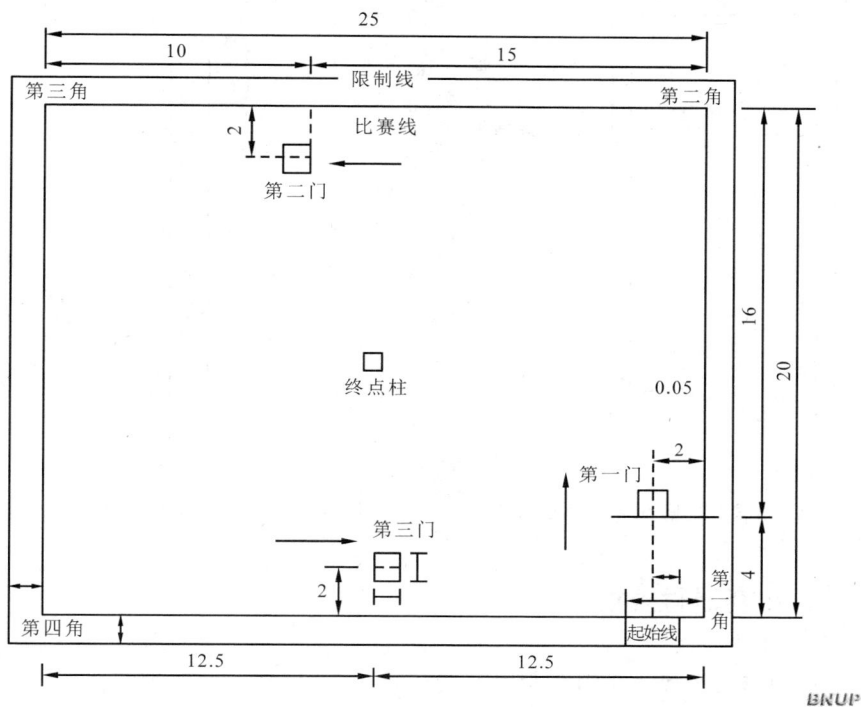

图 3-29　门球场地示意图（单位：米）

（3）画线。界线的宽度为 2 厘米，允许误差±0.5 厘米。界线包括在场地面积内，用白带标出。

（4）场角。场地有四角，长线右端的内角为第一角，其余按逆时针方向依次定为第二角、第三角、第四角。

（5）起始线。距第一角角顶 1～3 米的长界线为起始线，起始线的颜色应与界线有明显区别。

（6）球门。赛场内设三个球门。第一门离起始线 4 米，与长界线平行，球门底线中心与宽界线的距离为 2 米。球门用直径 1 厘米的圆形金属物制成，高 20 厘米（从地面量起），宽 22 厘米（图 3-30）。立柱之间的连线叫球门线，线宽 1 厘米。球门柱要牢固钉入地下。第二门位于起始线对面的长界线内，距第三角角顶 10 米（小场地 8 米），球门底线中心距长界线 2 米，球门与宽界线平行。第三门位于起始线左侧、长界线中间，球门底线中心距长界线 2米，球门与宽界线平行，球门的规格要求同第一门。

（7）终点柱。终点柱设在四个场角对角线的交叉点上，用直径 2 厘米的圆形平顶金属物制成，高 20 厘米（从地面量起），牢固钉入地下（图 3-31）。

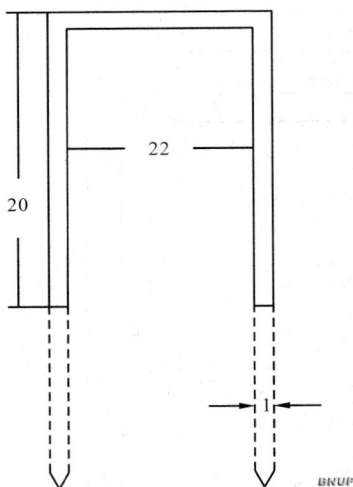

图 3-30　门球球门规格（单位：厘米）

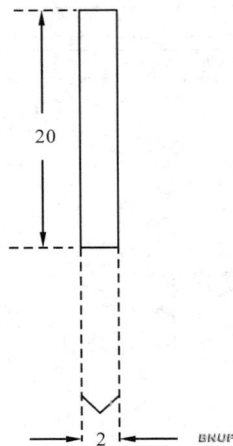

图 3-31　终点柱示意图（单位：厘米）

二、比赛器材规格

（一）球棒

由柄和槌头组成，重量不限，柄长不少于 70 厘米，槌头为圆柱形，长 24 厘米，直径 4.5 厘米（图 3-32）。槌头应由木质或木质与合成树脂混合材料制成。两端不得有金属附加物，端面为平面。

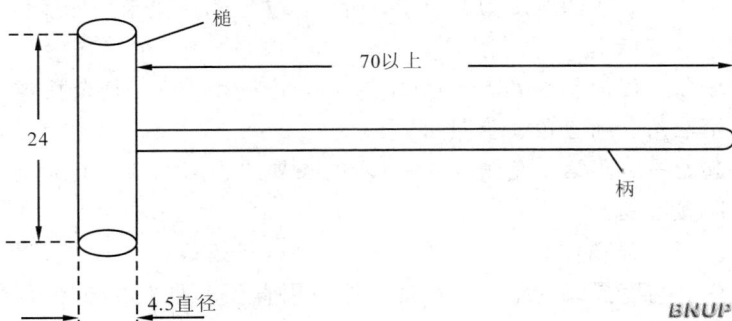

图 3-32　门球球棒示意图（单位：厘米）

（二）球

（1）用合成树脂制成。表面光滑，直径 7.5 厘米，重 230 克，允许误差±10 克。

（2）球分红、白两色，各 5 个。球面对称的两侧要写号，红球白号 1、3、5、7、9 和白球红号 2、4、6、8、10。号码规格不小于 4 厘米×3.5 厘米，笔画宽度不小于 0.8 厘米。

三、竞赛用具

（一）号码布

分红、白两色，各 5 个。每个号码有两块号码布，红号码布上标明 1、3、5、7、9 号（白色），白号码布上标明 2、4、6、8、10 号（红色）。号码不小于 10 厘米×10 厘米。

（二）记分牌

正式比赛要有记分牌，记分牌不小于 1.5 米×1.5 米。

（三）裁判服

统一式样的白色裁判服、运动鞋、白色遮阳帽和手套。裁判袖章，标明主裁判员、副裁判员和司线员。

四、场地的维修与管理

（1）保持场地平整。草坪球场要清除杂草，剪平草皮。

（2）画线清晰，各种用具规格尺寸要符合标准。

（3）清洁卫生。经常清扫场地，喷洒清水，清除废弃物。

（4）保证训练和比赛顺利进行，为运动员、教练员、裁判员和观众提供服务。

（5）做好安全保卫工作，维持赛场秩序。

第十节 橄 榄 球

一、英式橄榄球比赛场地的规格 （图 3-33）

（1）橄榄球场地：长 144 米，宽 70 米。场地画线宽 10 厘米。

（2）双方极阵：长 22 米，宽 70 米，阵线与死球线之间距离 22 米。

（3）橄榄球场地的实线：死球线（端线）、极阵边线、阵线、22 米线、中线、边线均为实线。

（4）橄榄球场地的虚线：10 米线、5 米线为虚线。

（5）橄榄球场地的长线段：每条阵线前各有六段长 1 米的线段，距离阵线 5 米，分别位于距离边线 5 米、15 米处和两根门柱前。

（6）15 米线：距离边线 15 米处，各有五段长 1 米并平行于边线的线段，分别与 22 米线、10 米线和中线相交。

（7）5 米线：距离两边线 5 米处，分别画两条平行于边线的虚线且与阵线相交。

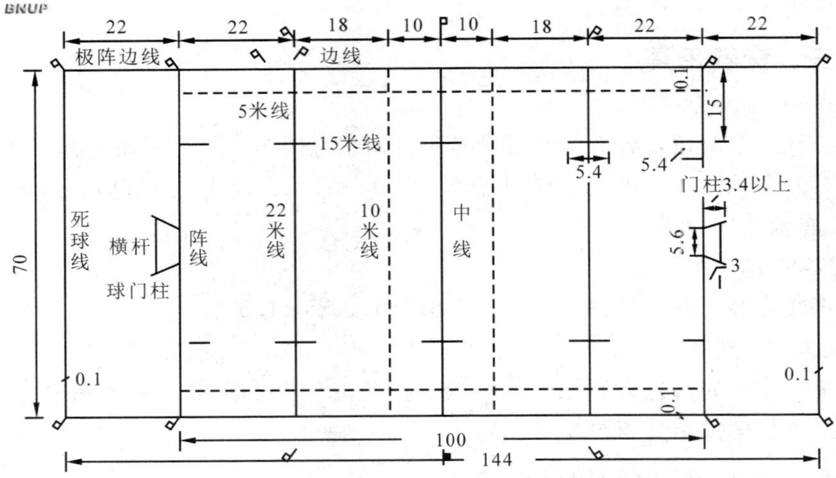

图 3-33　英式橄榄球比赛场地规格（单位：米）

（8）赛场：包括两阵线和两边线之间的面积。这四条线不包括在赛场内。

（9）比赛场地面积：包括赛场和极阵面积，边线、极阵边线与死球线不包括在比赛场地面积之内。

（10）比赛围场：5 米内无障碍物。

（11）橄榄球：质量为 400～440 克，气压为 $6.57×10^4～6.86×10^4$ 帕（0.67～0.70 千克/平方厘米），长轴为 280～300 毫米，长轴周长为 760～790 毫米，短轴周长为 580～620 毫米。

（12）球门：呈 H 形，在阵线上居中的位置，门柱高 3.4 米，间距 5.6 米，中间的横杆距地面 3 米。

（13）旗杆：14 支，每支高度为 1.2 米。

二、比赛场地的画法

（一）纵轴线

取一条纵轴线（最好沿南北方向），确定中心点 O，量出横轴线。

（二）中线

从中心点 O，各向两边画一条长 35 米、垂直于纵轴线的横线。从中心点 O 处，分别沿纵轴线方向向两端量出 4 个对称的点，长度分别为 72 米、50 米、28 米和 10 米。

（三）死球线

从端线的中心点 A，向纵轴线的 O 点方向量 3 米，再以 3 米点为圆心、5 米为半径向 A 点两侧垂直端画弧线，再以 A 点为圆心、4 米为半径在 A 点两侧垂直端画弧线，与前两弧线相交，画直线连接两交点并延长，从 A 点向两侧各量 35 米，即为死球线。

（四）长边线

两条对称的边线（包括极阵边线），各长 144 米。

（五）阵线

分别从边线和端线 4 个角的顶点向中线方向量 22 米，连接成线。

（六）22 米线

沿纵轴线方向从阵线向场地内量出 22 米，过该点并平行于阵线画线。

（七）边线

边线长 100 米。

（八）极阵边线

极阵线长 22 米。

（九）5 米线

分别从阵线与边线的交点，在阵线上向场内量出 5 米的点，用虚线连接各点，得到平行于边线的 5 米线。

（十）10 米线

分别从中线两端点向死球线方向量出 10 米，用虚线连接。

（十一）15 米线

从两条阵线、两条 22 米线和中线与两条边线的交点处，向场地内分别量出 15 米，22 米线上和中线上的线段长 5～8 米（原线两侧距离相等），阵线线段长 2.5～4 米，画在阵线内。

三、比赛场地的布置

主裁判 1 人，巡边员 2 人，替补巡边员 1 人，记录员 1 人。

第十一节　曲　棍　球

一、比赛场地的规格（图 3-34）

（1）曲棍球场地：长 91.4 米（边线），宽 55 米（端线）。场外 3 米、场地上空 5 米为无障碍区。

（2）球门：高 2.14 米，宽 3.66 米。各条线画实线，线宽 7.5 厘米。

（3）球门网挡板：后挡板高 46 厘米、长 3.66 米；侧挡板高 46 厘米、长 1.2 米，与端线成直角。

（4）中线：把场地平均分为两个半场。每个半场有一条 25 码线与端线平行。

（5）射门弧：在球门前。

（6）角线：在球门的每一侧有两条角线和一条长角线。

（7）标志线：在端线22.9米和中线距边线4.57米（5码）处，各有一条边线球的标志线。在边线上距端线14.63米（16码）处，有一条1.83米（2码）长的标志线。

（8）球：质量为163克，周长为23.5厘米。

（9）标志旗：高1.2米，旗子长、宽各为30厘米，插在场地各个角和25码线处，25码线标志旗插在边线外0.91米处。

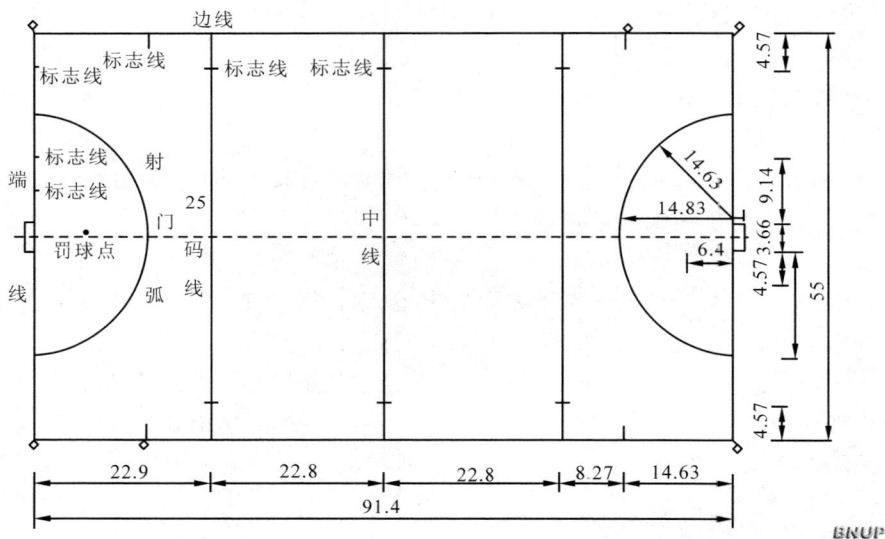

图3-34　曲棍球场地与设施的规格（单位：米）

二、比赛场地的画法

（1）纵轴线：取一条长91.4米的纵轴线（最好沿南北方向），确定中心点为O点，然后依次向两端量出4个对称点，长度分别为：45.7米、39.3米、31.07米、22.8米。

（2）中线：过O点垂直纵轴线分别向两端画27.5米长的线段。

（3）端线：两条，各长55米，与中线平行。

（4）边线：两条，各长91.4米，与端线连接，与纵轴线平行。

（5）25码线：距端线22.9米，与端线平行并长度相等。

（6）各标志线：在端线上画6条长0.30米、垂直于端线的线段，距球门柱外沿 4.57 米（5 码）、9.14 米（10 码）画两条线，距边线 4.57 米（5 码）画一条线，另一边的画法相同（线宽包括在所量的距离内）。

（7）5 码线：4.57 米，在中线和两条 25 码线上，各画两条长 30 厘米的线段。

（8）标志线：在半场边线上，距离端线 14.63 米处，各画两条长 0.30 米、垂直于边线的标志线。

（9）罚球点：在球门线中点的垂直线上，从球门线内沿向场内取 6.4 米，画一个半径为 7.5 厘米的实点标志。

（10）球门线：从端线正中点向端线两侧各量出 1.83 米（2 码）。

（11）射门弧：以球门线前角（1.83 米）处为圆心点，以 14.63 米为半径，分别从球门线起，向场内画两条 90°角的弧线，在中点处画直线，与前两弧线相连。

三、比赛场地的布置

裁判员 2 人，督察员 1～2 人（包括计时员和记录员）。

第十二节　高尔夫球

一、比赛场地的规格

高尔夫球场是由草地、湖泊、沙地和树木等自然风景组成的，经球场设计者的精心设计和创造，展现在人们面前的艺术品。高尔夫球场一般建在丘陵开阔的缓坡草坪上。高尔夫场地的大小没有统一的规格。世界上没有两个完全相同的高尔夫球场。

高尔夫球场占地面积一般为 60～100 公顷，按照区域和功能的不同，可以划分为三个主要区域：会馆区、球道区和草地管理区。

标准的高尔夫球场长 6000～6500 米，球道宽度不等，通常为 33～109 米，比较普遍的是 40 米，球道的坡度平均为 2%，自身坡度为 0.5%～0.6%。

高尔夫球场一般有 18 个洞，每个洞所在场地均开设发球台、球道和球洞。以 9 个洞为一个半场，将 18 个洞分为上半场和下半场，1～9 洞为上半场，10～18 洞为下半场。9 洞与 18 洞设在会馆区的附近。以开球为起点，中间为球道，果岭上的球洞为终点。上、下半场以会馆区为纽带连接，每个半场可以形成一个独立的循环区。

单个发球台面积一般在 100～400 平方米，发球台高度比四周地形高 30～100 厘米。

从发球区到球洞的长度为该球道的距离。一般将长度在 230 米以内的球道称为短球道，标准杆数为 3 杆；长度在 231～430 米的称为中距离球道，标准杆数为 4 杆；长度在 431 米以上的称为长球道，标准杆数为 5 杆。标准高尔夫球场为 18 个洞、72 杆。在 18 个洞的球道中，有 4 个短球道、10 个中距离球道和 4 个长球道。球洞直径为 10.8 厘米，深为 10.2 厘米。每个球洞之间的距离为 90～540 米。

二、比赛场地的布置

（1）裁判员：与球手同行，以随时解决问题。

（2）记录员：在积分卡上记录球手每洞的杆数。

（3）会馆区：是高尔夫球场的管理中枢。一般由主楼、停车场、挥杆练习场、高尔夫球学校和网球场、游泳池及其他附属设施组成。

（4）球道区：是整个球场的主体部分。由击球的草坪区和水域、沙坑、树木等障碍区域构成。球洞与球洞之间的设置为：开球草坪→开阔草地→地势起伏区或灌木丛→障碍区→球洞草坪。

（5）草坪管理区：设在球场内，利于对球道区的管理以及与其他各区联系便利的位置。

>>> 练习与思考

1. 如何画篮球比赛场地的三分投篮区、限制区和罚球区？

2. 篮球比赛用球有什么要求？篮板的材质和规格有什么要求？球篮包括几部分？有什么要求？

3. 如何画排球比赛场地的边线、端线、进攻线和发球区线？

4. 排球球网是由什么材质制成的，有什么规格要求？什么是标志杆和标志带？

5. 怎样画足球场地的中圈、球门区、罚球区和罚球弧？

6. 比赛用足球的要求有哪些？球门和球网的材质和尺寸有什么要求？

7. 足球比赛时裁判员席位、运动员替补席位、摄影人员席和广告牌位置都在什么地方？

8. 如何画棒球界内地区、投手区、击球员区、野传球线、本垒打线和草地线？

9. 比赛用棒球有什么要求？投手板如何安装？垒包什么形状？是由什么材质制作的？如何安放在场地上？

10. 棒球记分牌、挡网、松香粉（镁粉）、队员席和记录台都在什么位置？

11. 垒球场地上各线宽度是多少？一、二、三及本垒如何画？

12. 垒球的投手板和本垒板是什么材质做成的？其规格有什么要求？垒球的规格及材质是什么？

13. 网球双打比赛场地和单打比赛场地画法有什么不同？

14. 比赛用的网球有什么要求？对球网支柱有什么要求？什么是单打支柱？

15. 乒乓球比赛器材的规格与要求有哪些？

16. 怎样布置乒乓球比赛的场地？

17. 如何画羽毛球比赛场地单打场地的两条边线和双打比赛的后发球线？

18. 羽毛球及球拍有什么要求？

19. 羽毛球比赛场地的布置与要求。

20. 绘出门球场地图，标明称谓和尺寸。

21. 简述英式橄榄球场地的规格。

22. 简述曲棍球比赛场地的规格及画法。

23. 如何布置高尔夫球的比赛场地？

第四章　体操运动的场地与设施

本章要点

1. 体操比赛场地的规格；
2. 体操比赛器材的规格；
3. 体操比赛场地和器材的布置与要求。

第一节　比赛场地的规格

正式体操比赛都在馆内进行。大型的比赛要求有标准的比赛馆及附属馆，供比赛及赛前训练使用。

比赛馆的地面结构为木质地板。一般世界性或洲际性的比赛需要在馆内搭 80～110 厘米高的木质台，上面铺置地毯，所有的比赛器械都放置台面上，在各项器材附近的台下四角放有 50 厘米高的小台，供裁判员使用。

比赛馆的大小，是以能合理地放置男、女十个项目全部器材并保证不影响运动员完成动作和安全为准。同时还要能安置下所有与比赛有关的设施和有关人员的席位。在搭台的情况下体育馆的高度不小于 15 米，面积不小于 60 米×35 米。在不搭台的情况下可适当缩小，高度应不小于 12 米，面积不小于 35 米×35 米。

第二节　比赛器材的规格

体操比赛分男、女组，共十个单项。男子六项：自由体操、鞍马、吊环、跳马、双杠、单杠。女子四项：自由体操、跳马、高低杠、平衡木。

一、自由体操场地器材规格（图 4-1）

自由体操是男、女运动员共有的项目。

自由体操场地是由数十块胶合板构成的 12 米×12 米见方的场地，周围加 50 厘米的外延部分。胶合板上有一柔性层，为泡沫塑料物，上面覆盖有一层薄而柔软的地毯，并用 5 厘米宽的白色胶带标出 12 米×12 米见方的范围。胶

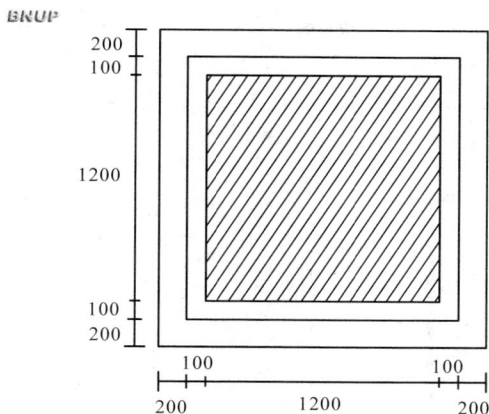

图 4-1　自由体操场地（单位：厘米）

合板下安装了数百个小塔簧，小塔簧上有胶皮垫，同时胶合板下用六条钢索牵拉固定。从地面到地毯高度为 13.5 厘米。场地要求平整、柔软、弹性一致，表面不滑，不涩。

二、鞍马器材规格（图 4-2）

　　鞍马长 1.60 米、宽 35 厘米、厚 28 厘米，马身上包有覆盖层，最外面以皮革包裹，柔软并富有弹性。马身下由一根支柱或四条腿支撑，可以调节高度。马背距垫面高 110～120 厘米，马背中央安有相距 40～50 厘米可调宽度的两个木质结构的环，环高 12 厘米、环圈直径 3.4 厘米。鞍马附有铁链和螺旋扣，可固定于地面。

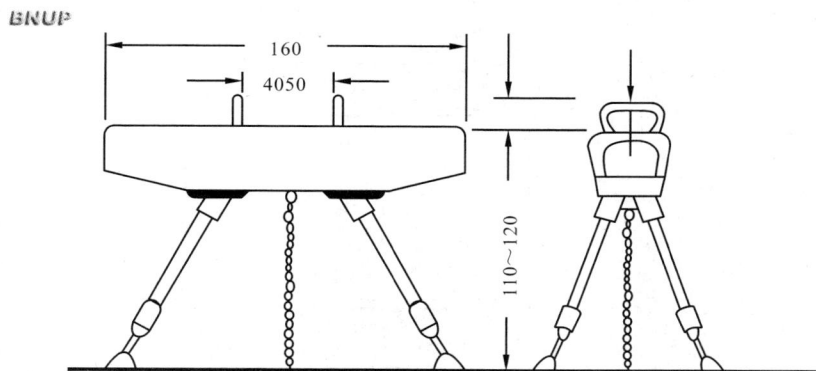

图 4-2　鞍马规格（单位：厘米）

三、吊环器材规格（图 4-3）

吊环是一种活动性的体操器械，由两个木质的圆环，分别用帆布吊带挂在悬垂的两条钢丝绳上。钢丝的支架距离为 280 厘米，支架两端用钢丝牵绳拉紧，固定在地面上。

木质环直径为 2.8 厘米，木环内径为 18 厘米，两环间距离为 50 厘米，环下沿距垫面高度为 255 厘米。

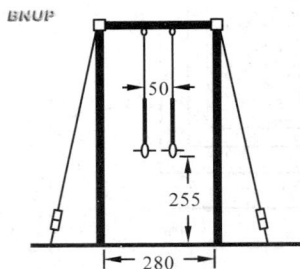

图 4-3　吊环（单位：厘米）

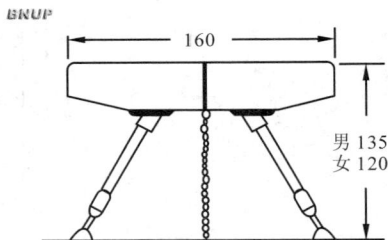

图 4-4　跳马（单位：厘米）

四、跳马器材规格（图 4-4）

跳马是男、女运动员共有的项目，男子使用 135 厘米高的纵马，女子使用 120 厘米高的横马。跳马的马身长 160 厘米、宽 35 厘米、厚 28 厘米。结构同鞍马（除鞍马背中央有两个木环）。

五、双杠器材规格（图 4-5）

其结构分为横杠、钢质立柱和底座部分。横杠为木质（柳木），长 350 厘米，其断面为椭圆形，长径为 5.1 厘米，短径为 4.1 厘米，内部装有弹性的钢条，具有良好的弹性。立柱高为 175 厘米，高度可调节。两杠间的距离为 42～62 厘米，可根据运动员的身材自行调节。

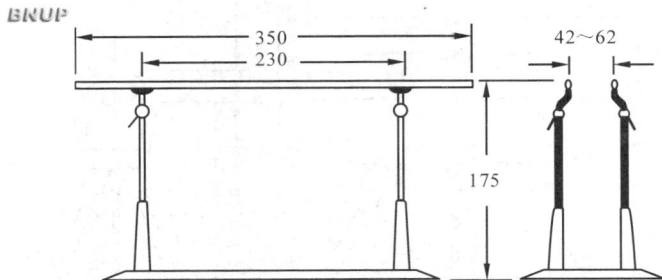

图 4-5　双杠（单位：厘米）

六、单杠器材规格（图 4-6）

单杠是一根直径为 2.8 厘米、长 240 厘米的钢制横杠，架在高 255 厘米的钢制立柱上，其立柱装有松紧掣，并可调节高度。安装时用四条钢丝绳拉紧，固定在地面上。

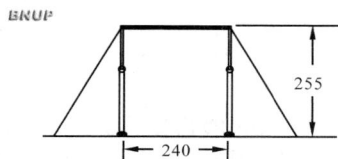

图 4-6　单杠（单位：厘米）

七、高低杠器材规格（图 4-7）

　　高低杠是由一高一低两根横杠、支柱和底座组成。杠长 240 厘米，直径为 40 厘米，呈圆形，杠面制作材料为玻璃钢或柳木，并楔入钢筋以保证其坚固及弹性。高杠距地面高度为 240 厘米，低杠距地面高度为 160 厘米，两杠间宽度为 90～140 厘米，可调。支柱上端有钢丝牵绳拉紧，固定于地面。

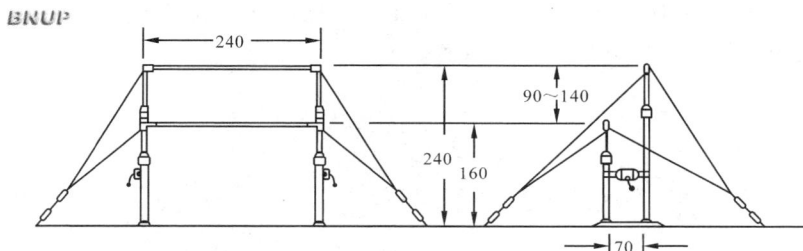

图 4-7　高低杠（单位：厘米）

八、平衡木器材规格（图 4-8）

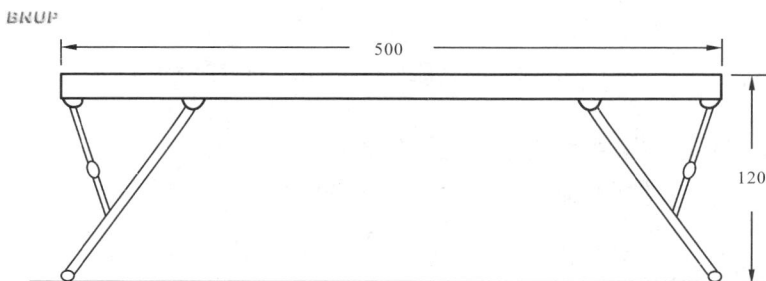

图 4-8　平衡木（单位：厘米）

　　平衡木是由横木和支架组成的。横木长 500 厘米，木面宽 10 厘米，厚 16 厘米，为木质结构（最新材料有铝合金制的木芯）。木基上有一层 0.2～0.3 厘米厚的橡胶质柔性层，外面包有无纺布覆盖层，使木质柔软，有弹性，而且不滑、不涩。

支架为钢质结构，支撑在横木两端下方，并可调节高度，横木面距地面高度为 120 厘米。

九、助跳板

助跳板是一块长方形、呈斜状的鸭舌板，木质结构，上面有一层柔性层，外面包有防滑无纺布，其最高点为 20 厘米，长 120 厘米，宽 60 厘米。

第三节　比赛场地、器材布置与要求

体操比赛场地布局如图 4-9 所示。体操比赛男、女项目一般都分开场次进行，器械的布置，一般是将所有单项比赛器械同时布置在场地内，在男、女比赛同场进行的情况下，采用男、女比赛穿插进行的方式。比赛分上半场、下半场。上半场比赛项目男子是自由体操、鞍马、吊环；女子是跳马、高低杠。下半场比赛项目男子是跳马、双杠、单杠；女子是平衡木、自由体操。器械随着比赛项目的安排而相应放置。

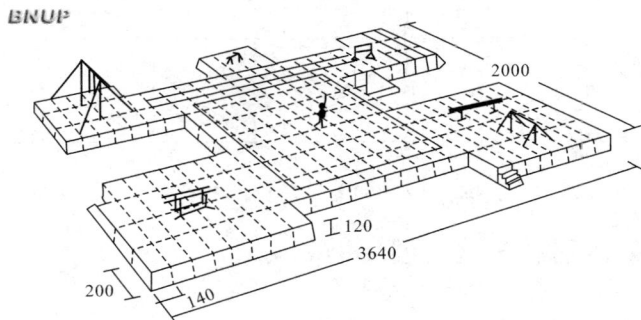

图 4-9　体操比赛场地布局示意图（单位：厘米）

一、自由体操场地布置（图 4-10）

自由体操场地面积需要 1200 厘米×1200 厘米。

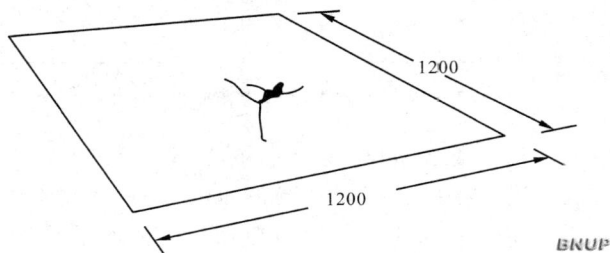

图 4-10　自由体操比赛场地示意图（单位：厘米）

二、鞍马场地的布置（图 4-11）

鞍马场地面积需要 550 厘米×450 厘米。鞍马放置垫子中间，垫子长 400 厘米、宽 300 厘米。

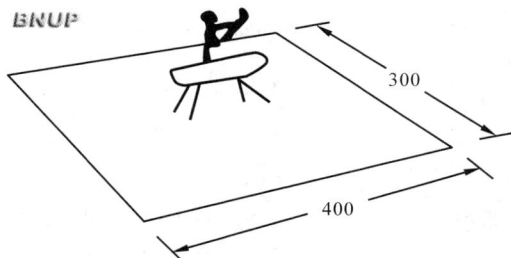

图 4-11　鞍马比赛场地示意图（单位：厘米）

三、吊环场地的布置（图 4-12）

吊环场地面积需要 1200 厘米×600 厘米。垫子长为 600 厘米、宽 200 厘米，布置在吊环下方。

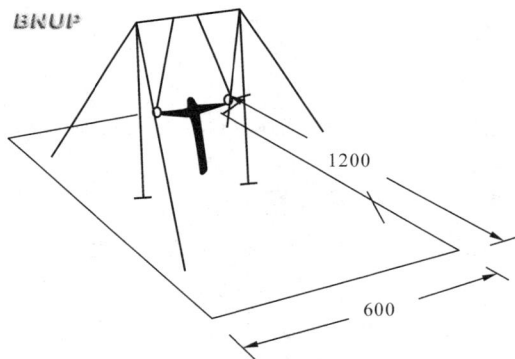

图 4-12　吊环比赛场地示意图（单位：厘米）

四、跳马场地的布置（图 4-13）

跳马场地面积需要 3700 厘米×400 厘米。男、女跳马垫子长 600 厘米、宽 300 厘米，布置在马的后方。

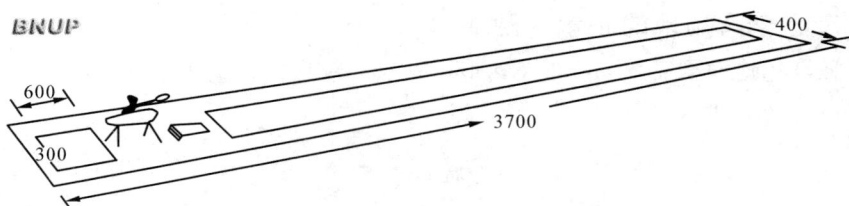

图 4-13　跳马比赛场地示意图（单位：厘米）

五、双杠场地的布置（图 4-14）

双杠比赛场地面积需要 1500 厘米×900 厘米。以双杠为中心铺设长 600 厘米、宽 600 厘米的垫子，在双杠一端，延长摆放 200 厘米×200 厘米的垫子。另一端作为上法，延长铺设 400 厘米×80 厘米的垫子。

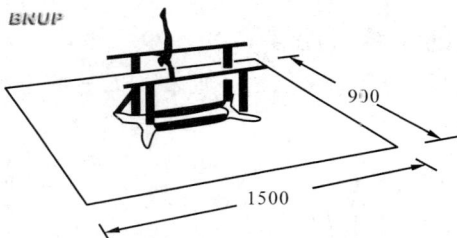

图 4-14　双杠比赛场地示意图（单位：厘米）

六、单杠比赛场地的布置（图 4-15）

单杠比赛场地面积需要 1800 厘米×900 厘米，垫子长 1200 厘米、宽 200 厘米，铺设在横杠下方。

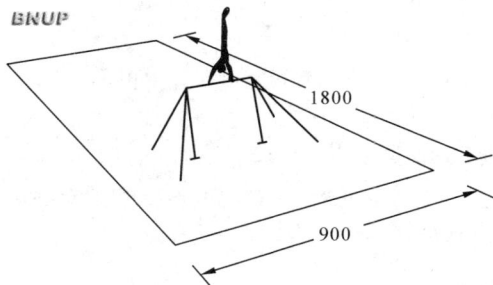

图 4-15　单杠比赛场地示意图（单位：厘米）

七、高低杠场地的布置（图 4-16）

高低杠比赛场地面积需要 1500 厘米×900 厘米。垫子长 600 厘米、宽 600 厘米，两块连在一起摆放在杠下。

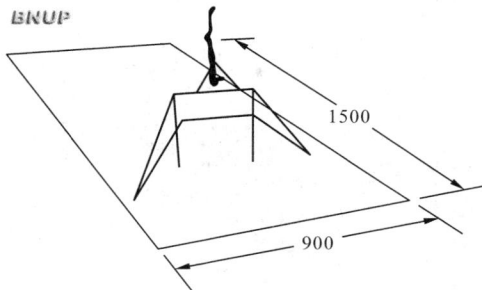

图 4-16　高低杠比赛场地示意图（单位：厘米）

八、平衡木场地的布置（图 4-17）

平衡木比赛场地面积需要 1800 厘米×900 厘米。在横木两侧铺设长 800 厘米、宽 600 厘米的垫子。横木端一边沿放置长 250 厘米、宽 200 厘米的垫子，另一边沿放置长 600 厘米、宽 200 厘米的垫子。

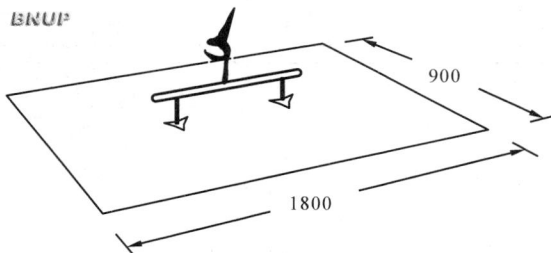

图 4-17　平衡木比赛场地示意图（单位：厘米）

再有，比赛场地四周的通道一般需要 400 厘米宽，器械台间的通道宽度一般需要 350 厘米。

>>> 练习与思考

1. 体操比赛场地的规格。

2. 体操比赛各项目场地和器材的布置与要求。

第五章 武术运动的场地与设施

本章要点

1. 武术比赛场地的规格；
2. 武术比赛器材的规格；
3. 武术比赛场地的布置与要求。

第一节 比赛场地的规格（图5-1）

武术比赛在长14米、宽8米的地毯上进行，四周应标明5厘米宽的边线（场地包括5厘米宽的边线），在场地的两长边中点各画一条长30厘米、宽5厘米的中线标记。

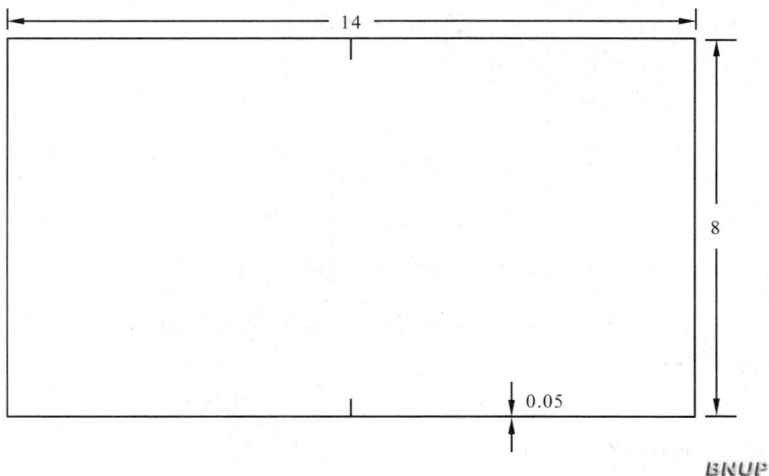

图 5-1 武术比赛场地示意图（单位：米）

第二节　比赛器材的规格

一、枪

枪全长最短必须等于本人直立直臂上举时从脚底到指端的长度（图 5-2）。枪杆（除枪尖）中线以下任何部分的直径，不得少于如下的规定：成年组男子：2.29 厘米。成年组女子：2.13 厘米。少年组男子 14 岁及 14 岁以上者 2.13 厘米，14 岁以下者 2.03 厘米。少年组女子 14 岁及 14 岁以上者 2.03 厘米，14 岁以下者 1.90 厘米。儿童不受限制。

图 5-2　枪

二、棍

棍最短必须等于本人身高（图 5-3）。棍中线以下任何部分的直径规定与枪同。

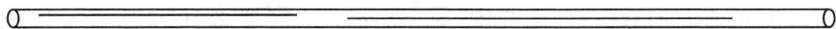

图 5-3　棍

三、剑

剑长度以直臂垂肘反手持剑的姿势为准，剑尖不得低于本人的耳上端（图 5-4）。

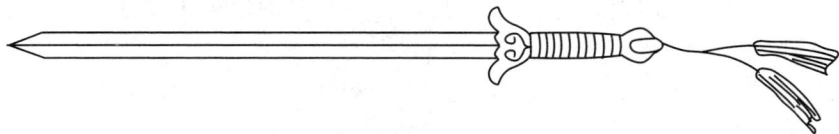

图 5-4　剑

剑的重量（包括剑穗）：

成年组男子：不得轻于 0.6 千克。

成年组女子：不得轻于 0.5 千克。

少年、儿童不受限制。

四、刀

刀长度以直臂垂肘抱刀的姿势为准，刀尖不得低于本人的耳上端（图 5-5）。

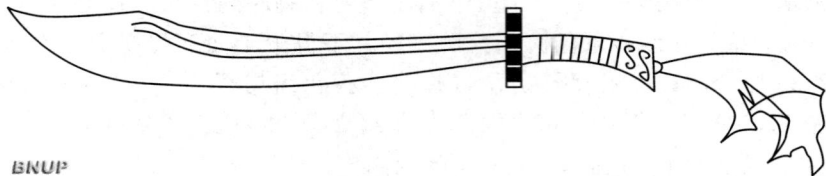

图 5-5　刀

刀的重量（包括刀彩）：

成年组男子：不得轻于 0.7 千克。

成年组女子：不得轻于 0.6 千克。

少年、儿童不受限制。

五、对武术比赛器械的几点要求

（一）刀彩不得超过刀的长度；鞭彩，规格不得超过 20 厘米×15 厘米。刀彩、鞭彩及其他器械的彩绸上面，不允许带有任何附加物品。

（二）武术器械应由钢和蜡杆材料制成，对练项目的金属器械除钢制外，也可以用其他金属代替。在比赛中，一些不常见的器械（钩、九节鞭、匕首等），如用其他材料，须经大会批准。

（三）任何器械的把柄里不得装铁弹子等。

（四）任何器械除安装固定作用的物品外，不得有任何附加物。

第三节　比赛场地的布置与要求

一、在大型比赛时，应备有两块 14 米×8 米的地毯于场地并列排放，中间相隔距离至少 3 米。

二、裁判员席在比赛场旁四角位置，裁判长席在主席台对边场地旁的中央处，兵器架、运动员席等在主席台对边一侧。

>>> **练习与思考**

1. 武术比赛场地、器械的规格。
2. 武术比赛场地的布置与要求。

第六章 游泳池（馆）的场地与设施

本章要点

> 1. 介绍游泳池（馆）构造、比赛训练的要求及水质的要求、处理；
> 2. 游泳池（馆）维修、保养与管理。

第一节 游泳池（馆）的基本结构

游泳馆或室外游泳池的结构是一样的。使用的材料都是钢筋水泥，只是池子表面用料不同，有的用瓷砖铺面，有的用马赛克铺面，也有用水泥抹面的。但不管用什么样的材料，对游泳池的构造都有统一的要求。

一、池底和池壁

游泳池的底部和池壁要光滑，不漏水，呈白色，池壁和池底应垂直。池的底部应从浅到深有一定的倾斜度，池底最深处设有排水口，以便排水。进水口设在池壁中部，以便进水。目前新建的游泳池也有把进水口设在池底的。这种池一般都采用最先进的溢流循环式换水方法，将进水口设在池底，以便冲起池底泥沙，进行循环过滤。

二、溢水槽及池外走道

为了排除水中脏物，在池壁或池边设溢水槽，槽内每隔 3 米左右设有通下水道的泄水孔。目前最新式游泳池的溢水槽建在池边。池子和溢水槽之间为池外走道。走道有一定的倾斜度，内低外高，以便使池中水浪打来的水流进入溢水槽后排出。

池外走道是围池边的通道，应不滑、不漏水，易于冲洗，便于通行。

三、其他设施

标准的比赛用池还有其他设施要求。比如池子两端要有挂钩，为比赛时挂水线用；要有比赛用的出发台；池壁和池底要有用不同颜色显示的各种标志线；等等。

四、配套设施如更衣室、淋浴室、浸脚消毒池、厕所及饮水处等

五、游泳馆

（一）空气调节器

为保障游泳馆内空气新鲜，应有空气调节设备。换气量为每人每小时 40 立方米，其中补进的新鲜空气不得少于 20 立方米。空调系统应为半封闭式，加温、调湿能力应能满足换气量的要求。

（二）供暖散热器及送风口

为保持游泳馆水的温度，游泳馆内空气的温度应比水温高出 2℃～3℃。为此，游泳馆必须安装供暖散热器，送风口应设在两侧窗口的下方，使冷空气加温后再送到池上空间。

（三）保温、防潮、防湿

为防止墙壁上水蒸气凝集和室内热量的过多散失，墙体要采用隔热性能较高的材料，北方省市应安装双层玻璃窗。屋顶应建成拱形，以使水蒸气从两侧滴下。室内墙面用防潮、防湿、耐高温的涂料最为理想。

第二节　水质的要求与处理

一、水质的要求

游泳池的水质应符合国家卫生部门的有关规定，即达到"生活饮用水质的标准"。

（1）池水中游离余氯应保持在 0.4～0.6 毫克/升之间，化合性余氯在 0.9 毫克/升以上。

（2）细菌总数不得超过 1000 个/毫升，大肠菌群不得超过 18 个/升。

（3）pH 值应在 6.5～8.5 之间。

（4）浑浊度不大于 5 度，实践中一般看池水透明度应以在 1.5 米左右水深处的两岸边能看清池底第四和第五泳道标志线为准。

（5）耗氧量不得超过 12 毫克/升。

（6）尿素不得超过 3.5 毫克/升。

二、供水方式

游泳池按其条件、构造及水质管理方式可分为全换式、溢流式、循环式和溢流循环式四种。

（一）全换式供水方式

没有水质循环处理设施的简易游泳池采用，多见于厂矿、机关、学校的泳池。池水使用一段时间后，水质变差，只得将池水全部换掉。这种池水卫生不易保持，且不易管理。池水消毒时，要注意加药时机，一定要在空场无人时进行。消毒后，最好间隔一夜再用，以使脏物沉淀，保证人体不受影响。

（二）溢流式供水方式

经常有大量水注入池内，又不断溢流池外，以冲掉脏物。此法用水量较大，且难以使池水完全消毒。

（三）循环式供水方式

在池底设有吸水口，用泵将脏水吸出，经过滤器将水中较大的悬浮物（如毛发等）去除后再进行过滤，然后加药消毒，再返入池中。此法是保持池水清洁的最佳办法。目前全国各大型游泳池尤其是室外游泳池大多采用此法供水。

（四）溢流循环式供水方式

池水溢流到溢水槽后不走下水道，而如循环式一样，流到过滤器过滤加药，然后再回到池内。这种供水方法大多为室内游泳馆采用，是目前世界上比较先进的办法。

三、池水的过滤处理及消毒

当池水浑浊度超过 5 度，耗氧量每升大于 12 毫克时，细菌数量便急剧上升，所以池水需要不断净化。

目前池水净化一般采用过滤净化法，即将池水抽进过滤罐过滤，经加药消毒再送回泳池。过滤罐的滤料大多采用石英石和粗砂，也可用聚乙烯塑料球等。池水经过过滤，大的杂物及毛发可清除掉，但内在质量并未改变，故需投药消毒。消毒品有液氯、次氯酸钠和漂白粉等。通常大型、利用率较高的泳池使用液氯消毒，条件较差的泳池从安全出发，大多使用次氯酸钠消毒。设备简单的全换式泳池用漂白粉消毒。

用液氯消毒时，除建筑上有严格要求外，加氯机的使用也有严格规定。液氯进入加氯机前应有减压和计量装置，输送管道应防腐蚀并可随时封闭，以防氯气事故发生。氯在常温、常压下比空气重，为黄绿色气体，有很强的刺激性和毒性，使用时要特别小心。

用次氯酸钠消毒时，无论是成品次氯酸钠，还是用电解槽制备的次氯酸钠，在药液注入循环水前，均应考虑到氯化钠的残留量，以防水中氯化物升高，影响池水质量。

用漂白粉消毒最简便，贮存和运输也较方便，且价格便宜。但使用时需要经过溶解、沉淀。由于漂白粉中有效氯的含量不稳定，故它不适于大型、自动循环的泳池使用。

游泳池水的过滤和消毒由专门水工负责操作。作为体育场地工人，应了解池水是如何过滤、如何消毒以及使用什么药品的。

这里，再介绍一下国内外最新游泳馆池使用的臭氧消毒法。

臭氧由3个氧原子组成，是强氧化剂。臭氧入水后放出的初生态氧对细菌、病毒有较强的杀灭力，消毒效果好，时间短（只需15分钟）。消毒后水无色，无味。缺点是无持续杀菌作用，要现制现用，不能贮存，且消耗电能大，设备费用高，故目前尚未普遍使用。

第三节　游泳比赛、训练场地器材的要求

一、游泳比赛对场地的要求

正式比赛的游泳池长50米（误差为＋0.03米），短池长25米（误差为＋0.02米）。池宽21米或25米。

重大国际或国内比赛，要求水面至池底的深度在2米以上。每条泳道宽为2.5米。第一泳道线和最后一道泳道线与近侧池壁至少应有0.5米或2.5米的距离。

基层比赛时，要求游泳池深水端水深不少于1.50米，浅水端水深不少于1米，泳道宽不少于2米。第一泳道线和最后一道泳道线与近侧池壁至少应有0.20米的距离。

池壁必须垂直平行。两端自水面上30厘米至水下80厘米的池壁必须结实、平整、防滑。游泳池与跳水池之间至少应相隔5米。

池水水温最低不少于26℃（误差±1℃），室外比赛时池水水温最低不得少于25℃。

比赛时，池水必须保持正常水位。水面要平稳，不得有明显的流动或旋涡。如采用循环换水，这时要停止。

池底和池壁最好用白色。池水应达到运动员能看清池底和池壁标志线的清晰程度。池水上的灯光，出发台和另一池端上方的照明度不得少于1500勒克斯。基层比赛要求出发台和另一端上方的灯光照度不得少于600勒克斯。

二、泳道、分道线和标志线

（一）泳道

游泳池内设八条泳道，由九条分道线（水线）构成。每条泳道宽2.5米。1分道线和9分道线距池边至少0.5米或2.5米。

（二）分道线

分道线是由直径5～15厘米的单个浮标用钢丝串连而成的。分道线必须拴到水池两端。固定分道线的挂钩应安装在池壁内。分道线必须固定拉紧。

从分道线两端开始至 5 米处全部浮标的颜色要与其他浮标的颜色有区别。两条泳道之间只允许有一条分道线。

（三）泳道标志线

各泳道中央的池底应有清晰的深色标志线，线宽 20～30 厘米、长 46 米（短池线长 21 米），线两端距池端各为 2 米。泳道标志线两端各画一条长 1 米与泳道标志线同宽并与其垂直对称的横线。两条泳道标志线的中心距离为 2.5 米。

（四）池端目标标志线

应画在两端池壁上，位于各泳道中间，宽 20～30 厘米，从池壁的上缘一直延伸到池底。在水面下 30 厘米处的池端目标标志线上画一横线，线长 50 厘米、宽 20～30 厘米。

三、出发台

（1）出发台应正对泳道中央，前缘高出水面 50～75 厘米。台表面面积至少为 50 厘米见方。台面应由防滑材料覆盖，其向前倾斜不超过 10°。台前缘应与池壁在同一垂直面上。

出发台必须坚固没有弹性，并保证运动员出发时能在前方和两侧抓住台面（台面厚度不得超过 4 厘米，两侧至少有 10 厘米长、前端至少有 40 厘米长、深入台体 3 厘米的握手槽）。

（2）仰泳出发台的握手器。握手器必须有横竖两种，设在出发台上，高出水面 30～60 厘米。横握手器与水面平行，竖握手器与水面垂直。握手器应与池壁在同一垂直面上，不得突出池壁之外。

（3）出发台四周应用明显的阿拉伯数字标明泳道号数。两侧的字应尽量靠前，使裁判员能看清。号数应从出发端（面对池）池边由右至左依次排列。十条泳道的号数应为 0～9。

四、召回线及仰泳转身标志线

（一）出发召回线

由麻绳或尼龙线制成，不可太细，应缚在离出发池端 15 米处的固定柱子上（距水面 1.2 米以上）。要求能迅速放入水中，并能有效盖住全部泳道。

（二）仰泳转身标志线

由麻绳或尼龙线制成。横跨泳池，固定在离池端 5 米的柱子上。标志线上挂许多小旗，线高于水面 1.8～2.5 米。

五、自动计时装置

自动计时装置是目前世界上最先进的计时设备。

自动计时装置应能判定运动员到达终点的先后，并记录运动员的成绩，计取的成绩应精确到百分之一秒。装置不得影响运动员的起跳、转身和溢水系统的功能。装置应由发令员启动，电线尽可能不露在池岸上，能分别显示各泳道的信息，提供易读的运动员的成绩。

自动计时装置应包括以下设备：

（一）终点触板

终点触板面积最小为 240 厘米×90 厘米，最大厚度为 1 厘米。触板露出水面 30 厘米，浸入水中 60 厘米。各泳道的触板应独立安装，以便单独控制。触板表面必须颜色鲜明，并画有规定的池端标志线。

（1）安装。触板应安装在泳道中心的固定位置上，要轻便，便于拆卸。

（2）灵敏度。触板的灵敏度应不受水浪波动的影响，只对运动员的轻微触动产生反应。触板的顶沿应具有灵敏性。

（3）标志线。触板上的标志线应与池壁的标志线一致并重叠。触板周围和边缘应标有 2.5 厘米的黑边。

（4）安全性。触板在产生电击时应可靠保险，边缘应平滑。

（二）起动装置（出发音响）

（1）要有供发令员发布口令的话筒。

（2）如使用发令枪，则必须带有换能器。

（3）话筒和换能器应与各出发台的扬声器相连，使运动员能同时听到发令员的口令和出发信号。

（三）自动计时装置至少应有下列主要附件

（1）在比赛中能再现各种信息的打印机。

（2）成绩公布板（大显示屏）。

（3）精确到百分之一秒的接力出发判断器。

（4）自动计趟器。

（5）分段成绩公布板。

（6）总名次排列计算机。

（7）误触板纠正器。

（8）自动电器充电器。

（9）录像系统。

（四）重大比赛时还应具备下列附件

（1）成绩公布板（大显示屏）至少包括 12 条 38 个功能的显示栏。每条显示栏都能显示字母和数字。各项显示字母和数字至少有 28 厘米高。显示栏应能上下翻动，并有闪光功能。公布板应能显示比赛进行中的成绩。

（2）岸边设控制中心。在离终点 3～5 米处能直接观察比赛的位置上，至少有 6 米×3 米的房间，内装空调设备，并设有通向场地的门，以便总裁判出入。控制中心除比赛时间外必须封闭。

（3）录像系统。一般都是临时租用。

（五）半自动装置

运动员出发时自动开启，到达终点时由裁判员用手按停的装置叫半自动装置。它是自动计时装置的补救设施。每条泳道设有三个按钮，每个按钮由一名裁判员操作。

六、比赛所需各种用具

（1）人工秒表。秒表每小时误差不得超过±0.3秒。每条泳道配备电子秒表3块。共需30块能够计取分段成绩的秒表。

（2）发令枪一支，子弹若干粒，烟屏一个。

（3）长距离报趟牌和报趟架每泳道一套。每套需16块报趟牌。均为单数（1，…，29），最后一个应为全红色，表示结束。每个号码至少28厘米高。

（4）每条泳道设铃铛一个，为长距离比赛最后100米时使用。

（5）发令台一个。高40～50厘米，长80～90厘米。

（6）阶梯式终点裁判台一个。

（7）仰泳标志小旗四个，放在池子两侧距池端15米处，为仰泳潜泳时的标志。

（8）夹板40个。供检查、计时、终点等裁判员使用。

（9）口哨若干。供发令员及执行总裁判使用。

第四节　游泳比赛的场地布置与要求

正规游泳比赛的场地布置是场地工人的主要工作，它能检验场地工人的基本功是否扎实过硬。场地布置完毕，由总裁判检查验收。

具体场地布置如图6-1所示。

要求：

（1）图中离池端5米处要挂仰泳标志线，但只有仰泳、混合泳比赛时才挂，其他项目比赛时要取下来。此项任务由场地工人负责。

（2）图中离池端15米处挂召回线。

（3）图中13为总裁判台。需摆在运动员出发一端（面对池）左面的岸边。总裁判台离池端8米，需放3张长条桌子及8把椅子。

（4）图中4为计时裁判工作处，每条泳道要放3把椅子。第四泳道为计时长工作处，要多放1把椅子。

（5）图中8为运动员赛前入座处。每条泳道放1把椅子，椅子要放在计时裁判后面。

（6）图中 6 为终点裁判处，要放终点裁判台。裁判台为阶梯式，放在终端延长面上。

（7）图中 5 为发令员处，需放 1 个发令台及 3 把椅子。

（8）图中 11 为技术检查员，12 为司线员处，两边各放 3 把椅子，位置是在召回线两端。

（9）图中 7 为终点端检查长处，9 为转身端检查长处，在离池端 1 米处各放一把椅子。

（10）图中 10 为转身检查员处，每泳道 1 人，放 1 把椅子。

（11）图中 14 是仲裁席，放 3 张桌子和 6 把椅子。

（12）图中 2 为宣告员处，3 为编排记录员处，都安排在总裁判台后。

（13）水上要挂分道线（水线）。如是 8 条泳道，则要挂 9 条水线。离池端 5 米的浮标颜色要区别于其他浮标的颜色。水线要固定拉紧。

（14）如有自动计时装置，则要协助科技人员挂自动触板。

（15）总裁判台上要安装扩音器，以便宣告员报告成绩。

（16）图中 16 为检录处，设在运动员出发端后面 8 米处，放 2 排椅子，每排 8 把。

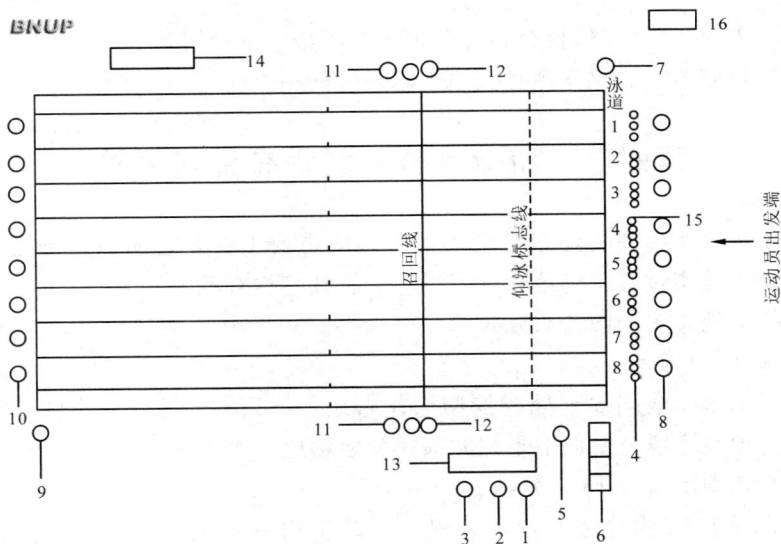

图 6-1　游泳比赛场地示意图

1. 总裁判　2. 宣告员　3. 编排记录　4. 计时员　5. 发令员　6. 终点员　7. 终点端检查长　8. 运动员席　9. 转身端检查长　10. 转身检查员　11. 技术检查员　12. 司线员　13. 总裁判台　14. 仲裁席　15. 计时长　16. 检录处

第五节　游泳池（馆）的维修、保养与管理

一、对群众开放的游泳池（馆）的维修和保养

（1）对群众开放前后都应将溢水槽洗刷一遍，并将堆积物排除，使排水口通畅，同时要捞出池水表面的杂物。另外，要用电动水下吸物器将池底污物吸除。

（2）最好每周清理一次池底，以保证池底无沉积物。同时要根据实际情况，一天多次或定时循环过滤或全部将泳池水抽换。

（3）更衣室、通道和池边走道在开放前后都应用水清扫、擦洗、消毒，以防游泳者将不洁物带进水中。

（4）厕所要保持清洁，应用消毒液消毒。

（5）淋浴室及浸脚池应每天多次进行打扫消毒，尤其是浸脚池应每 2 小时换水下药 1 次。据不完全统计，人群中患脚癣者达 3.3%～21.5%。

（6）游泳馆内室温一定要比水温高出 2℃～3℃，以保证水温相对稳定。水温一般在 26℃左右为最好。

（7）泳池外的地面，一定要保持清洁，做到岸边无青苔、无杂物。每天应打扫 1～2 次，并用水清洗。

二、室外游泳池停止使用时的维修和保养

（一）游泳池的保养

（1）停止开放后晾池。大约在 10 月中旬用稻草帘铺盖池面、池壁和池底，以防冬季冻裂池子（此法大多为北方地区使用）。防冻应有专人负责，防止发生火灾。

（2）放水保养。即使用后不放水，用水温保护池子。此法大多为南方地区采用。在北方只有深水池铺不了稻草帘时才用此法。如池水结冻，则应每天早、晚两次用棍棒敲碎池边冰块，以防涨坏池子。

（3）将池水放掉后，顺其自然，不再进行任何人工保养。此法会缩短游泳池寿命，不宜提倡。

（二）循环过滤系统的保养

（1）停场后，将淋浴室和厕所等处的喷头和把手以及饮水器之类拆下来，妥善保存，以免腐蚀，以利于再用。

（2）冲洗过滤罐和滤料。闭场 2 个月后，要把过滤罐中的滤料倒出来晾晒和过滤，排除杂物。然后用水冲洗滤罐。滤料冲洗晾干后，再一层层装好，

以便再用。这是一件很重要的工作，最好每年冲洗1次。如不这样做，任罐中微生物生长繁殖，来年再用时就无法保证池水卫生。

三、过滤机安全操作规程

（1）开动过滤机前要加油，并全面检查机器设备和电压。一切正常方能启动。

（2）开泵后要检查水温是否合适。正常水温应在26℃左右。

（3）合、关电闸时，操作人员必须戴安全手套。

（4）值班人员必须坚守岗位，随时观察设备运转情况，发现异常和故障要及时处理排除。

（5）经常检查设备，每月冲洗1次过滤罐。

（6）过滤机房严禁无关人员进入，保持机房清洁卫生。

四、氯气使用安全操作规程

（1）氯气为剧毒物品，使用前必须检查氯气阀门。先打开自来水，再开氯气。

（2）开氯气瓶嘴动作不要过猛，以防损坏瓶口跑气。

（3）过滤机开启后，再开氯气。过滤机关停时，一定要先关闭加氯机，20分钟后再停过滤机水泵。亦即先关闭氯气阀门再关水，以防氯气泄漏。

（4）使用氯气消毒时，水中含氯气量应为0.4～0.6毫克/升。

（5）氯气房内必须有防毒面具，使用氯气时操作人员必须坚守岗位，如发现跑气，要立即关闭氯气阀门，并戴好防毒面具进行抢修。

（6）氯气房要严禁无关人员进入，并且要有消防设备。

五、游泳比赛后的器材保管

游泳比赛器材在比赛结束后要有专人妥善保管。同类器材放在一起，不要混放，以免丢失。游泳分道线（水线）要用专用大车轮缠绕起来，推到池边放好。

器材保管主要是防潮、防霉变。人工用秒表要专人保存，以防丢失。电动触板要竖着安放保存，不可压叠，以免降低其灵敏度。自动计时装置，尤其是大显示牌，即使无大比赛或使用不频繁，也要每3个月通电1个小时，以便去除湿气，防止损坏。

>>> 练习与思考

1. 游泳正规比赛场地如何布置？桌椅及各种用具如何摆放？

2. 室外游泳池闭场后如何保养游泳池？

3. 游泳比赛时需要使用多少器材（列举十种以上）？

第七章　民族传统体育类运动的场地与设施

本章要点

> 1. 介绍抢花炮、珍珠球、蹴球、陀螺、高脚竞速、跑马射击、毽球、赛龙舟场地的规格与画法；
> 2. 抢花炮、珍珠球、蹴球、陀螺、高脚竞速、毽球、赛龙舟的基本技术与器材要求。

第一节　抢　花　炮

一、概述

花炮运动是全国少数民族传统体育运动会的正式比赛项目之一，花炮原称为"抢花炮"，是最早流行于侗族、壮族、仡佬族等少数民族中的具有浓郁民族特色的体育活动，据考证，已有五百年的历史。每逢三月三或秋后是抢花炮的季节，人们穿上节日盛装涌到赛场，或参赛或呐喊，抢得花炮象征着村寨来年将会五谷丰登、人畜两旺，并可以得到主办村寨的奖品。据广西三江侗族自治县志记载："花炮会届时男女咸集，其竞赛以冲天铁炮内装铁环，若实弹燃，燃铁炮后，铁炮直飞云霄，观众闻炮声，即以铁环为目标蜂拥争取，以夺得铁环者按一、二、三名依次领奖，其他友族皆簇拥庆贺，欢声若雷。"这种运动在广西、湖南、广东一直延续至今并有所发展。

1985 年国家民委、国家体委在广西等地区各单位提供的规则基础上，制定了花炮的竞赛规则，花炮成为 1986 年第三届全国少数民族传统体育运动会的正式比赛项目。规则几经修改，现在已经发展成为一个比较成熟的少数民族运动项目。它集速度、力量、智慧为一身，带着壮族、侗族等少数民族特有的彪悍、勇猛之气，受到了广大人民的喜爱，因此又被称为"中国式橄榄球"。由于具有技术易学，场地要求不大，易于推广的特点，花炮运动正在逐步走进学校课堂，在新的形势下为我国的全民健身运动的开展发挥着更大的作用。

二、开展花炮运动的意义

（一）花炮运动的健身功能

花炮运动过程中，身体的多个部位能够得到全面锻炼，四肢协调配合，身体重心的多方位调整，速度、耐力、力量的均衡分配，可以使参加者达到健身的目的。

（二）花炮运动的娱乐功能

花炮运动技术多样，战术灵活多变，比赛过程随机性强，参加者可以随意运用、创新技术，有很大的自由发挥空间和释放能量的空间，能够激发参加者的潜在原动力和创造激情，达到愉悦身心的目的。

（三）花炮运动的教育功能

花炮运动的形式多样化，比赛场上的情况千变万化，技战术灵活机动，要求参加者不断思考，快速应变，选择正确的方式、方法应对复杂局面，激发其能动性。进攻、防守中的相互配合，相互支持，相互补漏，使团队中的每一位参加者既锻炼了意志，又增强了人与人之间的和谐交往能力，还培养了勇敢、坚强的品质和团结协作的集体主义精神。

（四）花炮运动的竞技功能

花炮运动攻防节奏快，对抗激烈，战术变化多，参加者需要机智勇敢、顽强拼搏，在对抗中完成技术动作，在运动中完成攻守组合，具有很强的观赏性和竞技性。

三、花炮运动的基本技战术

（一）花炮运动的基本技术

1. 水平传炮

掌心向上，炮置于四指与拇指间，拇指固定，传炮时大臂带动小臂由怀里往外甩，手腕放松，在接近直臂时拇指松开，花炮旋转出手。

特点：力量大，易于掌握，旋转规律易于队友接炮，一般用于无人逼抢或对手防守压力不大时的传炮及中远距离的传炮。

2. 上手传炮

五指抓炮，手上举，大臂带动小臂由后向前甩出，在出手的一刹那，松拇指，四指指肚拨炮，使炮向前翻转飞出。

特点：易于发力，方向、力量容易控制，常用于传对方过顶，或传对方队员身后。

3. 下手传炮

手臂下垂五指抓炮，小臂由后向前摆动在接近水平时松拇指，四指指肚拨炮，使炮向前柔和地翻转飞出。

特点：比较隐蔽，宜于在狭小的空间传炮，常用于被对方搂抱后的传炮。

4. 双手接炮

两手相对，对准来炮方向，在花炮接近的一刹那，两手相合，将花炮夹在手中。

特点：稳定性好，易于掌握，常用于对方防守压力不大时。

5. 单手接炮

双目紧盯花炮，判断花炮的力量与方向，单手对准花炮飞来方向，在接花炮的一刹那，手腕放松，拇指与四指将花炮握于手中。

特点：难度较大不易掌握，在比较小的活动空间中使用较多。

（二）花炮的技术训练方法

（1）两人行进间快速传接练习；

（2）三人的交叉传接炮练习；

（3）门区前的上手传炮，结合单手接炮的练习；

（4）近身的交叉低手挑传练习；

（5）多人"控炮"练习。

四、比赛场地及器材

（一）场地（图7-1）

（1）花炮比赛场地为 60 米×50 米的平坦长方形土地、草坪或塑胶场地均可。

（2）接炮区：在距离端线中点两侧 4 米各画一条长 4 米与端线垂直的线为炮台区边线，再画一条线将其两顶点相连，与端线平行为炮台区端线。该区域为炮台区。

（3）罚炮区：以端线中点为圆心，以 11 米为半径，画一条弧线与端线相交，弧形区域为罚炮区。

（二）器械

（1）比赛用炮：花炮为直径 14 厘米的彩色圆形饼状，外圆如轮胎，厚2.5 厘米、直径 3 厘米，重 220～240 克，用橡胶制成。

（2）送炮器：能将花炮向前上方发射至 10 米以上高度并落在接炮区域内，同时能发出响声的发射器。

（3）花篮架：高 80 厘米，固定于炮台区内距端线中点 3 米处。

（4）花篮：花篮为高 30 厘米，篮框内直径为 40 厘米的圆柱体，用竹子或塑料制成，花篮固定在花篮架的顶端。

（5）队员装备包括：颜色款式统一的长袖运动衣、运动短裤、运动袜、胶鞋。

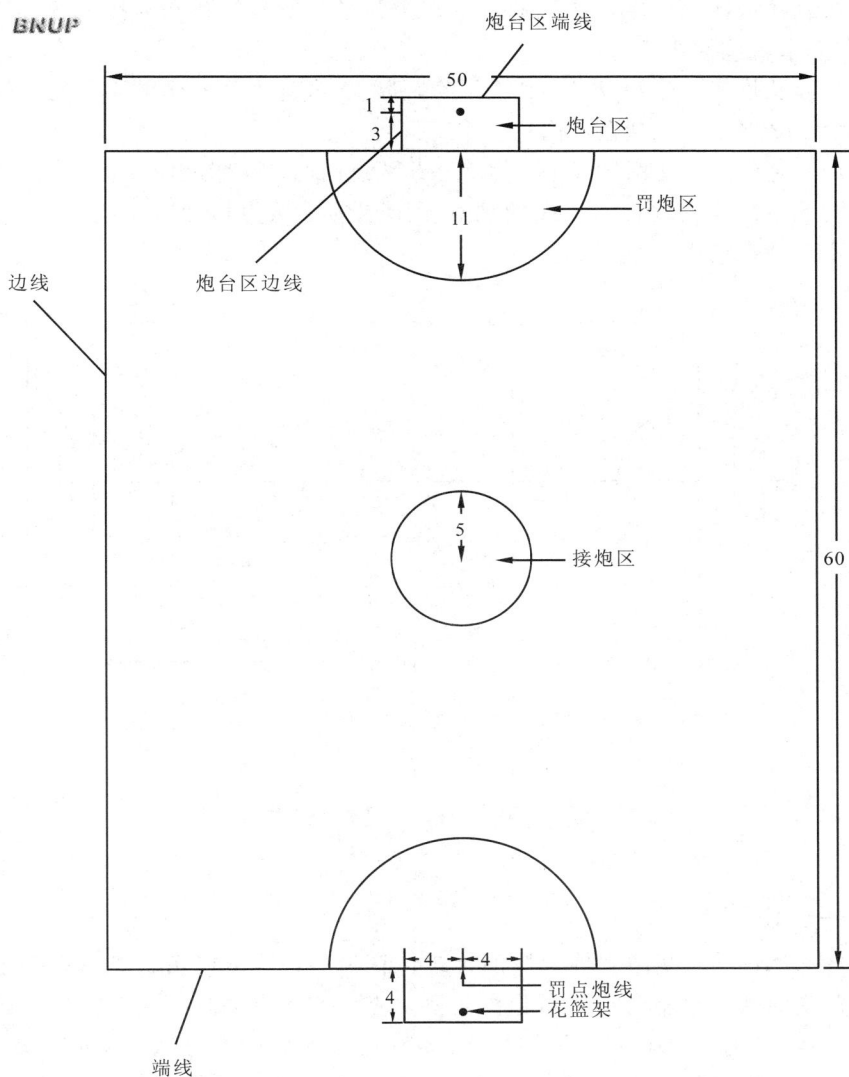

图 7-1　抢花炮场地示意图（单位：米）

（三）抢花炮场地的画法（图 7-2）

（1）纵轴线：在空地中间画一条纵轴线（最好沿南北方向），在线上找出中心点 O，自 O 点向两端各量 30 米，取得 A、B 两点。

（2）边线和端线：分别通过 A、B 两点，各画一条与纵轴线垂直的端线，分别量 25 米，取得 C、D、E、F 四个点。连接四个点，则 CD、EF 为端线，

CF、DE 为边线（线宽为 12 厘米，不包括在场内）。

（3）接炮区：以点 O 为圆心，以 5 米为半径所画的圆圈为接炮区（线宽为 12 厘米，包括在场内）。

（4）罚炮区：分别以 A、B 为圆心，以 11 米为半径所画的半圆为罚炮区（线宽为 12 厘米，包括在场内）。

（5）炮台区：在两端线上，自 A、B 两点向两端 4 米处向外各画一条长 4 米且与端线垂直的线，连接线的顶点所形成的区域为炮台区（线宽为 12 厘米，不包括在场内）。

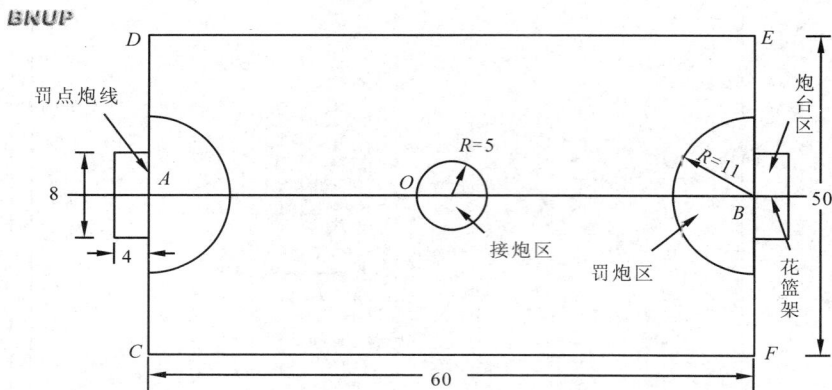

图 7-2　抢花炮场地画法示意图（单位：米）

第二节　珍　珠　球

一、概述

珍珠球运动是我国满族人民的传统体育项目，是由模仿采集珍珠的生产劳动演变而来。比赛时运动员根据规则可在"水区"内任意传、投、拍或滚动"珍珠"（球），力争让手持抄网、站在得分区内的本方队员采到"珍珠"得分，以在规定时间内得分多少决定胜负。珍珠球是集体性球类运动项目，这一具有浓郁民族色彩的体育活动，源于生产，形式生动鲜明、多姿多彩。场上攻守往复，银球穿梭飞舞，4 只"蛤蚌"忽张忽合，一对抄网频频有所斩获……其紧张激烈、精彩绝妙，令人目不暇接，将体育运动之矫健与生活劳作之优美，巧妙地融会在了一起。

1991 年在第四届全国少数民族传统体育运动会上，珍珠球被列为大会正式比赛项目。同年 5 月，国家体育总局、国家民委在承德市召集专家、学者重新编写了珍珠球规则。

2001 年 6 月国家体育总局、国家民委为了完善珍珠球规则，迎接第七届全国民运会的召开，在沈阳举办了第六届全国珍珠球邀请赛。比赛期间，教练员、裁判员对比赛规则的进一步修改进行了研讨，并于 2002 年正式出台了全国统一的规则。

二、基本技术

珍珠球技术是珍珠球比赛中为了实现一定目的而采用的专门动作方法的总称，也是珍珠球运动进攻和防守动作体系的总和，是珍珠球比赛的基础。

（一）移动技术

移动是队员在比赛中为了改变位置、方向、速度和争取高度所采用的各种脚步动作方法的统称。进攻中运用移动的目的是为了摆脱防守去接球、选择位置、牵制对手，或是为了合理而迅速地完成运球、传球、突破、投球等各种进攻行动。防守时运用移动技术则是为了抢占有利位置，防止对手摆脱或及时、果断、准确地抢球、打球、断球。

（二）传接球技术

传接球是珍珠球比赛中队员有目的地转移球的方法，它是比赛中组织进攻和协调队员之间联系的纽带，是球队实现战术配合的具体手段。传接球技术的好坏，直接影响到队员其他技术的发挥和全队战术配合的质量，而且也标志着一个队水平的高低，因而它是珍珠球运动中一项重要而基本的技术。

（三）运球技术

运球是持球队员用手连续按拍从地面反弹起来的球的动作。运球是珍珠球运动中主要的进攻基本技术之一。它是个人进攻的重要技术，也是组织全队进攻战术配合的重要手段。运球技术掌握的熟练程度如何，在一定程度反映了运动员控制球和支配球的能力，而且这种能力的提高，有助于其他基本技术的掌握和提高。

（四）持球突破技术

持球突破是持球队员运用脚步动作和运球技术超越对手的一项攻击性技术。比赛中，掌握好突破时机，合理地运用突破技术，既能直接切入得分，又能打乱对方的防守部署，创造更多的攻击机会，增加对手的犯规，给对方防守造成较大的威胁。如能把突破与投球、分球结合运用，进攻就会更加机动灵活，效果更为显著。

（五）投球技术

投球是进攻队员为将球投向抄球网而采用的各种专门动作的总称。投球从动作上可分为原地、跑动和跳起投球三种；从投球出手的部位可以分为原地单手肩上投球、跑动单手肩上投球、向前跳起单手肩上投球、向上跳起高手肩上投球和跳起体侧投球五种。

（六）抄网得分技术

抄网得分是珍珠球运动中最主要的基本技术之一，是手持抄网的队员将水区中队员投出的球抄入抄网的技术。

（七）防守对手

防守对手是指防守队员合理地运用各种防守动作，积极抢占有利位置，阻挠和破坏对手进攻，以争夺控制球权为目的的动作方法。在教学训练中，重视个人防守技术的训练，提高个人防守的能力，有利于促进集体防守与进攻技术、战术的学习与提高。防守对手分为防守无球队员和防守有球队员两种。

（八）抢球、打球、断球

抢球、打球、断球是攻击性很强的防守技术，它是积极防守战术的基础。

（九）封锁区技术

封锁区的防守是防守队员用球拍封锁住球，不让对方把球投入抄球网内。封锁区的队员不仅要把球封锁好，还要在得球后迅速、准确地发动快攻，起到助攻的作用。封锁区的防守包括选位、准备姿势、移动、持拍封锁。

三、竞赛规则

竞赛规则参见有关珍珠球竞赛规则。

四、比赛场地及器材（图 7-3）

（1）珍珠球场：是一个长 28 米、宽 15 米的长方形，四边用线标出，场地内各区域用不同颜色显示。

（2）各场区尺寸：得分区 0.8 米×15 米，隔离区 0.4 米×15 米，封锁区 1.0 米×15 米，限制区 0.8 米×15 米，水区 22 米×15 米。

（3）中圈：在场地的中间，直径为 3.6 米。

（4）罚球点：距端线内沿 7 米、边线内沿 7.5 米处，直径为 10 厘米的点。

（5）得分线和隔离线：均应向两边线外各画出 2 米长的虚线（两虚线外沿之间为 0.4 米），虚线每段长度及间隔均为 0.1 米。

（6）各场区的颜色（也可用线条）：水区为海蓝色，限制区和隔离区为红色，封锁区和得分区为黄色。红、黄两色可以用其他颜色代替。

（7）球：球的周长为 54～56 厘米，重量为 300～325 克。充气后，从 1.8 米高处自由落下，反弹高度应在 1.20～1.40 米之间。

（8）球拍：为蛤蚌壳状，总长度为 50 厘米，重量为 390～410 克。

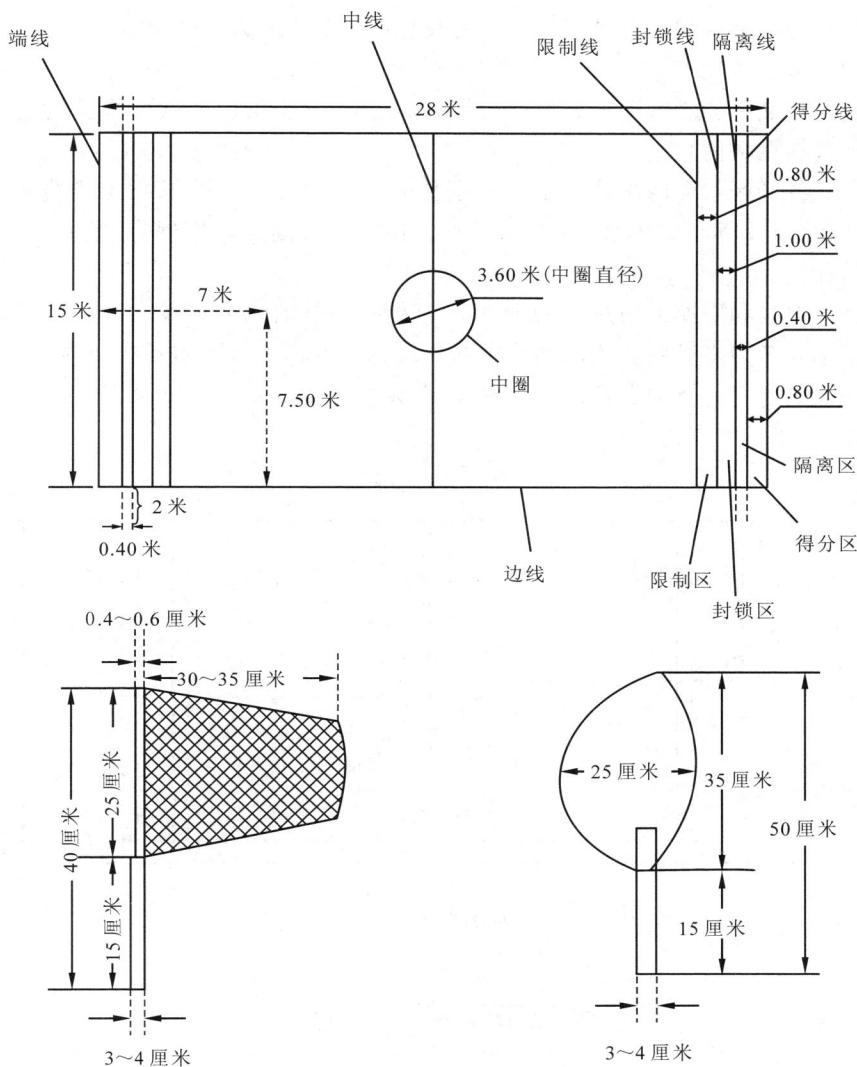

图 7-3　珍珠球场地、器材示意图

（9）抄网：网深为 30～35 厘米，网眼为 3～3.5 厘米，网柄长为 15 厘米。

五、珍珠球场地的画法（图 7-4）

（1）纵轴线：在空地中间画一条纵轴线（最好沿南北方向），在线上找出中心点 O，自 O 点向两端各量 14 米，取得 A、B 两点。

（2）边线和端线：分别以 A、B 为圆心，以 7.5 米为半径向 A、B 两端垂直方向画弧。再以点 O 为圆心，以 15.88 米为半径向 A、B 两端垂直方向画弧，弧线相交的点为 C、D、E、F 点，连接 C、D、E、F 点（线宽为 5 厘米，不包括在场内）。

（3）各场区：在两条边线上，分别从 C、D、E、F 点向边线中点方向量出 0.8 米、1.2 米、2.2 米、3.0 米各点。连接相应的点，用规定的颜色或线条显示各区。

（4）中线和中圈：通过 O 点画一条与端线平行的线为中线。以点 O 为圆心，以 1.8 米为半径画一个圆圈为中圈（线宽为 5 厘米，不包括在圈内）。

（5）罚球点：在 A、B 线上，从 O 点分别在 A、B 方向 7 米处，画一个直径为 10 厘米的白色小点。

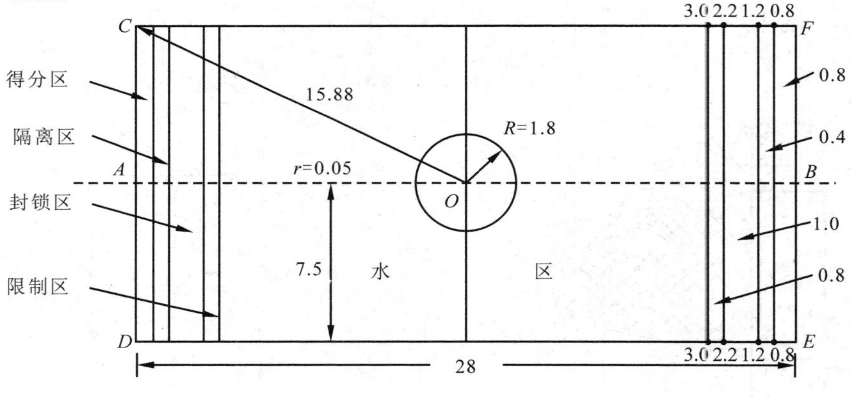

图 7-4　珍珠球场地规格（单位：米）

第三节　蹴　　球

一、概述

蹴球运动是全国少数民族传统体育运动会的正式比赛项目之一，从我国古代蹴鞠运动发展而来，多流行于满、蒙、回等民族中。蹴球运动经过北京市民族传统体育协会的挖掘、整理及十几年的不断完善，现已形成了比较完整的竞赛规则，进入了推广普及阶段。

蹴球比赛在一块 10 米×10 米的正方形平整场地上进行，分上、下两局。运动员通过脚掌将球向前蹴出或挤出，使之碰击对方或本方球，据此计算得失分，以两局总分多者为胜。

（一）蹴球运动的起源和发展

蹴鞠，古时称"蹋鞠"，又名"蹴鞠戏"。"蹴鞠"一词最早见于《史记·苏秦列传》："临苗甚富而实，其民无不吹竽、鼓瑟、弹琴、击筑、斗鸡、走狗、六博、蹋鞠者。"我国很多古籍中都有关于"蹴鞠"的记载。

（二）开展蹴球运动的意义

1. 蹴球具有健身功能

在进行蹴球运动的过程中，腿部得到的锻炼最多，且球在脚底滚动的过程也就是对脚底按摩的过程，因此蹴球运动有较强的健身功能。

2. 蹴球具有娱乐功能

蹴球运动内容丰富多彩，比赛过程千变万化，常有漂亮的球击出，参与其中将会使参赛者得到莫大的快乐。

3. 蹴球具有教育功能

蹴球运动形式多样，战术变化复杂，需要参加者不断开动脑筋，做出积极、灵活的适应性变化，因此极大地锻炼了参与者的能动性，同时也磨炼了参与者的意志，培养其顽强拼搏的作风和团结协作的精神。

4. 蹴球具有表演功能

在物质文明和精神文明高度发展的今天，蹴球运动为社会提供了精神产品，具有很高的观赏性和艺术性，蹴球运动向表演艺术化方向发展也反映了时代发展的必然要求。

5. 蹴球具有竞赛功能

蹴球运动的竞赛性是其最明显的特征。竞技场上顽强拼搏，斗智斗勇，其目的都是为了取得比赛的最后胜利。正因为有了竞技性，大多数传统体育项目才形成了各具地方特色的竞赛方式。

二、蹴球的竞赛规则

（一）蹴球运动的场地器材

1. 场地

蹴球的正式比赛是在一块面积为 10 米×10 米的正方形场地上进行的，要求地面平坦，土场、塑胶场地均可，如果有条件可在人工草坪上进行。场地边线的线宽 5 厘米，边线及各条线段均为场内或各区域内的一部分；场地的正中心有一个半径为 20 厘米的圆圈，称为停球区，为"死球"保护区；场地中央的半径为 2.4 米的圆圈称为中心圆，为发球必经之区；在场地的四个角，每角有一个半径为 50 厘米的扇形区域，称为发球区。四个发球区按逆时针方向编为 1 号发球区、2 号发球区、3 号发球区和 4 号发球区。

2. 器材

比赛用球：球是 4 个直径为 10±0.2 厘米，重量为 920±10 克的硬塑实心球。球分为红、蓝两种颜色，分别标有 1、2、3、4 号，其中 1、3 号球为红颜色，2、4 号球为蓝颜色。

号码布：比赛时，运动员必须穿着号码布来区分发球顺序。号码布由比赛组织者统一提供，大小尺寸有统一标准。

米尺：在比赛过程中，裁判需要用米尺来确定运动员是否使其进攻达到 1 米或 1 米以上。

队员装备：运动员必须穿着样式、颜色统一的运动服和平底的运动鞋。

（二）蹴球运动的计胜方法及名次判定

参见相关规则。

三、蹴球场地的规格（图 7-5）

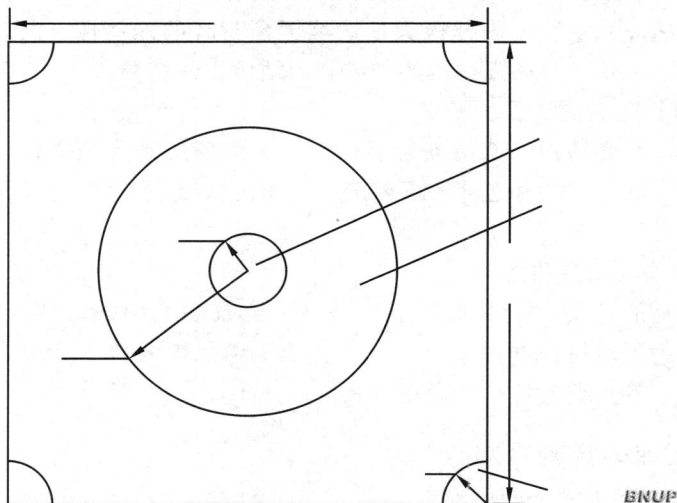

图 7-5　蹴球比赛场地示意图（单位：米）

（1）蹴球场地：长为 10 米，宽为 10 米，距边线 2 米处设置挡板。

（2）停球区：在场地正中心，为一个半径为 0.2 米的圆。

（3）中心圆：在场地中央，为一个半径为 2.4 米的圆环。

（4）发球区：在场地四角，每角为一个半径为 0.5 米的扇面，按逆时针方向定为 1、2、3、4。

（5）比赛用球：直径为 10±0.2 厘米，重量为 920±10 克。分两种颜色，1、3 号为一种颜色，2、4 号为另一种颜色。

四、蹴球场地的画法（图 7-6）

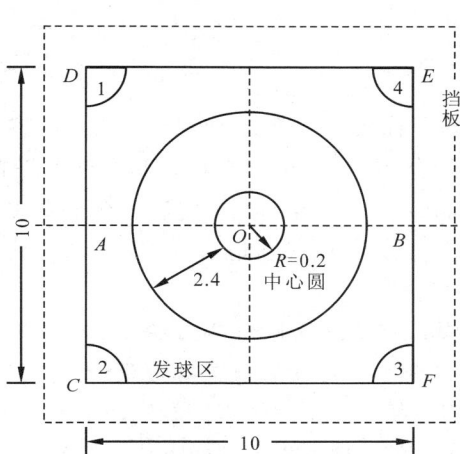

图 7-6　蹴球场地画法示意图（单位：米）

（一）纵轴线

在空地中间画一条纵轴线（最好沿南北方向），在线上找出中心点 O，自 O 向两端各量 5 米，取得 A、B 两点。

（二）边线

分别通过 A、B 两点，各画一条与纵轴线垂直的端线，分别量 5 米，取得 C、D、E、F 四个点，连接这四个点，则 CD、EF、CF、DE 为边线（线宽为 5 厘米，包括在场内）。

（三）停球区

以 O 为圆心，以 0.2 米为半径画一个圆圈（线宽为 5 厘米，包括在圈内）。

（四）中心圆

以 O 为圆心，以 2.4 米为半径画一个圆圈（线宽为 5 厘米，包括在圈内），该圆圈除去停球区外的圆环为中心圆。

（五）发球区

分别以 C、D、E、F 为圆心，0.5 米为半径画弧线（线宽为 5 厘米，包括在圈内），按逆时针方向定为 1、2、3、4 号。

第四节　陀　螺

一、概述

打陀螺在我国有着悠久的历史。1926 年在山西省夏县西阴村灰土岭仰韶文化遗址发现了距今 4000 多年的文物，其中就有陶制的小陀螺。宋人周密《武林旧事·小经纪》载："若夫儿戏之物，名件甚多，尤不可悉数，如……千千车、轮盘儿。"清人翟灏《通俗编》称："宋时儿戏物有千千，见《武林旧事》，……皆陀螺之类。"

陀螺也叫砣螺，有些地区则称为"螺陀"，也有一些地区称陀螺为"汉奸"，传说宋代岳飞被奸相秦桧阴谋迫害致死后，人们非常痛恨大奸臣，但当时人们敢怒不敢言，便暗中把陀螺当做秦桧，用鞭子来抽，以解心头之恨。

陀螺在我国不同的地区有着不同的玩法。在我国北方抽陀螺也叫打冰嘎，是北方青少年玩的一项体育娱乐活动。东北人把陀螺称为"冰猴儿"，他们往往在滴水成冰之时，将陀螺置于冰上嬉玩。陀螺一经抽打，便旋转不定，灵活得如猴子一样，所以便得到了"冰猴儿"的爱称。最有趣的当属耍"子母猴"，在大的"冰猴儿"空心里放一只"小猴子"，"大猴子"被抽动得飞转，"小猴子"也跳出来一同旋转；如果将"冰猴儿"上刻几个小孔，抽起来就会嗡嗡带响，这便是"响猴子"；将"冰猴儿"的平面涂上颜色，旋转起来色彩斑斓煞是好看，这种陀螺叫"花猴儿"。

而江浙一带的孩子，虽然也在冬天抽陀螺，但却将其冠名以"贱骨头"或称"贱骆驼"，谓其不抽不转，贱得很。山东则叫"抽老牛"，又叫"抽懒老婆"。还有瑶族的打陀螺，佤族的鸡棕陀螺，布依族的打格螺，台湾的打陀螺等多种叫法。

二、基本技术

（一）陀螺的种类

"陀螺"的种类有石质、木质、铁质和塑料四类，一般以木质和铁质最为常见。各类中又有上品、次品和大、中、小之分。

1. 石质陀螺

可谓精致的工艺品，取材于大理石、滑石、制砚石等。经过雕磨后呈圆锥体形状即可使用。古代多用石陀螺游戏。

2. 木质陀螺

用圆木一段，一般为油茶木、青钢木或其他硬质木料，长短粗细，因嘎体的大小而论。大者长 10～15 厘米，小者为 7～10 厘米。使用时，大者为年长者用，小者为少年儿童用。

按体积，木陀螺可以分为以下几类：超小型的，直径 1 厘米左右，体积比手指头还小；小型的，直径 4～5 厘米，通常孩子们所玩的就是这一种；中小型的，从直径 9～15 厘米，重量 0.5 千克左右的，至直径 30 厘米，重量 10 千克左右的；中型的，直径在 32～39 厘米，重量在 15～30 千克的，青少年可以玩这种陀螺；大型的，直径在 45 厘米，重量在 31 千克以上的；特大型的，重量在 80 千克左右的陀螺，算是特大型。

3. 塑料陀螺

它是专为听声音而做的，陀身中有空洞，上下有柄。上边的柄可以用来缠绳抽转，一旦旋转起来，陀身的洞眼便发出"呜呜"的声音。为了使它旋得更快，声音更大，往往在绳端系一活动的小木片，缠好绳后，一手以木片紧抵陀螺，一手猛力从木片洞口抽绳，这样，陀螺便会飞转，发出洪亮的声响。过去是用竹木制成，现在则用塑料制成各种形状。这类的玩具陀螺和空螺实有异曲同工之妙。

4. 铁陀螺

铁陀螺比较特殊，从顶面看它不到 3 厘米半宽，像六瓣的花朵当中凹陷，从侧面看它是三角锥形的，上边平、下边尖，高螺 1 厘米。较好的铁陀螺，可加重陀螺的重量或将陀螺的重心降低。

（二）陀螺的制作

将木段削（旋）成圆锥体后在底部的尖端处，装磨钝的钉子，但最好是装一颗滚珠（圆形）增加光滑度，即制成了一个称心如意的陀螺。为了美观起见，可在陀螺上面涂上颜色，或画上水彩画、贴上电光纸或锡纸。当陀螺转动起来后，色彩斑斓，调动气氛。

（三）鞭子（驱动器）的制作

用 1 厘米粗，50～60 厘米长的木条或竹竿做鞭杆。杆的一端系上 50～60 厘米长的麻绳（皮条、线绳亦可）即做成一条驱动陀螺旋转的鞭子。

（四）起动方法

1. 缠绕起动法

用鞭绳将陀螺缠绕住，扯动鞭杆，使缠在陀螺上的绳子向外脱开，带动陀螺在冰面上转动，然后用鞭子抽打陀螺，令其加速旋转。包括：旋绕抽拉：①向前抛，往后拉；②向下甩，往上抽拉；③向前回旋抛；④向下抛，往上抽拉。靠辅助工具旋转抽拉（木棒、竹棒、套圈）：①外绕法；②内绕法（绳子必须绕在套圈里面），绳子绕的方向，可逆时针或顺时针；由下往上绕或由上往下绕都可以，视实际需要而定。

2. 手捻起动法

用双手扳住陀螺，扭捻陀螺，令其在冰面上转动，挥鞭抽打加速旋转。手捻起动方式包括：①向上旋转（掌心向上）；②向下旋转（掌心向下）；③两手朝不同方向抽动；④用手指弹动。

（五）起动技术

1. 缠绕方法（以左手为例）

左手握陀螺顶部，用左手拇指在陀螺脚槽处压住鞭子尾尖部，右手持鞭向内缠绕，并用鞭压其尾端，不使其松脱。缠绕时鞭子要绕得紧密，将鞭头缠在右手上，拉紧鞭绳，同时右手拇指压在陀螺顶部，食指、中指托住陀螺侧下方，无名指和小指握住鞭绳并顶在陀螺侧面。缠绕陀螺的关键在于鞭子要绕得紧密整齐。持陀螺的关键在于拉紧鞭绳，拇指压实防止绳子松脱或脱手。

2. 旋放陀螺（以右手为例）

将缠好的陀螺持握好，身体右侧对着旋放区（不能踩线）。放陀时，两腿半蹲降低重心（两脚距离稍宽于肩），上体向左转，重心移至左脚，右手持陀螺腹前平屈，顶部向上。发力时，左脚蹬地，上体向右转，带动右臂向右用力平甩出去，接着用力抽回，使陀螺快速旋转落地。动作的关键是水平甩出和用力抽回要控制好。

三、竞赛规则和作用

（一）竞赛种类

（1）赛时间：打陀螺。

（2）赛对抗：陀螺过河。

（3）赛技术：撞陀螺。

（4）赛准头：在冰面上画一个直径为 2 米的圆。于圆心处立个标志（木桩或石头），参加比赛者站在圆圈外围，将陀螺转动后，用鞭子将转动的陀螺向标志抽去，撞到标志者为胜。

（5）赛爬坡：取河面有坡度的冰床一块，将嘎起转后，向冰坡抽去，使陀螺爬上冰坡，陀螺转动不停并捷足先登者为胜。

（6）赛速度：画出跑道，在跑道的转折点上设站点。参加比赛者，起动陀螺后，沿规定路线，驱动陀螺前进，以时间最短，先到达终点者为胜。名次以时间推算。在比赛中，如果陀螺停止转动，必须再次起动陀螺旋转，方可前进，否则视为犯规。

（二）比赛

抽陀螺比赛，可分为团体及个人比赛两种。

（三）健身作用

抽打陀螺时，持鞭手用力挥臂，全身活动，加速了周身的血液循环，促进了呼吸系统的机能提高，同时，也提高了神经系统的分析、综合以及反应敏捷的能力，玩不一会儿就会出一身汗，从而提高了身体新陈代谢水平，使人精神充沛，食欲旺盛。

四、陀螺场地的规格（图7-7）

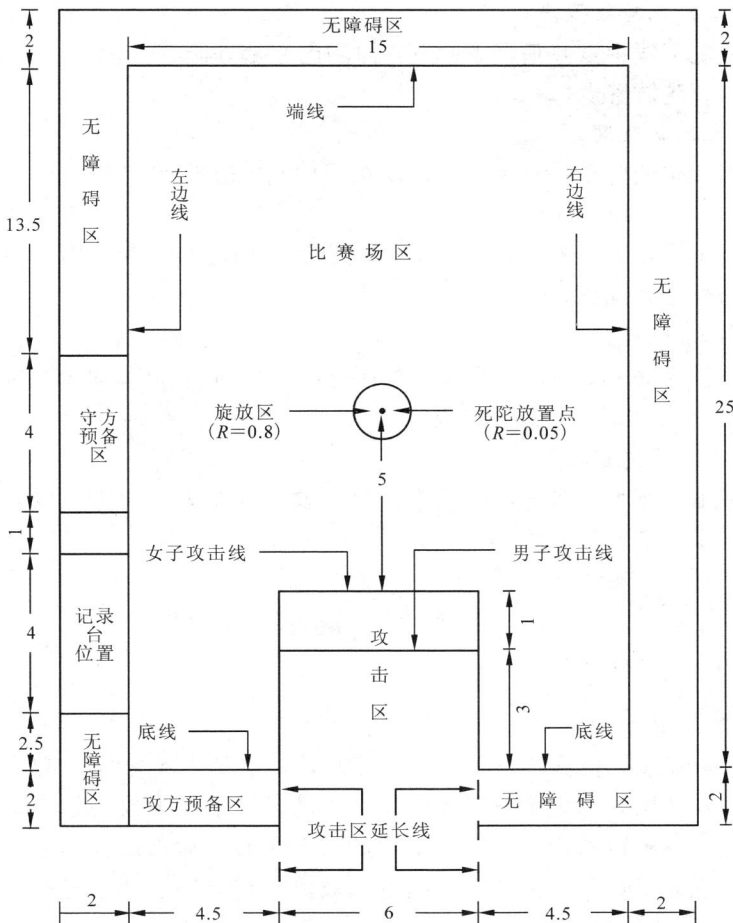

图 7-7　陀螺比赛场地示意图（单位：米）

（一）比赛场地

包括比赛场区和无障碍区，比赛场区长为25米，宽为15米。四周应有2

米以上的无障碍区。

（二）守方预备区

在场地边线外记录台一侧，距底线 7.5 米的无障碍区内，画有一个 2 米×4 米的长方形区域，叫守方预备区。

（三）攻方预备区

在场地边线外记录台一侧底线外无障碍区内，画有一个 2 米×4.5 米的长方形区域，叫攻方预备区。

（四）死陀放置点

由底下线中点并垂直于中点，向场内 9 米处画有一个半径为 0.05 米的圆点，叫死陀放置点。

（五）旋放区

以死陀放置点中心为圆心，以 0.8 米为半径所画的圆。

（六）攻击区和攻击线

攻击区宽为 6 米，女子攻击线距旋放区中心为 5 米，男子为 6 米，攻击区向场外无限延长。

（七）陀螺

直径为 9～10 厘米，高度（含铁钉高度）为 10～12 厘米，圆柱体高度为 5～6 厘米，重量不超过 900 克。

（八）线宽、鞭长

场地线宽为 2 厘米，以内沿计算。攻击线宽为 5 厘米，以外沿计算。鞭长不得少于 2 米。

第五节 高 脚 竞 速

一、概述

高脚竞速，俗称"踩高跷""高脚马"，别名"吉莫列"，是我国湖南省湘西地区少数民族群众广为喜爱的体育活动，最早是少数民族群众在下雨天为防止泥水打湿鞋袜，作为走村串户的代步工具，后来成为学生遇雨天上、下学的"交通工具"并逐步发展成为少数民族在节庆活动中进行竞速、对抗的传统体育比赛项目。

湖南省体委和省民委制定了《高脚马竞赛规则》，将"高脚竞速"列为正式比赛项目，使高脚马运动得到了健康飞速的发展。在随后的几届比赛中，这一项目不断得到规范和改进。到目前为止，湖南省少数民族传统体育运动大会已经举行了四届，每届比赛都有高脚竞速和对抗两个项目，分别进行竞速和对抗两类比赛（见图 7-8、图 7-9）。

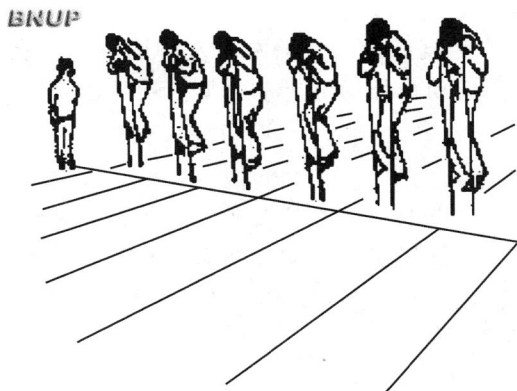

图 7-8　高脚竞速比赛的场面　　　　图 7-9　高脚对抗比赛的场面

（一）高脚竞速运动的特点

（1）高脚竞速运动是一项双手握住马杆，双脚踏在马镫上，手脚配合运动的竞速比赛项目。其特点是因为受马杆的限制，运动形式为同顺运动，即左手左脚同时向前摆动，右脚右手同时向后蹬地。

（2）高脚竞速运动可以发展运动员的灵活性和协调性，提高手臂、腰、腹和腿部的力量及全面性和均衡性。同时通过训练能促进运动员速度和耐力的提高。

（3）高脚竞速运动是在马上进行的高速奔跑和激烈竞争，可以充分展示其动作的技艺性和娱乐性，达到强身健体的作用。

（4）高脚竞速运动由于其设备简单、经济实效、四季皆宜、容易开展，是青少年喜欢的民族传统体育项目，具有良好的经济性和实效性，容易得到普及和推广。

（二）高脚竞速运动的比赛项目

2003 年，高脚竞速运动在国家民委、国家体育总局大力支持下，被列为第七届全国少数民族传统体育运动会正式比赛项目，并正式命名为高脚竞速。这样，全国民运会的正式比赛项目增至 14 个。目前，高脚竞速运动具有完善的竞赛规则，比赛使用的器材也制定了统一标准，比赛项目设立为五项，男女子 200 米、男女子 200 米双人接力、男女子 4×100 米混合接力（男女各 2 人）。

二、高脚竞速运动基本技术

高脚竞速运动是一项技术性较强的比赛项目。比赛中运动员要双手握住马杆，双脚踏在马镫上，同侧手脚配合运动。因此，应根据其项目特点和表现形式，总结出项目的规律性，从中发现其技术重点与技术关键，通过高脚竞速运动的技术学习和训练，在身体素质协调发展的基础上，促进高脚竞速运动成绩的不断提高。

因为受马杆的限制，运动形式为同顺运动，即左手左脚同时向前摆动，右脚右手同时向后蹬地。因此提高运动员的同侧运动的灵活性与协调性具有重要地位。

（一）高脚竞速技术的主要环节

高脚竞速运动是 200 米及 200 米以上距离的接力项目，其运动属极限强度运动，供能方式是以无氧代谢为主的周期性运动。高脚竞速运动按技术动作的变化分为起跑、起跑后的加速跑、途中跑和终点跑四个部分。

（二）高脚竞速运动的技术要点

1. 高脚竞速运动中的人杆合一

所谓人杆合一是指运动员踏上马镫仍能技巧娴熟、动作自如、步履轻盈，充分发挥其体能，利用马杆的弹性，上下肢协调配合，跑出较大的步幅和较快步频，同时具有很好的实效性。由于高脚竞速运动是手脚与高脚杆协同配合的同顺运动，运动员开始时不太习惯，甚至经常摔倒，因此只有经过长时间的反复训练，运用各种练习方法和手段，坚持不懈，才能达到"人杆合一"的效果。

2. 高脚竞速运动的弯道技术

在高脚竞速运动的比赛中，运动员参加的 200 米、200 米双人接力及 4×100 米混合接力时，都有弯道跑，因此学习和掌握弯道跑的技术，对提高运动成绩是非常重要的。

（三）高脚竞速运动的技术重点

高脚竞速的训练重点主要是途中跑最大速度跑段。在这段距离中，运动员应重点放在提高步长和步频，手臂与踏镫、两腿协调一致，密切配合上，从而发挥出最佳速度。因此，训练的重点应是在发展下肢力量的同时，提高上肢力量，特别是同顺运动的用力习惯，通过多种练习方法和手段，达到提高运动成绩的目的。

（四）提高高脚竞速跑技术结构的稳定性

在运动员进行途中跑最大速度训练时，必须选用不使高脚竞速跑的技术动作结构遭到破坏的距离。尤其在进行最大速度练习时，跑距不宜过长，否则会由于疲劳使速度、步长、步频、重心起伏和跑的技术动作都发生变化，影响最大速度的发展。途中跑的最佳距离一般在 50～80 米（100 米项目）和 60～150 米（200 米项目），以利于保持技术动作不变形的速度跑进。

（五）改善高脚竞速跑的放松技术

高脚竞速跑的另一难点是技术如何掌控高脚杆，并在跑进中既能最合理地利用和调动最大机能能力，又能放松省力，这是评价高脚竞速跑技术优劣的关键。因此，在进行高脚竞速跑训练时应时时注意强调运动员的技术放松，即使在进行速度练习时，仍要狠抓动作的协调、放松、经济和实效。

（六）掌握高脚竞速跑合理的全程节奏

协调好各段跑的速度分配，表现出合理的全程节奏，是高脚竞速运动员取胜的重要因素，在经过长时间的训练后，逐渐找出运动员的个性特点和速度及专项能力、专项力量、专项技术之间的关系比例，正确地做出评价和技术诊断，并在此基础上，确定运动员前后半程的速度分配与全程速度节奏。

三、高脚竞速运动竞赛规则

（一）比赛定义

高脚竞速运动是由运动员双手各持一杆，同时脚踩杆上的踏镫，在田径场上进行的比赛，以在同等的距离内所用的时间多少决定名次。

（二）场地

在标准的田径场上进行。场地线宽为 5 厘米，跑道分道宽为 2.44～2.50 米。接力比赛的接力区：接力线宽 5 厘米（虚线），前后 5 米处各画一条直线（实线）。

（三）器材

1. 高脚杆（简称杆）为竹、木或其他硬质材料制成。

2. 高脚杆高度不限，从杆底部向上 30～40 厘米处加制踏镫，踏镫高度的丈量从杆底部至踏镫与杆支点的上沿距离为准（见图 7-10）。

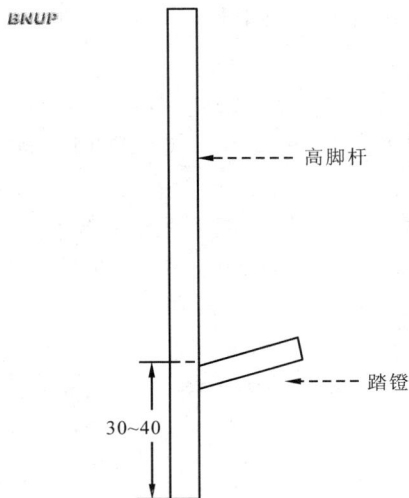

图 7-10　高脚杆示意图（单位：厘米）

（四）竞赛

竞赛形式：分个人赛和接力两大类。

（五）竞赛办法（详见竞赛规则）

第六节　跑马射击

跑马射击场地如图 7-11 所示。

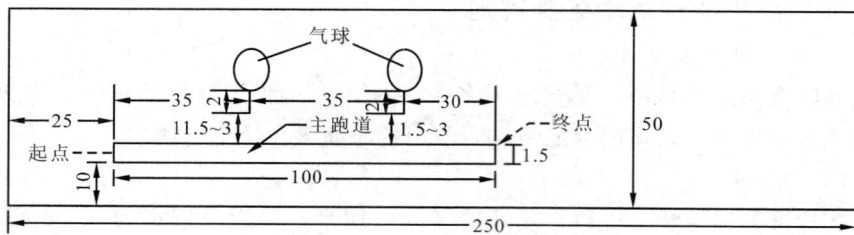

图 7-11　跑马射击场地示意图（单位：米）

跑马射击场地为长 250 米、宽 50 米的长方形场地。主跑道长 100 米，宽 1.5 米，起点距场地一端为 25 米，主跑道的一侧距场地一侧边线为 10 米。

在场地四角和场地边线上插若干面红色标志旗，以示观众止步。射击方向（靶后方）不得有观众。

比赛用枪为 56 式军用半自动步枪，子弹为 56 式军用半自动步枪空弹。靶架高 2 米，宽 0.5 米。

靶标设置在跑道左侧，离主跑道边沿 1.5～3 米处。

气球为直径 25 厘米的彩色气球。气球网用于固定 4 个气球，以铁丝编织。

第一靶位距起跑线 35 米，第二靶位距第一靶位 35 米。终点线设在超过第二靶位的 30 米处。旗帜长 50 厘米，宽 30 厘米，为红、绿色三角旗，各 2 面。

第七节　毽　　球

一、概述

毽球运动，俗称"踢毽子"，是我国民间传统体育运动，为古代蹴鞠运动演变而成。毽球，是我国民间特有的一项具有浓郁民族特色的体育运动，已有上千年的悠久历史，是从我国民间古老的广为流传的踢毽子游戏衍生而来，可分为古代的踢毽子与现代毽球运动两个历史阶段。每个历史阶段又分为不同的历史时期，不同历史时期有着不同的发展、变革、促进作用。

（一）毽球的演变

广州"网毽"游戏是毽球运动的雏形。在我国的京、津、沪及河北的承德等地区民间传统踢毽子有着广泛的群众基础，多年来长盛不衰，流传在群众中间，而且随着毽球水平的提高也在不断地提高和发展，由个人献技的踢毽也逐步向双人、三人或多人的集体方向过渡。既有个人的技艺特点，又渗透了集体的配合，更引起人们的积极参与和浓厚兴趣。

1984年毽球被列为全国正式比赛项目，并先后在北京、广州举行了毽球邀请赛和锦标赛，使我国民族传统体育的踢毽子和现代体育结合，共登大雅之堂，这是一个创举，毽球运动从此朝着规范化的方向发展。到今天，每年一届的全国毽球锦标赛、甲乙级联赛、中小学生比赛已形成制度，毽球运动得到了蓬勃发展。

（二）毽球的特点

踢毽子是一项全身运动，比赛很激烈。经常参加这项运动，不仅可使下肢肌肉、韧带富有弹性，关节灵活，而且可使心、肺系统得到全面锻炼，有着增进身体健康的良好作用。归纳起来有以下几个特点：

1. 灵敏性

踢毽子具有提高人们的反应、灵敏和动作协调的功能。毽子的整齐式多人合踢，可以培养组织纪律性和互相合作的精神，而运动式多人合踢，又能培养克服困难，争取主动，掌握有利时机的本领。

2. 融合性

毽球运动融入了足球的脚法和排球的战术。发展踢毽运动，对其他体育项目运动技术的提高有促进作用。有人研究，踢毽子与踢足球有很多共同点，如果把它作为足球训练的一种辅助练习，是有价值的。踢足球和踢毽子都是利用足内侧、足外侧、正脚面来控制，同样需要踝关节、膝关节和髋关节的灵活协调。踢毽子的接和落都要给予缓冲，这有助于加深青少年足球练习时接传球的体会。

3. 普及性

踢毽子运动量可随意控制，可根据自己的体能来确定运动量。不必与人争抢冲撞。不受场地限制、占地小、器具简单、投资少、男女老少都可参加。其踢法多种多样，有单人踢、双人踢、多人踢；有正踢、反踢、交叉踢等两三百种花样。

4. 群众性

踢毽子对男女老少都适宜，点滴时间也可以利用。老年人和慢性病患者，可以通过不十分激烈的动作进行练习，坚持下去大有好处。老年人腰腿不便是常见的慢性病，踢毽子基本在于腰腿，如经常适度踢毽，对舒筋活血，益寿保健，有一定的效果。

二、毽球基本技术

毽球基本技术动作包括四大类，即准备姿势与移动、起球、发球、攻球与拦网。

（一）准备姿势与移动

1. 准备姿势

可分为前后开立和左右开立两种准备姿势。

前后开立准备姿势：两脚前后开立与肩同宽，两脚尖正对前方，后脚脚跟稍提起，膝关节保持一定的弯曲。身体重心前倾，两臂放松，自然置于体侧，身体适当放松，保持微动，注视来球。该准备姿势常用于接发球和后排防守预判移动中。

左右开立准备姿势：两脚左右平行开立与肩同宽，两膝稍弯曲内扣，重心在两脚中间，上体稍前倾，两臂放松，自然弯曲置于体侧，全身肌肉适度紧张，注视来球。该准备姿势常用于预判移动后，防守对方攻球落点在中、前场时。

2. 移动

使用最多的是两三步的短距离移动。

前上步：队员前上步或斜前上步时，起球脚蹬地，支撑脚向前或斜前方迈一步，起球脚跟上呈起球准备姿势。

并步：队员向右侧移动时，左脚内侧蹬地，重心向右移动，右脚向右侧平滑一步，左脚跟上并步，做好完成下一动作的准备姿势。反之亦然。

滑步：一次以上的并步移动连续完成的移动步法。

交叉步：向右侧交叉步移动时，上体稍向右转，左脚内侧蹬地从右脚前面向右交叉迈出一步，然后右脚再向右跨出一大步，同时身体转向来球方向，保持击球前的姿势。

跨步：支撑脚用力向前或斜前方蹬地，重心降低前移，击球脚沿地面跨出，插入球下呈救球姿势，两手臂自然摆动保持身体平衡。该动作一般多在来不及移动或快速移动后衔接使用。

后撤步：移动时，身体保持稍低的姿势，重心落在两脚之间，两脚间距比肩窄，用两脚的前脚掌交替蹬地向后退跑动。后退时，应注意提起脚跟，抬头注视来球，上体不要后仰，保持身体平衡。

转体上步：左（右）转体时，以右（左）脚为中枢，左（右）脚向后蹬地，重心下降稍后移，以髋带向左（右）转体90°～180°，呈起球准备姿势。

（二）起球

起球：指利用脚、腿、胸、头等身体有效部位，把对方击过网或突破拦网后的球击起的一种组织进攻的击球动作。

根据毽球来球方式的不同，所要完成任务的不同，起球的基本动作可分为脚内侧起球、脚外侧起球、脚背起球、腿触球、腹触球、胸触球和头触球等。

1. 脚内侧起球（以下均以右脚为例）

左脚支撑身体，右大腿带动小腿屈膝上摆，同时以髋关节为轴膝关节向外张，小腿向上摆，击球的瞬间踝关节内屈端平，用脚弓内侧把球向上踢起。

2. 脚外侧起球

左脚支撑身体，右脚大腿带动小腿，髋关节为轴屈膝，膝内收向体外侧上摆，击球的瞬间勾足尖，踝关节外屈端平，用脚背外侧把球向上踢起。

3. 脚背起球

分为脚背屈踢、脚背绷踢、脚背直踢三种，共同点是单脚支撑用脚趾跟部起球。

脚背屈踢：屈踝，右大腿带动小腿，屈膝屈踝上摆，脚背与地面平行，以大腿上摆力量把球向上踢起。

脚背绷踢：脚背上绷，右腿膝微屈，脚微直，自然放松，当球下落到离地面10～15厘米时，脚插进球底部，小腿用力，同时屈踝绷脚，用脚趾跟部位把球向上踢起。

脚背直踢：右大腿带动小腿屈膝向前摆，脚背绷直，扣脚趾，击球时小腿加速前摆。

4. 腿部起球

左脚支撑身体，右腿屈膝大腿带动小腿上摆，当其下落到略低于髋部时，用大腿的前半部分（靠膝部）起球。

5. 腹部起球

对准来球屈膝略向后蹲，稍含胸收腹，当腹部起球的瞬时挺腹，如来球过猛，也可不挺腹，使球自动轻弹出。

6. 胸部起球

两脚自然开立，当球传到胸前约10厘米处时，两臂自然微屈，身体自然挺胸、伸膝，身体重心上移，用胸部起球。

7. 头部起球

两脚自然开立，当球传到头前 10 厘米处时，两脚蹬地，同时颈部稍紧张向前摆头，用前额起球。

（三）发球

根据发球对身体与球网的关系，以及球接触脚的部位不同，发球技术可分为正脚背发球、脚内侧发球、脚外侧发球等。

1. 正脚背发球

正对球网，持球抛到脚前，伸腿绷脚面，抖动加力击出球。发球队员在发球时重心要跟进，踝关节要绷紧、绷直，大腿带动小腿，在离地约 20 厘米的高度将球击出，击球部位在脚背正面食趾的趾关节处。

2. 脚内侧发球

持球抛脚前，抬腿加转髋，内踝加力送推球。与正脚背发球的准备姿势基本相同，发球者重心前移，髋、膝关节外翻，曲膝向前摆动，当身体重心超过身体垂直面后，支撑脚向后蹬地，加速重心前移，髋、膝关节加力外翻，发球脚踝关节背曲用脚弓内侧中部把球发入对方场区。

3. 脚外侧发球

持球抛脚前，抬腿踝内转，外侧加力击出球。

（四）进攻

攻球：将高于球网上沿的球直接攻入对方场区的一种击球动作。进攻技术一般有头部攻球和脚部攻球两大类。其中脚攻球又可分为倒勾攻球和脚踏攻球两种。

1. 头攻技术

面向来球单脚或双脚在限制线外起跳，在空中身体反弓，当球离头前 10 厘米左右时，突然用力收腹甩头，用头把球击出。

2. 脚部攻球技术

脚部攻球是进攻得分的主要手段，脚部攻球技术分为倒勾攻球和脚踏攻球。

（1）倒勾攻球

外摆倒勾攻球：指传起的球在击球脚同侧外面，进攻队员运用大腿外摆，加之膝、踝关节的倒勾动作把球攻入对方的一种进攻手段。它是倒勾攻球最基本、最常用的方法。

里合倒勾攻球：指击球点在攻球脚异侧肩的前上方，进攻队员利用转体大腿里合、膝踝关节的倒勾动作把球攻入对方的一种进攻手段。

凌空倒勾攻球：指传起的球在击球脚异侧肩外面的前上方，进攻队员充分起跳，身体凌空平卧在空中，利用转体，加之膝、踝关节的倒勾动作把球攻入对方的一种进攻手段。

（2）脚踏攻球

正面脚掌踏球：击球腿的踝关节自然放松外摆，直腿上摆到最高点，支撑腿伸直、提踵，两臂上摆，身体伸展，控制平衡，也可跳起提高击球点。击球腿利用髋、膝、踝的力量"鞭打式"下压，用脚掌前 1/3 处击球。远网球可展髋发力，近网球可屈膝踏球，还可利用身体方向的变化打出不同线路的球。

侧身里合脚掌踏球：身体侧对网站立，判断传起球的情况，支撑腿上步调整人与球的最佳位置。击球腿直腿勾上摆动到最高点，脚尖绷直，踝关节内翻，做好击球前的准备姿势。

（五）拦网

1. 面向球网

距 20～25 厘米双脚平行开立，与肩同宽，双膝微屈，重心下降，自然收腹，上体稍前倾（倒勾、蹬踏）时，两脚用力蹬地起跳，两臂收拢自然下垂于体侧，提腰收腹挺胸堵击球。击球后身体自然下落，双脚前脚掌先着地，屈膝缓冲。

2. 原地拦网

拦网队员站在网前，离网 30～40 厘米，原地跳起拦网。

3. 移动拦网

盯住对手击球点，网前滑步选准位。起跳时间是重点，将球拦落对方场地。

三、毽球竞赛规则

（一）场地（图 7-12）

1. 场地面积

比赛场采用羽毛球双打发球场地，长 11.88 米，宽 6.1 米，场地上空 6 米以内（由地面计算）和场地四周 2 米以内不得有障碍物。

2. 界线

比赛场地应按平面图画出清晰的界线，线宽 4 厘米，线的宽度包括在场地面积之内。较长的两条界线叫边线，较短的叫端线。连接场地两边线的中点与端线平行的线叫中线。中线将场地分为均等的两个场区。在中线两侧各画一条与中线平行的线叫限制线（此线包括在限制区内）。中线至限制线的距离为 2 米。

3. 发球区

距两端线中点两侧各 1 米处向场外各画一条长 20 厘米与端线垂直的短线

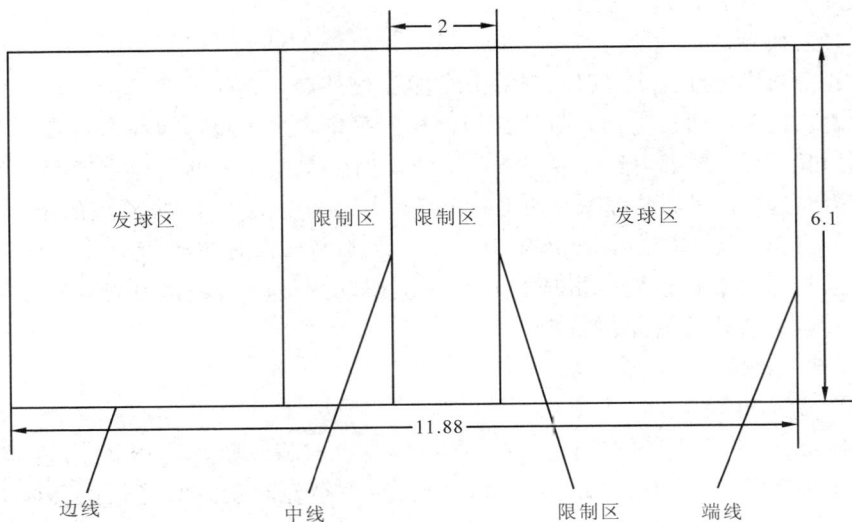

图 7-12　毽球场地示意图（单位：米）

叫发球区线（此线不包括在发球区内）。发球区线向后无限延长的区域叫发球区。

（二）球网

1. 球网的规格

球网长 7 米，宽 76 厘米，网孔 2 厘米见方。球网上沿缝有 4 厘米宽的白布，用绳穿起，将球网张挂在网柱上。球网必须挂在中线的垂直上空。球网为深绿色。网柱安在中线以外，距边线 50 厘米处。

2. 球网的高度

球网的中部顶端距地面垂直高度为男子 1.60 米，女子 1.50 米。网的两端距地面的垂直高度必须相等，两端的高度与中间的高度相差不得超过 2 厘米。

3. 标志带与标志杆

在球网的两端，垂直于边线和中线交接处，各系有一条宽 4 厘米、长 76 厘米的白色带子，叫标志带。在球网上连接标志带外侧应系有两根有韧性的杆，叫标志杆。两杆内侧相距 6 米。标志杆长 1.20 米，直径 1 厘米，用玻璃纤维或类似的材料制成。标志杆应高出球网上沿 44 厘米，并用鲜明对比的颜色画上 10 厘米长的格纹。

（三）毽球

毽球由毽毛、毽垫等构成。毽毛为四支白色或彩色鹅翎呈十字形插在毛管内，每支羽毛宽 3.20～3.50 厘米。毽垫由上垫、下垫和毛管构成，均用橡胶制作。下垫和毛管连在一起，上垫套在毛管上。上垫和下垫中间套有由三层以上硬质薄皮革或类似材料制成的垫圈。毽垫直径 3.80～4 厘米，厚 1.30～1.50 厘米，毛管高 2.50 厘米。毽球的高度为 13～15 厘米，重量为 13～15 克。

（四）比赛规则

（1）比赛采用三局二胜制，第三局采取每球得分制。

（2）比赛前选择场区或发球权。第一局结束后双方交换场区和发球权。

（3）决胜局开始前，正裁判员召集双方队长重新选择场区或发球权。

决胜局比赛中，任何一队先得 8 分时两队应交换场区。交换时，不得进行场外指导。交换场区后，双方队员的轮转位置不得变换。经记录员查对后，由原发球队员继续发球。如未及时交换场区，一旦裁判员或一方队长发现时，应立即交换，比分不变。

（五）计胜方法

（1）接发球队失误，应判对方得 1 分；发球队失误，则判由对方发球。

（2）某队得 15 分并至少比对方队多得 2 分时，则为胜一局。如比分是 14 比 14，比赛应继续进行，直至某队领先 2 分，方为胜一局。

第八节　赛　龙　舟

一、赛龙舟概述

它是我国一项独具风格、别有情趣的民族传统体育活动。这一活动在我国南方开展得十分广泛，江苏、浙江、福建、湖南、湖北、四川、云南、贵州、广东、广西等地都很盛行，有广泛的群众基础，深受我国各族人民的喜爱。

赛龙舟历史悠久，源远流长，关于它的由来，传说起源于纪念楚国的爱国诗人屈原。据南朝梁吴均《续齐谐记》载："楚大夫屈原遭谗不用，是日（指农历五月五日）投汨罗江死。楚人哀之，乃以舟楫拯救。端阳竞渡，乃遗俗也。"宗懔《荆楚岁时记》也有类似的说法："五月五日竞渡，俗为屈原投汨罗日，伤其死，故并命舟楫以拯之。"其实，我国划龙船习俗出现很早，据现代著名学者闻一多先生《端午考》中说："端午节本是吴越民族举行图腾祭祀的节日，而赛龙舟便是祭祀中半宗教、半娱乐性节目。"按照这一说法，当时生活在图腾社会的水乡部落人民，常年受到蛇虫和疾病的侵害以及水患的威胁，为了抵御这些天灾，他们尊奉想象中的具有威力的龙作为自己的祖先兼保护神（即图腾），并把船建造成龙形，画上龙纹，举行竞渡，以表示对龙的尊敬。这便是龙舟竞渡的起源。龙舟竞渡自成习俗后，历代都在端午节举行这一活动。南北朝时发展到南郡、襄阳一些地区，后经唐代文人的文学渲染，纪念屈原的赛龙舟更是广泛流传，到了宋代，赛龙舟已传入宫中，那时皇帝亲临现场观看，场面十分宏大，到达了封建社会的鼎盛时期。新中国成立以后，赛龙舟这一具有民族特色的民间体育活动得到发展，1953 年 11 月第 1 届全国民族形式体育表演及竞赛大会上，赛龙舟作为表演项目，深受全国人民的喜爱，1991 年第 4 届全国少数民族运动会把赛龙舟定为正式比赛项目，现在世界上越来越多的国家和地区也开展了此项运动，特别在东南亚一带比较盛行，已经成为国际性的比赛项目。

龙舟竞渡作为民族传统体育活动，在民间也很盛行，如汉族的赛龙舟，在每年的"端午节"举行，船的长度为 20～30 米，每艘龙船上约坐 30 名水手。

龙舟运动具有浓厚的娱乐性和激烈的竞争性，经常参加此项活动，有利于身心健康，能有效地促进心肺功能和代谢机能的改善，同时，还能培养团结协作的精神，增强集体凝聚力，加强各族人民之间的交流，促进民族团结。

图 7-13　赛龙舟场景

二、基本技术

（一）人员组成及其姿势

龙舟运动由划手、鼓手、锣手、舵手组成，每人的姿势各不相同。划手的姿势大概可以分为坐姿划、立姿划、单腿跪姿划，鼓手的姿势可分为站立打鼓、坐着打鼓、单腿跪姿打鼓，锣手的姿势可分为站立打锣、坐着打锣，舵手的姿势有站立把固定舵、站立把活动舵和坐着把活动舵。

（二）动作方法

划手动作方法包括握桨、坐姿、划桨技术、集体配合等基本技术。

1. 握桨

右排坐姿的握桨是左手在桨把的上端，掌心紧贴桨把，四指并拢从外向内弯曲握住，拇指从内向外握住桨把；右手在桨的下端（桨叶与桨把的交界处），四指弯曲并拢从外向内，拇指从内向外握住桨把，划行时要自然放松。左排坐姿的握桨要领与右排一样，只是左右手上下位置相反。通常把握在上端的手叫"上手"或"推手"，握在下面桨柄处的手叫"下手"或"牵引手"，上手臂的肩叫"推肩"或"上肩"，下手臂的肩叫"牵引肩"或"下肩"。

2. 坐姿

右排坐姿是左脚在前，全脚掌踏实在舟板上，左腿半屈；右脚在后，位于臀部下方，前脚掌踏在舟板上，脚跟提起，大腿和臀部的外侧紧贴在舟的内沿。左排坐姿的技术方法和要求与右排坐姿相同，只是左右腿动作相反。

3. 划桨技术

划桨时，桨入水的角度一般以 $80°\sim90°$ 为宜。用力划行时，身体前倾，上手向前推，下手向后拉，形成高肘动作。在桨入水瞬间，上手臂用力向下压桨至拉水完毕。向上抬提桨时要求上手臂放松，下手腕内扣，使桨叶卸水。

4. 集体配合

赛龙舟很讲究集体配合，要求握桨的技术动作一致、入水角度一致、入水深浅一致和用力均匀协调一致，全体参赛者要服从指挥，随哨声或鼓声划行，其节奏是咚（鼓声）、喳（划水声），划桨动作要与呼吸协调配合，起桨时吸气，划桨时呼气。

三、龙舟制作和比赛方法

（一）龙舟制作

龙舟的制作较为简单，一般说来，龙头大多用整木雕成，不管是专业龙舟还是业余龙舟，竞渡前才装在船上，它是区别各队龙舟的主要标志；龙尾也用整木雕成，刻满鳞片。龙舟的装饰，包括旗帜和船体上的绘画，以及锣、鼓、神位等。

（二）比赛方法

赛龙舟分为民间比赛和正式比赛。

1. 民间比赛

民间比赛时龙舟的龙头、龙尾都装饰成龙的形状，其六小因地而异，龙船的形状、重量也不一样，比赛时，以龙头的颜色和划船者的头巾与服装的颜色为准分为黑龙、黄龙、白龙、青龙、红龙，比赛距离根据场地情况由组织者确定，在规定的距离内，以先到达终点者为胜。

2. 正式比赛

正式比赛按照竞赛规则的要求，龙舟长 11.59 米、宽 1.07 米、高 0.64 米，人数（包括鼓手和舵手）不得超过 23 人。比赛设有男女 400 米、500 米、600 米、800 米、1000 米直道竞速。比赛在静水水域（航道是直的，起航线与终点必须平行，并与航道线垂直）进行，每队登舟队员为 23 人，包括舵手、锣手、鼓手各 1 人，划手 20 人。比赛采用两船一组对抗赛的传统竞赛方式，分为预赛、复赛、决赛三个赛次，最终以时间先后顺序来判定名次。

四、赛龙舟场地的要求

1. 根据比赛可设男女 400 米、600 米、800 米、1000 米直道。

2. 航道必须是直的，起航线与终点线必须平行并与航道垂直。

3. 龙舟比赛一般设 4、6 或 8 条航道，每道宽 9 米或 11 米，水深 2.50 米以上。

五、赛龙舟器材的规格

（1）小型龙舟长 15.5 米，宽 1.1 米，重 0.9 吨；中型龙舟长 21 米，宽 1.2 米，重 1.5～1.6 吨。

（2）舵桨总长 1.55 米，其中叶长 0.4 米，叶前沿宽 0.24 米，上端长 0.22 米。

（3）划桨总长 1.05、1.15 或 1.25 米，其中叶长 0.38 米，叶前沿宽 0.18 米，上端长 0.16 米。

>>> 练习与思考

1. 简述抢花炮、珍珠球、蹴球、陀螺、高脚竞速、跑马射击、毽球、赛龙舟场地的规格。

2. 如何画抢花炮、珍珠球、蹴球、陀螺、跑马射击、毽球的比赛场地？

第八章 社区体育场地与设施

第八章～社区体育场地与设施

 **本章要点**

1. 社区体育设施的类型；
2. 社区体育场地选址和布局的原则；
3. 社区体育场地与设施的规划与设计；
4. 社区健身设施简介。

社区体育的内容，凡指人们用以实现"健、美、乐"目标的各种徒手的或借助于物质条件进行的身体活动的总称。我国社区体育的内容极其丰富，概括地说，既有作为中华民族优秀文化的诸多民族、民间的体育项目和健身、养生方法，也有现代健身健美手段；既有正规的，也有非正规的；既有十分复杂的，也有非常简单的。且随着时代发展，科技进步，人民生活水平日益提高，人们将体育纳入生活的重要内容，在因人、因地、因时进行的各种体育实践中，不断创新积累；电视、通信网络的健全与现代化，使体育信息交流、沟通更加及时、迅速、准确，社区体育的内容也越来越丰富。在《全民健身计划纲要》指导下，游泳、登山、拳、操、功、舞日益普及成为人们健身的重要手段，社区体育的内容百花齐放。

第一节 社区体育的特点、地位及作用

一、社区体育的主要特点

（一）健美性与娱乐性

社区体育的主要对象是成年人，而成年人参与体育锻炼的目的，既不是为了提高运动技术水平当运动员，也不可能是为了促进自身的生长发育。成年人进行体育锻炼的目的，则是在其生长发育基本完成，已经定型成年的基础上，为了健身健康；为了形体美、姿态美、动作美；为了图快活，概括地说，就是为了"健、美、乐"。事实上，考察成年人参加体育活动时的动机亦不难发现，或为了强身健体；或为了美形、美姿、美态、美化动作；或为了玩一玩，图个心情舒畅、精神愉悦。有时动机单一，有时多位一体，相得益

彰，完全由具体的人、具体的内容与形式，具体的环境条件来决定。换言之，离开了上述动机与目的，成年人一般是不会过问体育的。这就决定了社区体育必须具有健美性与娱乐性的特点，并以此区别于其他社区文化现象，决定其独特的社会地位。

（二）自控性与个人针对性

社区体育的实践活动，是成年人在其业余时间，自愿自觉，主动坚持经常性开展的。由于社区所辖成年人中，种族、性别、年龄、职业、生活习惯、兴趣爱好、体质健康、个人需求、业余时间以及所处的地位、社会环境等均存在差异，给社区体育实践中集体性活动的组织与实践带来极大困难。因此社区成年人以其身体运动实现"健、美、乐"为目标，主要表现为针对个人体质、健康、需求、心情、兴趣爱好有特长等具体情况，选择合适的内容与形式，在允许的时间与环境条件下的自我调控。换言之，虽然成年人所处的社区也不时组织开展一些集体性体育活动，激发人们的兴趣与热情，交流体育信息，推动社区体育工作开展，但在大多数情况下，对于绝大多数的成年人，"健、美、乐"目标的实现，则主要不是依靠他人控制（即他控性），而是靠自己针对自己的自我调节与控制来实现的。

（三）随意性与自觉性

社区体育的对象极其复杂，内容极其丰富，形式不拘一格，千变万化，反映其实施过程十分复杂，难于集中统一，必须灵活分散。而于社区成员中的个体则显得十分随意，其前提自然是人们的自觉性。换言之，在社区的每一个角落，凡有人群的地方，无论是在体育场馆、公园绿地，还是在高山草原、江河湖海；也无论是在厂矿机关，还是街道、乡村，只要人们具有浓烈的健身意识，就可随意选择与之相应的内容与形式进行身体锻炼。因此，随意性与自觉性也是社区体育的显著特点之一。

二、社区体育的地位与作用

社区体育主要是指成年人针对自身，以其身体运动为基本手段，以获得健、美、乐为目标的一种社会文化现象。它是我国体育事业的重要组成部分，直接关系到占全国人口绝大多数的成年人的身心健康、体格健美与快乐幸福的生活。成年人是一个国家或民族的中流砥柱，其身心健美、快乐幸福的生活与健康长寿，又直接关系到国家或民族的社会稳定与繁荣昌盛，因而也必须成为一个国家社会制度是否优越和民族文明程度高低的一个重要标志。因此深入持久地开展社区体育实践，必须对我国社会主义物质文明和精神文明建设产生积极的现实作用和深远影响。概括地说，社区体育具有以下几个方面的直接作用。

（一）能有效地帮助人们健身，促使体格健壮，体态优美，形成并保持各种良好的身体技能，增强体力；保持头脑清醒，思维敏捷，利于提高人们的学习、工作、生产效率和生活质量。

（二）能有效地促进人们身心健康，调节与消除各种不良情绪，促进人际交往，增进彼此了解与友谊，使人们精神更美好，生活更快乐。

（三）丰富社会文化生活，提高人们体育文化素养，利于移风易俗，建立健康的生活方式，促进精神文明建设。

第二节 社区体育设施的类型

一、按投资主体和运作方式划分

按投资主体和运作方式不同可以划分为以下 3 类：

（1）公益性体育设施。即由政府投资或利用公益金修建的体育设施，社区每个居民都有权享用；

（2）商业性体育设施。即由单位、集体或个人出资修建的体育设施，这种场馆根据谁投资谁受益的原则，通过商业运作获得经济效益；

（3）承包经营性体育设施。即将体育设施租赁承包给个人经营的方式。

二、按活动场所划分

按活动场所不同可以划分为以下 3 类：

（1）社区体育馆；

（2）社区体育场；

（3）社区公共场所。

三、按使用人群划分

按使用人群不同可以划分为以下 3 类：

（1）中老年体育活动场地与设施；

（2）青少年体育活动场地与设施；

（3）儿童娱乐场地与设施。

第三节 社区体育场地的选址和布局

一、社区体育场地选址和布局的原则

（一）便民原则

选择社区体育场地应考虑方便附近居民，如设在社区的中心，则要使场

地与各个方向的居民距离均匀，便于居民使用，而且不受外界的影响，安全性强；在规模较小的社区可选在社区一侧，沿路布置，既能为小区居民服务，也可向小区外的市民开放。

（二）因地制宜原则

合理利用社区的地理条件，最大限度地利用原有的地形地貌，减少成本，使人们感觉到人与自然的和谐。

（三）交通便利的原则

交通状况决定着人们是否方便到这里锻炼。

（四）整体性原则

社区体育场所是小区建设的有机组成部分，社区体育场地与设施的选择应列入整个小区的规划设计中，要考虑周围的环境和空间，形成一个协调的整体环境。

二、社区体育设施的布局方式

（一）沿途布局方式

即将体育设施按一定的规律均匀设置在道路的两旁，其优点是比较方便居民活动。如图 8-1 所示。

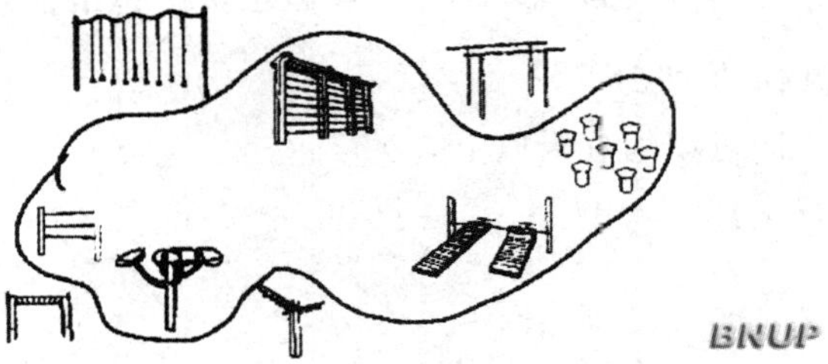

图 8-1　沿途布局方式

（二）集中布局方式

将体育设施集中起来，安置在小区较宽敞的地方，便于小区居民在同一地点能选择不同的活动内容。如图 8-2 所示。

（三）分散布局方式

根据小区场地的布置情况，将体育设施分散安置在小区的各个位置。这种布局方式一般适用于较大的社区。如图 8-3 所示。

BRUP

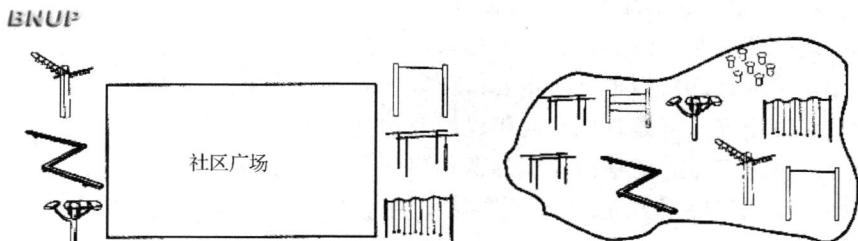

图 8-2　集中布局方式

BRUP

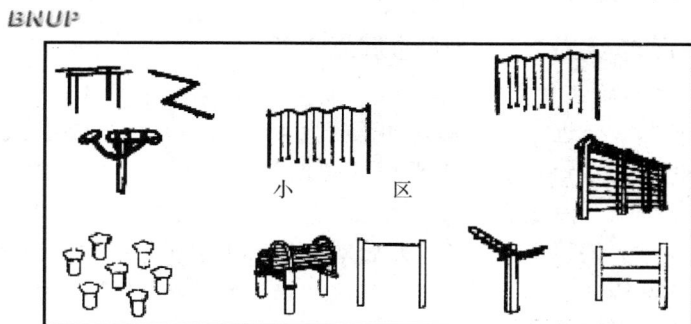

图 8-3　分散布局方式

第四节　社区体育场地与设施的规划与设计

一、社区儿童体育场所的规划与设计

（一）儿童体育场所的特点

（1）儿童最频繁的活动范围是在家的附近场所，但随着年龄的增长和经验的积累，活动范围会逐渐增大。

（2）儿童对自己独立完成的游戏比较感兴趣。有人把儿童游戏划分为传统型（典型的校园游戏）、现代型（经过精心设计的游戏）、冒险型（儿童自己建筑游戏设施的游戏）做实验，结果表明，儿童最感兴趣、耗时最多的游戏行为发生在冒险型场所，其次是现代型，最后才是传统型。

（3）儿童对游戏设施的使用有创造性发展。在对游戏设施的使用过程中，首先是儿童对设施固有功能的体验，如从滑梯上坐着滑下；在熟悉后便会创造性地进一步使用，如趴着滑下；最后是利用设施作为媒体，寻求同伴合作的使用，如在滑梯上的捉人游戏，而设施的原有功能便显得不重要了。

（二）儿童体育场地与设施的设计原则

（1）场所安全、清洁且有多处出入口、少噪声、少污染、无车流。

（2）设施设计巧妙丰富，主要以可以独立活动为主。

（3）设施安全可靠且标有使用说明及制高点。

（4）设施安排有清晰而连贯的活动序列。

（5）设施能够对儿童有所"诱惑"，并能让儿童体验速度、旋转、摇摆、力量等"刺激"。

（6）设施有多层次的适应性，让不同年龄的儿童都可活动。

（7）场所器材颜色鲜艳，质地柔软。

二、社区老年人体育场所的规划与设计

（一）老年人的身心特点

（1）孤独感。人进入老年后，离开了工作岗位，从以社会生活为中心转变为以闲暇生活为中心，会产生无用处的孤独感，很希望有机会、有场所实现自己的剩余价值和满足自己社会交往的需求，但往往受场地限制而无法实现。因此，老年人闲暇生活的质量是影响老年人生活质量的关键因素。

（2）渴望健康。

（3）有充裕的活动时间。

（4）不能剧烈运动。

（二）老年人体育场所的规划与设计原则

（1）增加公共绿地和室外场所，利用屋前屋后小空间建设住宅环境，方便附近老年人活动，增加健身设施。

（2）在设计时要充分考虑老年人的生理、心理特点和实际需求。

（3）尽量做到环境幽雅、安全，少噪声，少污染，有遮阴，有绿化，小环境，健身器械多功能，活动弧度小而柔和，有室内外活动空间。

三、社区中青年体育场地与设施的规划设计原则

（1）中青年体育场地与设施可以建在小区的外侧比较宽敞的地方。

（2）在项目的设计上应以激烈的球类运动为主，如篮球、足球、网球、羽毛球等。

（3）有条件的小区应多建一些室内场地，安装灯光，以满足上班族晚上锻炼的需要。

第五节　社区健身设施简介

一、以平衡性为主的设施

（一）平衡木（图 8-4）

主要功能：锻炼身体协调和平衡能力。

锻炼方法：在平衡木上正走、侧移。

（二）梅花桩（图 8-4）

主要功能：锻炼协调、弹跳能力和平衡能力。

锻炼方法：立于桩上，保持平衡，以任意方向行走。

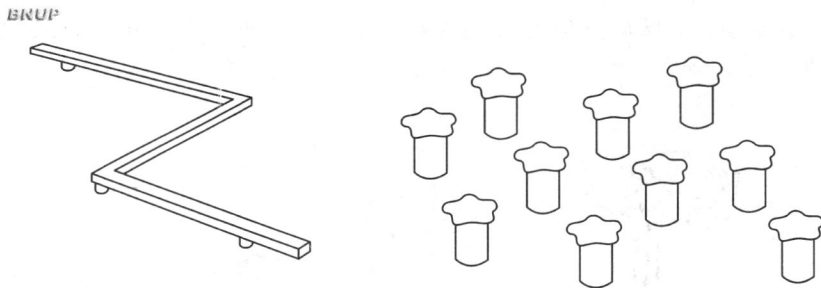

图 8-4　平衡木、梅花桩示意图

二、以协调性为主的设施

（一）步行软梯（图 8-5）

主要功能：提高全身灵敏性和协调性。

锻炼方法：锻炼者手脚配合，手抓吊索，脚踩住脚蹬向前走动，从软梯的一端走到另一端，接着可原路返回，也可下器械重新开始。

（二）步行器（图 8-5）

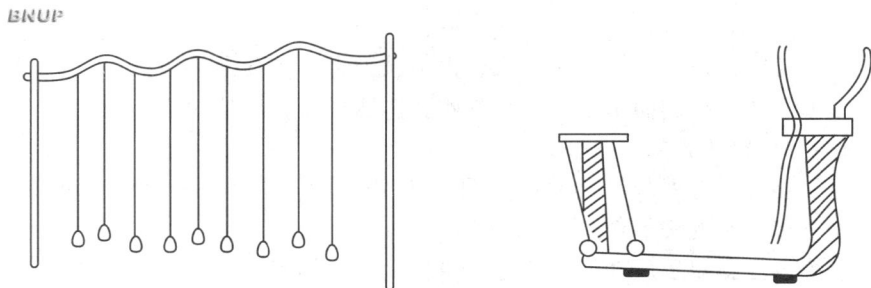

图 8-5　步行软梯、步行器示意图

主要功能：增强心肺功能，发展人体上肢、下肢、腰部肌肉和四肢的协调能力，锻炼腿部耐力，对膝关节、髋关节及腿部疾病有一定的康复作用。

锻炼方法：在踏板上站稳，双手握扶手，双腿自然放松地前后摆动。

（三）二位扭腰器（图 8-6）

主要功能：增强消化系统的功能，对肝、胆病有预防作用，踏板上的圆凸起可以通过按摩足底调节人体内分泌。

锻炼方法：脚踏圆盘，握紧扶手，适度转动身体。

（四）推手架（图 8-6）

主要功能：能够有效地增强上下肢和腰部的肌肉力量以及各关节周围韧带的弹性，从而使之保持良好的功能。

锻炼方法：双手握住推手的握把，模仿太极推手动作，推动推手做圆周运动。双臂推转时腰腹部应配合用力，腿部的动作也应顺着运动轨迹做前屈后伸动作。

图 8-6　二位扭腰器、推手架示意图

三、以柔韧性为主的设施

（一）肋木架（图 8-7）

主要功能：锻炼肋部、腰部肌、上下肢力量，增强柔韧性。

锻炼方法：攀越肋木架，悬垂举爬、压腿、躞拉、扶肋木架蹲起。

（二）伸腰展背架（图 8-7）

主要功能：舒展腰背部肌肉，锻炼腰腹背的柔韧性，消除腰背疲劳，对腰背痛亦有一定的缓解作用。

锻炼方法：双手放在架上扶稳，身体适度后仰起伏。

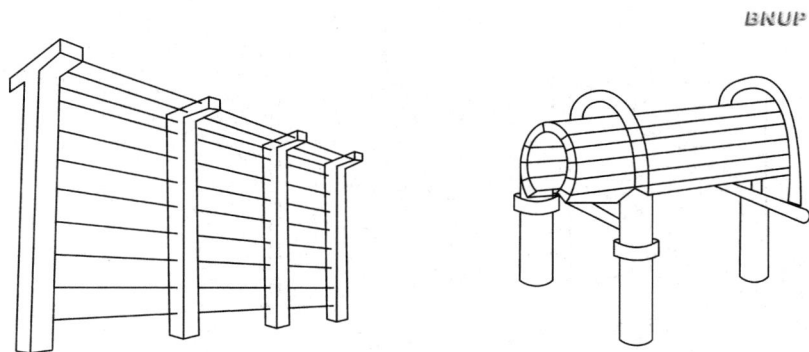

图 8-7　肋木架、伸腰展背架示意图

（三）压腿肋木（图 8-8）

主要功能：增强腰腿部的耐力和柔韧性，同时亦有按摩小腿之功效。

锻炼方法：选择适合自己的高度，将腿置于横杆上，上身反复或持续前压。

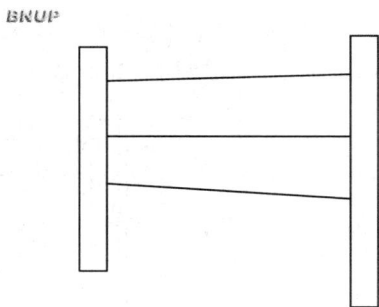

图 8-8　压腿肋木示意图

四、以力量为主的健身设施

（一）单杠（图 8-9）

主要功能：锻炼上肢、胸肌、腰腹肌肉。

锻炼方法：引体向上，练习者双手握杠，两臂屈肘带动身体向上一直到下颚过单杠水平面，然后还原至手臂伸直，重复多次。

（二）双杠（图 8-9）

主要功能：锻炼腹部、胸部和背部肌肉，增强力量和耐力。

锻炼方法：双手握杠成直臂支撑，然后身体下降至两肘成直角，再用力撑起成直臂支撑。

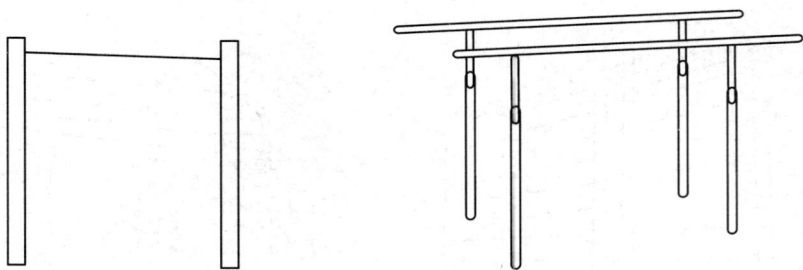

图 8-9　单杠、双杠示意图

（三）俯卧撑架（图 8-10）

主要功能：增强上肢和胸部力量，锻炼耐力。

锻炼方法：双手分别握紧两支架，适度往复，做俯卧撑。

（四）天梯（图 8-10）

主要功能：增强上肢力量和腰腹部柔韧性，提高肩关节的承受能力，锻炼平衡能力和协调性。

锻炼方法：在天梯的一端双手抓横杠，在身体悬垂情况下，以一手抓横杠，另一手迅速放开并向前抓下一个横杠，如此双手交替，以手代步前行。

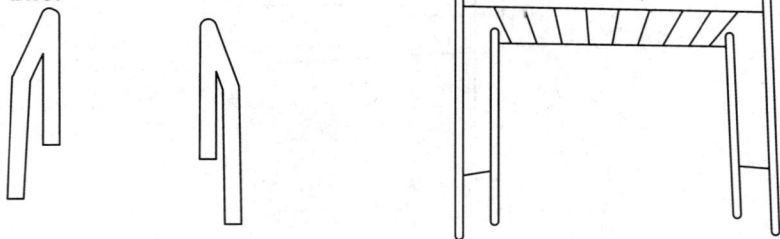

图 8-10　俯卧撑架、天梯示意图

（五）单向腹肌训练组（图 8-11）

主要功能：增强腰腹部的力量及柔韧性，锻炼身体的协调性。

锻炼方法：选择适合自己的坡度，然后两脚置于固定架内，稳定身体，躺于腹肌板上，双手放在脑后，做仰卧起坐运动，或双手握紧固定架，身体平衡在腹肌板上，双腿伸直抬起与上身成直角，即腿屈撑。

（六）摸高架（图 8-11）

主要功能：锻炼弹跳能力和身体的协调性。

锻炼方法：各个铃铛代表不同的高度值，跳起后所摸到的铃铛为个人摸高成绩。经常锻炼就可以摸到更高的铃铛。

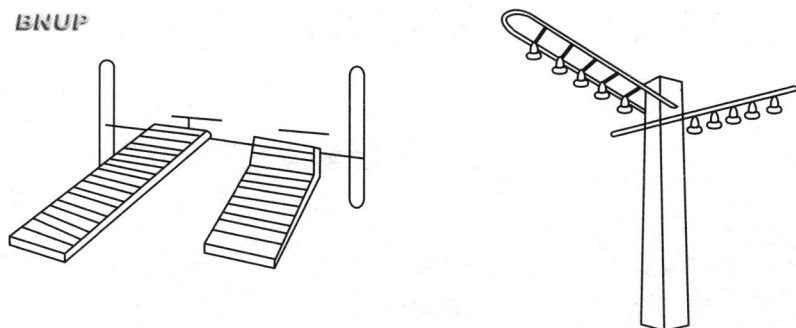

图 8-11　单向腹肌训练组、摸高架示意图

>>> 练习与思考

1. 简述社区体育场地与设施的分类。
2. 简述社区体育场地与设施的选址和布局原则。
3. 如何规划社区老年人的体育场地与设施？
4. 如何规划社区儿童的体育场地与设施？
5. 社区有哪些常用的健身设施？

第九章 体育场馆场地的构造与管理

本章要点

1. 讲述体育场、体育馆的场地构造；
2. 体育场的管理、维修与保养；
3. 体育场地的选址、测量和体育器材的管理；
4. 了解掌握各类场地的布局、基本构造及管理、维修与保养；
5. 掌握煤渣跑道、聚胺酯塑胶跑道、土质场地、草坪场地、木质板场地的性质、特点、基本结构和修建方法。

第一节 体育场地的选址

体育场地、体育建筑用地统称为体育用地。在城市中选择体育用地是一项科学性很强的工作。

体育用地的选址依据是：第一，要为体育运动创造良好的条件；第二，要便于平时和赛时的使用；第三，要服从城市总体规划，兼顾与城市其他功能区的关系。

选址时，要对体育用地，尤其是大型体育建筑及体育中心在城市中不同位置所能获取的社会效益、经济效益和环境效益进行综合评价和分析比较，择优而定。由于选址是否合理不仅关系到体育场馆本身能否正常运营和效益大小，而且会对城市改造和发展产生不同程度的影响，所以体育用地的选址至关重要。

一、体育用地的一般要求

（1）应选择地势比较开阔，集散方便，与居民区联系密切，远离污染源，环境质量较好，适合进行体育运动的地方。

（2）须避开未经开采的地下矿藏、滑坡、冲沟等有危险的地段及有高压输电线路等障碍物通过的地方。

（3）应充分利用地形和自然条件（比如和公园、绿地相结合），因地制宜地灵活安排。

（4）应与城市总体规划相协调，并注意与其他功能区的关系。比如与医院、学校、图书馆、科研机关等建筑物之间应有合理的隔声间距。

二、体育中心用地的特殊要求

大型体育建筑尤其是体育中心，是承担国内国际体育比赛的重要场所，是大量人流、车流集散的地方，因此，选址除了要满足上述体育用地的一般要求外，还应考虑它对整个城市各方面的影响。

（一）用地面积

体育中心用地应由体育场地建筑、附属建筑、集散广场、停车场、道路和绿化用地组成，缺一不可。其中体育场地建筑包括比赛场地建筑和练习场地建筑；附属建筑包括检测、新闻、管理、医疗、商店等建筑；停车场包括自行车停车场和汽车停车场，汽车停车场又分为内部用车停车场（贵宾、运动员、大会用车）和观众用车停车场；道路包括观众使用道路、内部使用道路（贵宾、运动员、工作人员）和公共交通站场。

（二）自然环境

为创造适宜进行体育运动和开展竞技体育活动的良好环境条件，大型体育建筑及体育中心用地应避开工业区，远离污染源，并十分重视周围环境质量的选择。体育用地本身应尽量增加绿化面积，通常绿化面积应达到整个用地面积30％以上，以美化环境，改善用地内小气候条件。有条件的地方还可在公园内建体育中心，或将体育中心建成体育公园。其次，不能忽视体育用地四周景观的陪衬作用，要有良好的大环境条件。

（三）道路交通

体育场馆举行比赛活动时，有大量人流、车流集散，给城市道路交通带来一定的影响。因此，体育用地附近道路交通的好坏是大型体育场馆能否正常使用的关键，也是选址必须考虑的重要因素。大型体育用地对道路交通的要求是：既要保证所有观众能安全迅速地集散，又要避免人流车流堵塞交通现象的发生。

大型体育用地也不能选在其他人流车流的集散中心，如商业中心、火车站、轮船码头等附近，以免造成城市局部交通负担过重。

此外，还应考虑近期与远期相结合的问题。在经济不够发达的地方，可采取分阶段建设的方法，故选址时应注意留有充分的发展余地。

第二节　体育场地的测量

每个运动项目对场地都有一定的要求，无论是设计场地还是检查场地，都要先进行测量，因此测量是体育场地工人重要的基本功。

场地测量允许有一定的误差，绝对准确是不可能的。通常测量的实际长度比规则规定的规格要略大些，大多少根据每个项目的具体情况决定。在场地测量中有明确误差要求的项目有田径场跑道、游泳池等。比如，田径竞赛规则规定：跑道距离的误差为3‰＋0.01米，即100米、200米和400米允许的误差分别为0.04米、0.07米和0.13米。田径场跑道测量精度约为1/3000，根据测量精度分类，体育场地测量属于一般精度标准。

体育场地测量工具应能满足竞赛规则对场地的精度要求。准备国际比赛时，测量精度应稍高于竞赛规则要求，以便接受国际单项协会官员的检查。为顺利通过检查，还必须了解和使用该协会使用的测量方法。

体育场地测量的基本内容包括距离测量、地面高度测量、角度测量和地面平整度测量。

一、距离测量

距离测量分为长度测量和高度测量两种。

（一）长度测量

长度测量指体育场地的长度、宽度和比赛路线距离的测量。长度测量可分为两大类：承认纪录项目的场地测量和不承认纪录项目的场地测量。

承认纪录项目的场地测量，如田径、游泳、自行车、速滑等的场地测量，应严格按照比赛规则规定的场地精度要求进行。不承认纪录项目的场地测量，如各种球类项目、滑雪、公路项目、铁人三项等的场地测量，也应按比赛规则进行，但精度要求比前者宽一些。

长度测量使用的工具有钢卷尺、玻璃纤维尺、激光测距仪、测距鼓、自行车和汽车等。

钢卷尺和玻璃纤维尺用于一般精度的测量，如测量跑道长、游泳池长等，量具必须经过检测部门的检验。用钢卷尺做一般精度测量时，应由三人组成测量组，其中两人为拉尺员，一人为记录员。一个距离应测量两次，往返各一次，读尺数的单位为毫米。

激光测距仪可测量精度很高的水平距离，在运动项目中只有铁人三项的游泳距离要求用激光测距仪测定。

公路比赛的项目（如公路赛跑、自行车等）和滑雪项目的场地，由于比赛路线长，地面平整度较差，故多采用测距鼓、自行车或汽车测量距离。

（二）高度测量

高度测量用于比赛场地高出地面的场地测量，如跳水的跳台、跳板，体操台，拳击台，球类馆地面上无障碍空间的高度等。

高度测量可用钢卷尺，测量时必须保证测量的高度是垂直距离。

二、地面高度测量

地面高度测量是测量检测点的海拔高度，然后相比较，以确定场地的坡度和平整度。因此，有坡度要求的项目，都应对场地地面高度进行测量。坡度检测常用于田径场地面、公路比赛项目的路面、滑雪项目的雪道等。地面高度测量使用的仪器是水准仪。

三、地面平整度测量

平整度指场地地面的平坦程度。多数运动项目对场地地面的平整度只有定性的要求，缺少定量指标。例如，规则中只要求体育馆的地面平坦。

地面平整度的测量工具可用水准仪、水平仪，也可用长的直尺。常用的直尺有 4 米、3 米、2 米、1 米等几种，直尺的检测面宽 2.5 厘米，应是水平的，一般要求误差不超过 1 毫米。将直尺的检测面放在被检测的场地地面上，测量地面与检测面的空隙，空隙大则说明场地平整度差。

四、角度测量

许多运动项目的场地呈长方形、正方形、半圆形。长方形和正方形场地四角必须是直角。当场地较小时，如篮球场、排球场、羽毛球场和手球场等，可用钢卷尺测量场地对角线，两条对角线长度相等，说明四个角是直角。若场地较大时，比如足球场的角度测量，可采用经纬仪进行。

田径场是由两个弯道和两个直道组成的，在确定弯道和直道的准确交点时，必须使用经纬仪。

第三节　体育场地的基本构造

体育场主要指有 400 米标准跑道、场地中心有足球场，并带有固定看台的田径运动场。也可泛指非正式田径运动场、球类运动场等。

体育场地基本构造，主要指场地布局及类型、场地的结构、场地洒水与排水、照明等。

一、田径场地的布局

（一）田径场的方向

田径场地方向的确定，主要取决于场地所在地区的纬度、主导风向和场地的主要使用要求、使用时间，以免在使用时出现阳光或风的影响。场地的纵轴线基本上成南北方向，再根据当地主导风向确定偏移的角度。

（二）田径场地的布局

标准田径场必须满足国际、国内正式田径比赛的要求。所有田径比赛项目（公路竞走与马拉松除外）均能在场内进行。目前有以下两种布局类型。

1. 在直跑道外侧设置跳跃场地。将跳远、三级跳远、撑竿跳高场地设置在跑道外侧。

2. 田赛所有项目的场地设置在跑道内的场地上。此类型场地占地面积较少，同时进行比赛的项目也少，适用于一般性比赛。

二、径赛场地的构造

目前的田径场跑道分为煤渣跑道和聚胺酯塑胶跑道两种。

（一）煤渣跑道

1. 径赛场地（跑道）基础垫层的构造

为了使跑道具有良好的渗水性能、适宜的硬度和承载力，其基础必须坚实，经久耐用。

垫层的厚度、层次和材料要根据当地的地质和地面高度的情况，进行设计选择，同时要考虑财力的许可。垫层要挖基槽，用石块或碎砖分层填筑。跑道基槽挖掘深度及分层填筑厚度根据当地气候、地形、地质、跑道的用途决定。例如，在地下无砾层的废墟上、在河堤或山坡下的卵石堆积的地基上、在雨水少地下水位很低的山区建跑道，基槽可浅一些，分3～4层填筑；在黏土地、雨水较多及地下水位较高的地区建跑道，基槽应深一些，分4～5层填筑。

基槽底面应向跑道里倾斜，坡度为15/1000～20/1000。贴近基底边应铺设多孔的排水管道。

下面介绍几种基槽的铺筑：

（1）底层用石块填筑，厚度150毫米；第2层铺碎砖屑，厚度50毫米；第3层铺粗煤渣，厚度100毫米；第4层铺细煤渣，厚度80毫米做垫层；第5层（面层）铺混合料，厚度100毫米，上面撒纽煤渣末做养护层。

（2）底层用石块填筑，厚度200毫米；第2层铺锯末，150毫米厚；第3层铺碎砖屑，50毫米厚；第4层铺细煤渣，150毫米厚；第5层铺混合料面层，100毫米厚，上面撒细煤渣末做养护层。

（3）底层用石块填筑，150毫米厚；第2层销粗煤渣，150毫米厚；第3层铺细煤渣，100毫米厚；第4层铺混合料面层，100毫米厚，上面撒细煤渣末做养护层。

2. 径赛场地（跑道）面层的构造

跑道面层是保证跑道有较好性能的关键。根据科学实验，跑道面层主要用煤渣和黄土的混合材料铺筑，厚度为80～100毫米。

（1）煤渣。控制好煤渣颗粒大小的合理比例，是跑道路面具有较好性能的基本保证。各种颗粒煤渣的配比，必须比例合理。直径大于10毫米的煤渣不得超过4.5％，超过了，跑道面层就会粗糙松散；直径小于0.01毫米的煤渣（灰分）不得超过5.2％，超过了，跑道面会酥软，湿度大了又容易板结变硬。煤渣直径以5毫米左右最为适宜。

为获得适宜的煤渣颗粒，可用5毫米孔铁丝筛，在小于3～4级的风速下进行筛选。或用10毫米孔的铁筛，将筛面倾斜45°，在3～4级风速下进行筛选。

（2）黄土。由于各地黄土成分不同，选用黄土的塑性指数以在9～15之间为宜。黄土的塑性指数低于9，混合材料的强度降低，抗冻性就差；黄土的塑性指数高于15，混合材料过黏，施工便有困难。

混合材料中的煤渣与黄土应分别占68％和32％。施工还要根据黄土塑性指数的高低对两者的比例加以调节。

3. 煤渣跑道面层的施工

（1）检查标高和位点。施工前应对跑道突沿和基础垫层进行全面复测，检查直弯道处A、B、C、D四个标桩位点和弯道半径是否准确，道沿的标距、标高是否达到了设计要求。

（2）面层材料的搅拌。细煤渣、黄土按比例配比好，干拌三次。拌匀后，再加入泥浆湿拌三次。施工应选择晴天，分段突击进行。

（3）面层铺筑要求。以内外道沿为标高基准，分成每段不大于5米×5米的方格网，将混合料依次倒入方格网内，耙平，再用拉线或水平木尺测量，加以修正。厚度为130～150毫米，压实厚度为100～120毫米。铺后15～30分钟碾压（1000千克以下）4～5遍即可。注意，衔接口不碾压，以便与第二段道面相衔接（不碾压部分为1米左右），铺筑后再碾压。

（4）面层铺筑注意事项。已铺好的段落要封闭，严禁践踏，并经常洒水养护，养护一周后方可使用。实验测出，混合材料含水量在14％时密度最大，超过14％时密度急剧下降。因此，混合材料跑道路面最优含水量为14％。跑道面层除要求具有一定承载力外，还要具备一定的弹性，故施工时不能使用较大重量的压路机，最好选用700千克重、激振力为1200千克的振动压路机。新建道面硬度和抗蹬力较差，经过多次洒水碾压，加大混合材料密度后，路面质量才能逐渐提高。

（二）聚氨酯塑胶跑道

（1）基层做法。采用混凝土基层的跑道，地下水位高的应在混凝土下面设防水层，可用聚乙烯塑料薄膜、铅薄纸或用钢性防水混凝土。用沥青混凝土做基层时，与塑胶跑道面层的接触处，应加隔油层，以防止沥青渗出，破坏塑胶跑道。

（2）此外伸缩缝做法、排水沟做法和跑道沿的做法此处不做详尽的说明。

（三）3000米障碍水池的构造

（1）水池长宽均为3.66米，靠近栏架一侧的池底深度为70厘米，宽30厘米。池底逐渐向上筑成斜坡，池底的前沿与地面齐平。靠近水池后沿的栏架必须安置牢固。池底远端应铺适当缓冲材料，宽至少3.66米，长至少2.50米，厚度不超过2.5厘米。

（2）障碍栏架高91.1～91.7厘米（标准高度91.4厘米），宽3.96米（池边栏宽3.66米），栏顶横木12.7厘米见方，底座长1.20～1.40米，全重80～100千克，木质材料制成。

（3）修建水池时要预先设计和构筑排水系统，与水池相通。靠障碍栏架一端池壁浇灌混凝土时，要预先埋 $\phi75$ 的套管，比赛时可将障碍栏架插入。两边池壁要留出可盖4.5厘米厚企口木盖板的地方，水池不用时盖上木盖，上铺塑胶跑道。池底除设排水口外，还要预埋螺栓，上面铺2.5厘米厚的木板，与预埋螺栓固定，木板的上方再铺2.5厘米厚的草垫，用26号铅丝使之与木板固定。

三、田赛场地的构造

田赛场地，地面有黄土、草坪两种。

（一）一般田赛场地

地面多为黄土，黄土的塑性指数以9～15为宜。若当地黄土塑性指数较高，可适当掺些细炉灰，配比为黄土70%左右，细炉灰30%左右。

面层施工方法：基层、分层压实后，用不带砂性的黄土虚铺150毫米厚，再用碾子轧2～3遍，刮平，然后用水浇透。一天后铺细河沙，用碾子压多遍，将沙扫净，再压一遍即可。

（二）草坪地面

正式比赛的田赛场地应为草坪地面。种植草坪应选用发育快、耐旱、耐寒及耐践踏的草种。地理、气候、土质不同，选用的草种各异。

1. 草坪类型

（1）野牛草。草体不高，较耐践踏，易繁殖，生长快，耐寒，耐旱，但绿色期短（北京地区只有170～180天），管理好可延长到190～200天。它不耐长期水湿，还易与其他植物争夺水分和养分，管理上要多注意清除杂草。

（2）结缕草。比较耐寒，容易繁殖，在北方地区可安全过冬，但生长速度比野牛草慢，养护管理的要求较高。结缕草枝体坚韧而有弹性，抗踩力强，抗病虫害能力强，喜欢阳光和水，但也要求有良好的排水设施。在沙质土地生长最好，是优良的运动场用草。绿色期为170～180天，10月份加些肥料绿色期能延长20天左右。在我国南方（广州、昆明等地）基本上全年为绿色。

（3）冷型草。从国外引进的草种，优点是绿色期长，耐寒，在北京地区常年全绿。但这种草成本高，不耐踩踏。

2. 草坪地的建造

（1）面层土地准备。同黄土场地。

（2）土质和土层厚度。要选用渗水性能较好、有利于草生长的沙土，含砂量65％～70％。野牛草与结缕草的根可达0.8米深，80％的根分布于0.4米以上的土层，50％以上在地表下0.2米的范围。因此，土层厚度最好不少于0.4米。

（3）修建草坪场地的方法与步骤：修整土地，打好基础，与修建土场大体相同。土层厚度和渗水等视草坪场地的要求而定；种草前两周施用草甘磷等内吸传导型除草剂（0.2～0.4毫升/平方分米）；基础垫层，宜采用渗水、富有弹性的材料。垫层一般采用煤渣，厚度0.10～0.15米。分两层铺设，粗粒在下，细粒在上。基础层，多采用卵石、块石、片石、碎砖。小卵石、碎石铺在上面，厚度在0.05～0.30米之间。面层与基础垫层之间铺设0.01～0.02米厚的隔离层，稻壳、锯末、稻草均可，以增加场地弹性，防止面层泥沙渗入垫层，翻修场地时也不致损坏垫层；坡度与排水，排渗结合，以排为主。排水坡有龟背式和鱼背式两种，前者中间高，四周低；后者纵轴高，两边低，排水较前者迅速；草坪场地四周应修建排水暗沟，深0.3米，底宽0.24米，上沿宽0.40米。

3. 种草方法

种草方法大体有播种、栽草根、栽草蔓和铺草块。

（1）播种。应在春末夏初时播种。播种前野牛草籽要去掉外面的硬壳；结缕草籽要用0.5％的氢氧化钠浸泡48小时，以去掉外面的蜡皮。播种量每亩5～20千克，可以条播，也可以撒播。撒播能较早达到草坪均匀，条播则易于播后管理。播种深度在0.002～0.001米之间，播前地面要灌水。

（2）栽种法。适用于野牛草。1平方米草块可以栽成5～10平方米草坪。北京地区栽种以5～7月为宜。分条栽与穴栽两种，深度0.05米。条栽行距以0.20～0.40米为宜，要求覆盖快的行距可小些。栽沟开好后，把撕开的草块放入沟中，填土、踏实、浇水即可。穴栽，行距、株距以0.20～0.40米为宜，栽后浇水，50～60天即可覆盖地面。

（3）铺装法。易管理，实际是草坪搬家。将草源草皮切成方块，厚0.03～0.05 米，0.3 米×0.3 米见方，或为 0.3 米×0.45 米的长方形。铺前应画线，铺齐后撒土、找平、用木槌捶打，还可碾压，铺好后浇水即成。

（三）田赛跳部、掷部场地构造及设施

1. 跳部场地构造及设施

（1）跳远与三级跳远

①助跑道。助跑道的最小宽度为 1.22 米，长度不限。正式比赛跑道最短为 40 米。助跑道左右倾斜度不得超过 1/100，前后不得超过 1/1000。

助跑道的铺筑与跑道路基相同，硬度可稍大于跑道，也可铺设塑胶跑道。

②起跳板。起跳板是起跳的标志，埋入地下，与助跑道及落地区表面齐平。

起跳板系用木料或其他适当的坚硬材料制成，长 1.21～1.22 米，宽0.198～0.202 米，厚最多 0.01 米，涂成白色。

③橡皮泥显示板。宽 0.098～0.102 米、长 1.21～1.22 米的硬板，上面覆盖橡皮泥，安装在助跑道的凹处或框架上，在落地区一侧，靠着起跳板。如果安装在凹处，则整个装置必须牢固，足以承受运动员起跳时全部力量的冲击。橡皮泥的表面在起跳板一侧与地面成 30°，即增加厚度最多为 10～13厘米。

④沙坑。沙深 40～50 厘米。沙坑的下部铺设一层碎石或砖块；上铺一层煤渣，再铺一层锯末，用竹席覆盖，水可通过竹席渗透至场地基层排走。为使竹席经久耐用，可用煤油沥青浸涂。另一种做法是将坑底做成能排水的斜坡，排水口处用卵石、碎石或砖块做成排水井，使坑内积水易于排入排水系统。

沙坑边沿四周应与起跳板齐平。用平沙器平整沙面，平沙器的两端，应支撑在沙坑两侧的边沿上。沙坑内的沙面应与起跳板齐平。

沙坑边沿可用厚 5 厘米、高 7～8 厘米的白色泡沫塑料板制成，使沙坑区域鲜明，以减少运动员碰伤的可能性。做法是，修筑沙坑时，将坑壁顶端按泡沫板条嵌入后与起跳板齐平的高度筑成高 5 厘米、深 2～3 厘米的水泥沟槽，比赛时将泡沫条嵌上。如果用木条，沿上方应制成圆形。

（2）跳高

①助跑的扇形地面。铺筑结构同跳远助跑道。扇形地面应在同一水平上，前后相差不应超过 1/1000，半径不得小于 18 米，角度不应小于 151°41′。为适应各种跳法的需要，扇形地面的角度应为 180°。

②落地区。跳高用的沙坑或海绵包至少长 5 米，宽 3 米。正式比赛场地，

在与横杆垂直的地面上，可安装一条 5 厘米见方的测高板，板长 3.66 米，板面与起跳面齐平。

（3）撑竿跳高

①助跑道。同跳远助跑道。道宽 1.22 米，长最少为 40 米，可能时不短于 45 米，左右、前后的倾斜度同跳远。

②落地区。撑竿跳高用的海绵包或沙坑，至少长 5 米、宽 5 米。

③撑竿插斗。插斗用木料、金属或其他坚实材料制成。底部斜面长 1 米，后端宽 60 厘米，前端宽 15 厘米，最深处为 20 厘米，前壁与底面成 105°，左右壁与地面成 120°。木质插斗的底面，应从后端开始，在 80 厘米一段距离内铺一层 0.25 厘米厚的铁皮。撑竿跳高的插斗埋入地下，上口与地面齐平。

2. 掷部场地构造及设施

（1）铅球、铁饼、链球场地构造

①投掷圈及落地区。铅球、铁饼、链球的投掷均在投掷圈内进行。铅球、链球的投掷圈直径为 2.135 米，铁饼投掷圈直径 2.50 米。器械落地区为 34.92° 的扇面，角度线宽 5 厘米，不包括在落地区内。

投掷区地面比圈外地面低 2 厘米，允许公差±0.6 厘米。圈内的顶端与圈外地面齐平。圈内地面用混凝土筑成，表面要求平整而不光滑。投掷圈用厚 0.6 厘米、宽 7.6 厘米的带形扁钢制成。投掷圈两端的延长线，从圈内两侧向外各画一条宽 5 厘米、长 75 厘米的白线，后沿通过圆心与落地区的中轴线垂直。这条线可用木质材料制成，漆成白色，安装在地下，上与地面齐平。

②抵趾板。用于铅球场地，为木质材料的弧形板，内沿与投掷圈内沿吻合，内沿长 1.21～1.23 米，安装在落地区两条白线之间的正中位置，固定于地面，高出圈内地面 9.8～10.2 厘米。

③护笼。护笼用于铁饼、链球场地，为"U"字形，由 7 块宽 2.74 米的挡网构成。护笼开口的宽度为 6 米，开口位于投掷圈圆心前 4.2 米处。每块挡网的高度至少为 5 米。护笼前面应安装两块活动挡网，用于链球项目。每次试投只使用其中一块。

（2）标枪

①助跑道地面结构同跳远助跑道，长 30～40 米，宽 4 米。

②起掷弧用木料或金属制造，宽 7 厘米，长 4.19 米，漆成白色，埋入地下，表面与地面齐平。在起掷弧线的两端各画一延长线，长 75 厘米，宽 7 厘米，与助跑道两平行边线成直角。落地区角度为 29°。

四、场地洒水与排水

（一）洒水

竞赛与训练场地均需要适宜的硬度、弹性和湿度，煤渣跑道、黄土场地必须定期洒水。塑胶跑道要经常用水冲洗跑道上的灰尘和泥污，进行养护，草坪场地更需经常用水浇灌。洒水有两种方式，即人工浇洒和自动喷洒。

1. 人工浇洒

普遍采用的一种方式。在场地周围设置4～6个洒水栓井，用时接橡皮软管浇洒。这种浇法简单易行，投资少，但费工费水，且浇洒不够均匀。

2. 自动喷洒

通过能自动升降、旋转的喷洒器浇洒，洒水均匀，效果较好。这种方法投资稍多，但节省人力，节约用水。足球场一般设置8个升降式喷洒器，端线每边设两个直径为20毫米的喷洒器，边线每边设两个直径为18毫米的喷洒器。

自动喷洒器由喷洒器、升降器和给水管三部分组成。升降器在水压力作用下自行升起，喷头上升到地面一定位置后，喷嘴开始喷水，水冲击摇臂前端的叶片，使水旋转喷洒。喷头旋转角度可根据需要自行调整，停止供水时喷洒器即自动落下。

自动喷水系统一般应单独设置加压水泵和贮水池，水泵应由洒水器的流量、压力和使用量决定。贮水池的容积以满足一次喷洒的水量计算。浇一次足球场地需30分钟左右。

（二）排水

体育场的场地面积大，暴雨过后，会积满雨水。为能尽快使用场地，一般要求排水设施每90分钟能排出10.8毫米/平方米的水。

场地排水可采用地面径流和地下渗透相结合的方式进行。如仅采用地面径流排水，则要求场地平整，泛水坡度均匀。这对大面积足球场地、田径场地来说很难做到，且仅靠渗水排水也不可能。因为场地的渗水能力与场地构造有关，即使渗水性能好，随着使用期限的延长，渗水能力也会越来越差。另外，草坪地面的渗水能力也不宜过强，否则草坪得不到足够的水分，会生长不良。较合适的排水方式是渗水速度低于地面径流速度。因此，一般都采用"排渗结合，以排为主"的方法排水。

1. 排水区域的划分

把整个田径场划分成三个排水区域。第一排水区，包括排除看台上面的雨水，主要采取地面径流方式将地表水排入排水沟。第二排水区，径赛跑道本身和南北两端的半圈田赛场地，可用两种排水方式，煤渣跑道可用"排渗结合"的方式排水，塑胶地面要用径流方式将地面水排入跑道内侧的排水沟。第三排水区，跑道内道沿和田赛场以内区域，包括足球场及其缓冲地带，一般采用"排渗结合"的方式排水。

2. 排水方式

径流排水，是在看台与场地交界的地面上做排水沟，坡度为 0.5‰～1‰，排除第一区的地表水。另在跑道内侧的道牙外边做一环行排水沟，主要排除跑道和田赛场（足球场）的地表水。地面径流排水区不考虑地下渗透，排水区域的地面必须平整，坡度均匀。排水沟的宽度一般不小于 0.4 米，沟内纵坡一般为 5‰，并要求便于清扫。"排渗结合"排水方式的径流排水和上述方式相同。地下渗水系统与场地构造有密切关系，多采用地下盲沟。根据使用要求和当地土质情况，一般有两种做法：（1）场地下部未铺设排水垫层，只铺设盲沟。水的渗透过程：雨水→面层→自然土基层（壤土或压实壤土）→盲沟→排水暗沟→排水管。（2）场地下部有排水垫层，同时铺设盲沟。积水由排水垫层流向盲沟，排入排水管。渗水过程：雨水→面层→场地下部排水垫层→盲沟→排水管。此种方式排水效果好，但造价高一些。

五、体育场的照明

照明，是体育场基本构造的一个重要部分，设计比较复杂，本节只就照度、光源、照明器的选用、照明灯具的布置做介绍。

（一）照度

照度首先要求能为运动员充分发挥技术水平创造良好的条件，并使观众能看清运动员、球体、器械和动作，即有良好的能见度。照度还要根据运动项目、体育场的不同使用要求以及观众人数与最大视距等因素来确定。

理想的比赛场地照度是：水平面照度和垂直照度相近，水平照度不应大于垂直照度的 2 倍，推荐的照度见表 9-1。

表 9-1　体育场照度推荐值

体育场中心至观众的最大距离	容纳的观众（人）		
	少于 5000	5000～15000	多于 15000
小于 75 米	200 勒克斯	300 勒克斯	—
75～100 米	—	300 勒克斯	400 勒克斯
大于 100 米	—	400 勒克斯	—

（引自《体育场地管理》）

（二）光源

光源的选定主要考虑发光效率、寿命、色温、控光能力及经济等因素。目前使用较多的几种光源性能（表9-2）。其中金属卤化物灯在国际上已被广泛使用，它发光效率高，控光能力强，色温较接近傍晚的色温。比赛由白天延续到夜间时，它不但能使运动员和观众很快适应灯光照明，而且不影响电视转播，能保证电视图像的质量。

表9-2　几种光源性能表

光源品种	常用功率（W）	光效（1m/W）	寿命（小时）	色温	控光能力	点燃位置	费用	附件	应用范围
钨丝灯	1000	15～18	1000	2400～2900	高	任意	开始低运行后高	不用	适用小型场地，只能满足转播黑白电视
卤钨灯	1000 2000	20	1500	2700～2900	高	水平	开始低运行后高	不用	适用小型场地，只能满足转播黑白电视
氙灯	20000	40	1000	5500～6000	中	水平	高	用	适用大型场地，能满足转播彩色电视
高压水银灯	1000	50	5000	5500	低	任意	中	用	适用大型场地，不能满足转播彩色电视
金属卤化物灯	1000 2000 3500	70以上	大于2000	5000～6500	高	水平或垂直	开始高运行后低	用	适用各种场地，能满足转播彩色电视

（引自《体育场地管理》）

（三）照明器

主要是能控制光束的形状、方向及远近。以投射光束的形状分为：对称式：应用广，投射距离远；扇形式：投射均匀，适用于看台上的照明；不对称式：主要用于比赛场地边缘。

（四）眩光的控制

比赛场地大，灯塔距场地远，完全靠增加灯塔的高度来控制眩光，技术和经济上都不合理。必须同时考虑灯塔与运动员的运动方向和观众观看方向水平角的位置。一般用45°角投射光束，即可解决问题。

（五）照明灯具的布置

照明灯具的基本布置形式有四种。

1. 四塔式

在比赛场地四角设置四个灯塔，适用于足球场和看台没有挑棚的场地。基本能满足各方面的要求，但场地照度不均。

2. 多塔式

在四个塔的基础上增加到6～8个灯塔，能使场地获得较均匀的照度，但易产生眩光。

3. 光带式

在场地两侧均匀布置，可使场地获得均匀的垂直照度，能满足彩色电视转播的要求。

4. 混合式

四塔式与光带式相结合，是目前场地照明效果较好的一种形式。

第四节　体育馆场地的基本构造

一、场地地面

体育馆场地，大部分为木地板地面，也有聚胺酯塑胶地面，训练馆也有土质地面。本节主要介绍木地板场地构造，至于室内聚胺酯塑胶地面和土质地面，可参考室外聚胺酯塑胶地面和土质地面的构造。

目前，木地板场地构造主要有以下三种方式。

（一）地面基层双层木地板

30毫米×40毫米的长条企口硬木地板，铺油毡一层，20毫米×120毫米的松木毛地板，以45°斜铺，50毫米×80毫米的龙骨，400毫米的中距，用12号双股镀锌铅丝与预留铁鼻子绑牢；50×50毫米的横撑，中距800毫米，龙骨下垫20毫米高的木垫块，50毫米厚150号豆石混凝土预留"Ω"形铁锚钩，行距400毫米，环距800毫米，冷底子油一道上做一毡二油防潮层，然后用50毫米厚的混凝土随打随抹，最后用200毫米厚级配沙石铺于面上。

（二）架空龙骨双层木地板

30毫米×40毫米的长条企口硬木地板，铺油毡纸一层，20毫米×120毫米的松木毛地板，以45°斜铺，架设60毫米×120毫米的龙骨，400毫米的中距；剪刀撑50毫米×50毫米，1200毫米的中距，100毫米×60毫米的（最外边地龙墙上放 60 毫米×60 毫米）油沿木固定在地龙墙上，中距 2000 毫米，地龙墙下打 100 号素混凝土隔潮。

（三）架空混凝土板双层木地板

30 毫米×40 毫米的长条企口硬木地板，铺油毡纸一层，20 毫米×120 毫米的松木毛地板，以 45°斜铺，50 毫米×80 毫米的龙骨，中距 400 毫米；剪刀撑 50 毫米×50 毫米，800 毫米的中距，20 毫米的高垫木，1200 毫米的中距垫木浸涂氧化钠溶液，钢筋混凝土板，环距中至中 1200 毫米，行距预埋"Ω"形铁锚钩用双股 12 号镀锌铅丝将龙骨绑牢地龙墙架空。注：单层木地板可参照双层木地板基层做法。木地板油漆一般采用较为耐磨的聚胺酯清漆。面层清漆根据不同使用情况，掺入适量的防滑剂。

二、比赛场地的变更

我国现有的体育馆基本上是综合性比赛馆。为了一馆多用，适应不同性质和不同规模比赛的需要，必须解决场地大小的变更和场地地面更换的问题。

（一）场地大小的变更

主要采用以下两种方法：

1. 推拉式活动看台

观众席前若干排做成可推拉的看台，拉出时可使场地缩小，不用时将活动看台推回到看台下边，可使场地扩大。推拉看台可电动，也可用人力（图 9-1）。

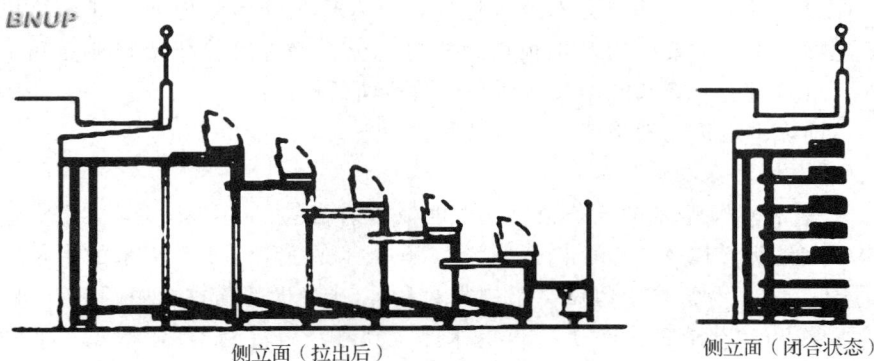

側立面（拉出后）　　　　側立面（闭合状态）

图 9-1　推拉式活动看台示意图

2. 混合式看台

活动看台与半固定看台相结合。

半固定看台一般用在场地不需要经常变换的部分区域。

（二）场地地面的更换

不同运动项目对场地地面的要求不同。例如，篮球比赛要求有一定弹性的木地板地面，冰球比赛要求有一定硬度的冰面，室内田径比赛需要塑胶地面等。为了使同一场地适应多种项目使用，场地地面就必须能及时、迅速、方便地进行更换。

三、场地灯光与布置

场地灯光的设计和布置必须科学合理，以保证训练和比赛顺利进行。

（一）场地灯光照度

为了满足各种球类及其他运动项目的要求，灯光设备应能分路开放，灯的高度应能根据需要予以调整。照度不仅能满足训练和比赛的需要，而且能满足电视转播的需要。

（二）体育馆灯光布置

（1）灯具均匀地布置在场地上空。适用于低空间的运动项目，比较经济，但是立体感差，阴影较生硬。

（2）灯具布置在场地上空和侧面。一般适用于多功能体育馆，水平照度与垂直照度可获得适宜的比率。

（3）灯具主要布置在场外上空，以侧光为主。适用于空间较高的运动项目，或者经常有电视转播的体育馆，但应注意场地的均匀度和暗光的控制。

（三）灯光控制方法

（1）控制投光面积法。我国目前大部分体育馆采用这种方法。

（2）控制照度法。国外采用这种方法较多。

第五节　体育场地的管理、维修与保养

一、聚胺酯塑胶场地的管理、维修与保养

聚胺酯塑胶跑道场地已成为国际比赛的标准场地，其性能是任何场地不能比拟、不能代替的。它已成为现代化运动场，特别是田径运动场的重要标志之一。

为了提高聚胺酯塑胶跑道的使用年限，保持其性能的稳定和色泽的绚丽多彩，必须加强管理、维修与保养。

（一）聚胺酯塑胶场地的管理

（1）应按其适应范围合理使用，一般只供场地所承担的专项训练和比赛使用。

（2）场地是由聚胺酯合成的塑胶弹性体，要禁止各种机动车辆在上面行驶，以防滴油腐蚀胶面。禁止携带易爆、易燃和腐蚀性物品入内。不得穿刺、切割。要保持清洁，避免有害物质的污染。

（3）进入场地者必须穿运动鞋。跑鞋鞋钉不得超过 9 毫米，跳鞋鞋钉不得超过 12 毫米。杠铃、哑铃、铅球、铁饼、标枪等器材必须在特设的运动场使用，严禁在塑胶场地上进行训练。严禁吸烟和吐痰。

（4）要避免长时间的重压。防止剧烈的机械性冲击和摩擦，以免弹性减弱和变形。紧靠内侧沿的第一、二条跑道使用较多，平时应限制使用，必要时可设置障碍物。

（二）聚胺酯塑胶场地的维修与保养

（1）场地的清洗是维修和保养的一项经常性工作。除天天清扫，有污秽随即清洗外，还要做到每季度大洗刷一次，污秽重的地方可加适量洗衣粉刷洗或擦拭。

（2）比赛前后要用水冲刷，以保持场地的色彩和清洁卫生。夏季炎热天气要喷洒凉水，以降低其表面温度。

（3）跑道上的各种线和标志应经常保持清晰醒目。随着时间的延长，塑胶表面会老化，场地的各种标志会褪色。因此，使用数年后最好喷一层塑胶液，重新描画标志线。

（4）场地如发生碎裂、脱层等现象，应按规格要求及时修补，以防蔓延。场地和周围的铅球区、沙坑、草地要经常洒水，以防尘土飞扬，影响场地的清洁。下水道要经常清理，保持场内排水畅通。

二、煤渣跑道的管理、维修与保养

（一）煤渣跑道的管理

（1）禁止在跑道上行驶各种车辆（含自行车）。

（2）禁止行人横越跑道。

（3）跑道表面经常保持一定的湿度。跑道的湿度影响跑道的硬度，故跑道表面应经常保持30％左右的湿度。干旱季节最好每天傍晚洒水，以降低地面温度，便于地下水汽融合，节约用水。

（4）保持第一道与外道跑道硬度近似。第一条跑道使用最多，硬度较大，外圈各道使用次数相对较少，硬度较小，而跑道硬度会影响运动员的比赛成绩。为防止第一条跑道快速硬化，可采取以下措施：①新翻修的跑道，可在第一条跑道上放置栏架，让运动员在外圈各道上练习。②一般比赛时，短距离比赛第一条跑道尽量不安排运动员。③如全部跑道每年翻修两次，则第一条跑道应翻修 3～4 次。④经常铲除第一条跑道紧靠内沿的积土。在多风地区，第一条跑道内沿边容易积土，使跑道左边高于跑道表面，形成向右倾的斜坡，对中长距离跑有影响，故应经常将堆积的尘土铲平。

（二）煤渣跑道的维修与保养

（1）比赛前，要修整场地、平整跑道、喷水、压实。每次训练或比赛之后要修整场地。

（2）夏季，跑道黏性差，尘土大，因此，训练或比赛前后都要洒一次水，以调整软硬度，使场地平整。

（3）冬季和雨季前，要采取保护性措施，如入冬前保护好3000米障碍跑的水池；雨季前疏通下水道，清除杂草等。

（4）冬季也要经常洒水，以防大风吹掉表面的浮料。洒水最好选择中午太阳光照充足的时候，适量的水会迅速渗透下层，表面不致结冰，既保护了场地，又不影响使用。

（5）下雪后，清理堆雪时要注意轻扫，防止表层煤渣与雪一起扫走，引起地面不平，损坏跑道。

三、土质场地的管理、维修与保养

（一）土质场地的管理

为了提高场地的使用效率，应加强场地的管理。

（1）进入场地的人一律要穿运动鞋。禁止穿皮鞋、高跟鞋、带钉鞋进入场地。

（2）雨后，场地过湿或过于松软都不得使用。

（3）场地线要随时保持清晰，不清晰线段应及时画好。

（4）禁止在场地内吸烟、吐痰，乱扔果皮、纸屑。布置、收拾训练和比赛器械时要轻拿轻放，不得在场地上拖拉。

（二）土质场地的维修与保养

（1）土质场地应及时进行翻修，这是土质场地维护和保养的重要措施。翻修保养一般应每年春季进行一次。

（2）坚持每天喷水（早、晚均可），以保持场地湿润。刮风天要给场地洒水，以防表面土层被风吹掉。雨后要撒沙碾压，以免场地过于松软。下雪后，趁雪未融化，及时将雪扫出场外，确保场地能及时使用。

（3）球场四周必须有良好的排水通道。在雨季到来前应认真检查和修缮排水通道。

（4）场地上的杂草应随时铲除。雨季更应加强除草工作，要在杂草种子尚未成熟以前除草。

（5）新建的场地或长期使用后的场地，地面难免有低洼之处，雨后应及时查看修补。

（6）应备齐日常维修所用的标准沙、标准土和工具、器械，以便随时使用。

（7）坚持每天的清扫工作。训练和比赛前后要进行清扫，保持场地整洁卫生。

（8）有条件的场地周围应种上树木，以调节小气候，净化空气，防尘防风，保护地面。

四、草坪场地的管理、维修与保养

（一）草坪场地的管理

（1）草坪场地主要供足球、棒球、垒球、板球、高尔夫球以及部分田赛等项目使用。

（2）使用时间要根据季节和草的生长情况来安排。北方地区每年12月至次年4月为草坪保养期，一般不安排使用。5月份可两天使用一次，6、7、8月可每天使用。9、10、11月可两天使用一次。南方草坪场地可全年使用。具体使用时间应根据当地气候等方面的条件决定。

（3）禁止机动车辆进入草坪。田径运动的掷标枪、铁饼和推铅球等项目，只能比赛时使用草坪地，训练时尽量不使用或少使用。

（4）注意场内卫生。场内不准吸烟，不准乱扔果皮、纸屑和砖头等杂物，也不准随地吐痰。

（5）一切使用单位和使用者都必须严格遵守草坪场地使用规定，爱护草坪和场内的一切设施。

（二）草坪场地的维修与保养

（1）管理人员要了解各种草的生长规律和使用特点。

（2）每年12月至次年4月，是草的"冬眠初育期"，是草坪维护与保养的重要阶段。在我国北方，进入这个阶段，特别是3月初至4月底，应每隔2天浇一次"返青"水，水要浇透，保持场地湿润。浇水时间应根据天气和气温决定，同时要看好场地，不准踏踩。

（3）草苗长出地面2厘米之后，要拔除野草。开始7天拔一次，连续拔4～6次。视野草生长情况确定拔草时间和次数。

（4）5、6月中旬视草苗的长势施肥。每块足球场大小的草坪可施化肥200千克，施1～2次即可。方法：一是将化肥均匀地撒在草坪上，然后浇大水；二是把化肥溶于水中喷洒在草坪上。后一种方法更有利于草的生长。

（5）草坪要定期剪修，保持平整，高度为4～5厘米。剪草用剪草机进行，以装有引擎的手推式剪草机为佳。剪草以在一天内剪完一遍为好。剪草之前要用 1 吨重碾子轧一遍，以免杂物损伤剪刀。剪下来的草应立即清除，以免霉烂，损坏草坪。

（6）草坪损坏的地方要及时栽补，避免裸露部分蔓延。镶补草坪的方法：镶补前，应将表面泥土掘松 2～3 厘米（以使草坪能很快在新环境中生根），将多余的泥土移到旁边（和旧草坪接缝的边缘要多移一些），然后将移过来的草皮一块块镶上。新草坪与旧草坪之间要留有 1.5～2 厘米的空隙，并填满泥土。新镶的草坪应比原有地面高出 1.5～2 厘米，接缝处高 1 厘米左右。要浇洒足量的水，略干后，用 1 吨重碾子碾轧两遍，使草坪平伏、结实，利于草生根繁殖。

（7）入冬前要浇冬水 1～2 次。冬季，待草茎全部干枯后，选微风天将草坪火烧一遍。

五、木质场地的管理、维修与保养

（一）木质场地的管理

（1）场地未经主管部门或主管人员批准，任何单位和个人均不得入内训练或活动。

（2）进入场地的运动员、裁判员和工作人员等必须穿软底鞋，禁止穿皮鞋、高跟鞋和带钉鞋入内。

（3）场内严禁吸烟、吐痰和泼水。禁止在场内踢足球、投掷重器械。场内固定器材不得随意移动。比赛前后布置和收拾器材用具时，要注意轻拿轻放，不得在场上拖拉器械。

（二）木质场地的维修与保养

1. 涂地板蜡

涂蜡是保护木质地板的重要措施，能保持地板不干、不裂、不变质。涂蜡也有缺点，地板表面太光滑，运动员容易摔跤，影响技术发挥。因此，打蜡应视各个场馆的实际情况进行。

打蜡时间与方法如下：（1）每年春季，地湿返潮前打蜡。（2）将地板擦干净晾干。可用碱水或洗衣粉溶液洗擦，也可先用"草根刷子"刷洗，然后用清水冲刷、擦净、晾干。（3）上地板色。色度视地板底色定，亦可根据运动项目的需要进行调配，浓度不宜过大。（4）涂地板蜡。先将蜡装入用豆包布缝制的小袋内（30 厘米×20 厘米），然后从场地某点开始，由前向后，均匀地把蜡涂在地板上，3～4 小时后用打蜡机抛光。

2. 涂地板油

地板油由 10 号柴油、机油、松香等原料配制而成，具有使地板不干燥、不变质和防腐、防滑等作用。一般情况下每周涂 1～2 次，气候干燥时次数可视需要适当增加。涂法：将地板油洒在线墩布上，用墩布拖擦地板 1～2 遍。

3.涂防滑油

体育比赛时，为防止场上运动员脚打滑才使用防滑油。

涂法：将防滑油洒在线墩布上，用墩布拖擦地面。最好是用煤油墩布擦净地板后再涂防滑油。防滑油应视实际需要涂用。例如，篮球比赛时，篮板下的地板要多涂些，中场少涂些。一般是场上运动员跑动、跳跃较多的区域应涂油多一些，跑、跳少的区域不涂或少涂。

4.防滑膜地板

地板上覆盖一层防滑膜。耐磨不涩，很适合运动需要。但它比较怕水、怕灰尘，故要经常保持场地内的卫生。没有比赛时，要保持每天用干净的干布拖擦一遍。比赛前后要拖擦，有比赛时每天要拖擦三四遍。

5.海绵垫（包）、地毯覆盖的地面

每季翻晾、通风一次，以防水汽侵蚀地板和器材。使用直接贴铺在地板上的橡胶面场地，更应定期或不定期翻晾，做好防腐工作。

第六节　体育器材的管理

体育器材和体育场馆一样，是开展体育活动不可缺少的物质基础，常被人们称为体育运动中的"硬件"，十分重要。因此，除了要掌握体育场馆的管理、维修和保养的知识和技能外，还必须熟悉比赛规则对相关器材设备的要求，了解体育器材的性能，掌握体育器材的使用和保养方法，并具有一般的维修技能，才能称得上是一名合格的场地工人。

一、体育器材的种类

体育器材一般可分为比赛器材、教学训练器材和一般性器材。

（一）比赛器材

所谓比赛器材，关键是必须符合该运动项目规则对器材的要求，如球类项目用球的重量、直径或圆周、充气量和颜色等必须符合比赛规则的有关规定。体操比赛用的单杠、吊环、跳马、鞍马、高低杠和平衡木等器械，除其规格要符合体操比赛规则的要求外，质量至关重要，必须能承受比赛时的运动负荷，保证运动员的安全。

实践中选择比赛使用的器材设备，除必须符合比赛规则要求的基本条件外，还应考虑其耐用程度、使用的方便程度和美观程度等指标。因此，必须对购进的器材逐一严格检查，不合格者不得入库，更不能使用。这一点在举办全国性比赛，特别是国际比赛时尤其要严格执行。

（二）教学训练器材

教学训练用器材是以能适应教学和训练的要求为目的，其种类和数量以满足教学训练的需求为依据。现代竞技体育的发展，不仅要求在训练中使用合乎规则要求的体育器材，而且还要求有增进运动员身体素质的多种训练用辅助器材及设备。

教学训练器材品种多数量大，且必须经久耐用，如田径运动的教学训练器材，一般有杠铃、壶铃、哑铃、沙袋、沙护腿、沙背心、跳绳，各种重量的铅球、铁饼、链球、标枪和实心球，训练用栏架、卧推架、下蹲架、力量训练联合器械、肋木、跳马、垫子、爬绳、跳高架、跳箱、棕垫、投掷挡网等。

（三）一般性器材

一般性器材是指通用性的器材，而非体育比赛和教学训练的专用器材，也就是说是举办任何活动都离不开的器材。最常见的有桌子、椅子、凳子、扩音器、运输工具、常用的各种修理工具等，这类器材是每个体育场馆必须具备的基本物品。

二、体育器材的管理

体育器材的管理，要抓好购置、管理和使用三个环节。

（一）把好器材购置关

器材设备的质量关系到运动员的安全，直接影响教学训练的效果和比赛水平的发挥，同时也关系到器材设备的使用寿命和效益大小。器材设备的质量决定于生产使用的材料和工艺。所以在购置器材设备时，要对生产厂家和选购的器材进行深入的考察，严格检查质量。对于比赛用器材设备，更应按比赛规则的要求，严格把关。尤其应注意检查器材设备上制造厂商的名称、标记或商标，看其是否符合比赛规则中的有关规定。因为一些国际单项协会对此有比较严格的规定，例如，国际田联的田径比赛规则中规定："在比赛场内使用的器械上，制造商的名称、标记或商标，必须限于每件只能有一个标记，其高度不得超过3厘米。"这种器材应包括栏架、横竿、报圈用铜钟、投掷器材等，只有上述器材的制造厂商才能在器材上放置自己的标记或商标。国际田联还规定了"跳高和撑竿跳高落地区海绵包上，可有一个或两个制造商的名称或标记，在与助跑方向成直角的两侧各放一个，其字体高度应为海绵包高度的十分之一，最高为10厘米"。上述这些规定，许多厂商不熟悉，而国际田联对于这些标记或商标的检查又是比较严格的，如果场地工人不具备这方面知识，往往使购进的器材设备不能用于国际比赛，既影响了比赛又造成了浪费。

（二）器材设备的入库管理

进入器材室或器材库的器材，应根据发货单进行验收，然后登记入库，通常采取填写器材登记表的形式登记器材设备。登记表应包括器材设备的名称、数量、单价、规格、生产厂家、入库时间和备注等，如表9-3所示。

表9-3　体育设备登记表

名称	数量	单价	规格	生产厂商	入库时间	备注

保管员　　　　　　　　　　　　　　　　　　　年　　月　　日

器材设备的保管多采用分类保管，例如大型田径比赛需要的器材设备共100多种，通常在器材库内按以下几类分别保管：径赛、马拉松、竞走、跳跃、投掷和共同使用的器材设备，在每类中又可以做更细地划分。

器材设备的保管方法必须保证器材设备的质量不受影响。例如跳高和撑竿跳高用的横竿、标枪等器材的保管，必须保证横竿和枪身不变形。电子设备必须置于干燥的房间内，有的需要保存在有空调设备的房间内。多数器材应放在特制的架子上，大型的器材设备可置于干燥的地面上。总之，每一种器材设备的保管方法应服从于该器材设备的特殊要求，任何器材设备都不能置于露天，受风吹、日晒、雨淋的侵蚀。管理工作做得较好的器材室或器材库，在醒目处都有本室存放器材设备的目录和地点，在每一处应有本处存放器材设备的名称和数量。

（三）器材设备的日常管理

为管理好器材设备，必须建立清点检查器材设备的制度，固定性设备要根据该设备的特点，制定检查制度。通常对于所有器材设备来说，年终的清查、比赛前的清查和赛后的清查是必不可少的，清查出不能继续使用的器材设备，要及时维修或报废更新。为管好器材，场地工人在每天活动结束后，应及时清点借出器材的归还情况。称职的场地工人，在每天活动结束后都应到场馆中巡视一遍，检查场地上器材设备的使用情况。

体育器材设备的维护和保养是管理工作的一项重要内容。体育器材设备种类繁多，又是用各种材料制作的，包括金属、木材、人造革、皮、橡胶、棕、毛、布和化纤材料等。各种材料都有一个维护和保养的问题，而每一种材料制作的器材设备维护保养的方法又各有不同。例如，为防止用钢制作的器材生锈，有的可以上漆，有的需要上油。为解决木材制品防潮变形问题，有的外表涂油漆，有的采用蜡封。皮革制品必须防潮，也不能置于日光下暴晒，冬季不能放在靠近暖气片的地方，长期保存必须涂保革油。凡用橡胶制作的器材设备要防止加速老化，禁止与油漆接触。凡用塑料制作的垫子，除了防止加速老化外，还要防火。用毛制的地毯，在使用时必须经常用吸尘器打扫，每周至少两次。在干燥季节，要把地毯拿到馆外晾晒，清除灰尘。库存地毯应置于干燥通风处，并放防虫剂。人造革制品要用半干布擦。

许多体育器材设备，如单杠、双杠、高低杠、铁饼和链球的护笼等，都有一个安全使用的问题。而这些器材设备，由于使用中有耗损，降低了安全保证系数。因此，对于这一类的器材设备，应建立严格的定期检验制度，以便及时更换。

电子设备不能长期放置不用，每过一定时间应进行试运转。

总之，体育器材设备的管理绝不仅仅是简单地清点数量，做好这项工作需要多方面的专业知识和技能以及相关的科学知识。为了用好和管好器材设备，重要的是熟悉器材设备的使用方法，建立规章制度，减少不必要的消耗和损坏，以延长使用寿命。体育器材的管理和场地的管理工作，通常由一个部门不同的场地工人负责，也可以由几个人共同负责。场地器材工作的特点是先开始后结束，即在一项活动之前，先准备好场地和器材设备，有时在活动中间，还要做现场监督工作，在活动结束后，又要整理场地，并将器材入库。因此，场地器材工作时间长而且非常辛苦，这就要求场地器材工人有高度的事业心和责任感，尽心尽力把工作做好。

>>> 练习与思考

1. 体育用地的一般要求是什么？

2. 体育场地的基本构造是什么？

3. 如何铺筑田径场跑道？

4. 修建草坪场地的方法和步骤是什么？

5. 论述不同性质的体育场地的管理、维修及养护方法。

附录一：《普通高等学校体育场馆设施、器材配备目录》说明

一、本目录是根据《学校体育工作条例》《学生体质健康标准》和《全国普通高等学校体育课程教学指导纲要》的有关规定与要求，以当前我国普通高等学校体育设施的现状为基点，着眼于我国高等教育事业全面发展的趋势而制定的。

二、体育场馆设施和器材设备是保证体育教学、课外体育活动和课余训练、竞赛正常进行所必不可少的物质条件，是落实"健康第一"指导思想的具体措施，是学校基本教学条件建设的有机组成部分，也是检查、督导、评估、规范学校办学工作的重要内容之一。各地教育行政部门和学校都应重视和加强体育场馆设施器材的建设和配备工作，在学校建设规划中予以重视，在财力、物力上予以保证。

三、本目录分两大部分，即体育场馆设施配备目录（附录二）和体育场地基本要求及体育器材配备目录（附录三）。

体育场馆设施配备目录分为两类，即基本配备类和发展配备类；体育器材配备目录包括体育场地基本要求。

（一）体育场馆设施配备目录

1. 基本配备类

（1）必配类：是根据体育教学和开展课外体育活动的基本要求，在考虑学校规模、水平的基础上确定的，各学校必须按照要求配备（在校学生不足5000人及以下规模的学校可酌减）。

（2）选配类：选配类是根据学校的具体情况（地域、气候、传统、经济状况等），围绕学校的体育教学内容和开展课外体育活动的需要，自主选择配备。

（3）必配类和选配类共同组成某一学校体育场馆设施的基本配备目录。

2. 发展配备类

根据学校的办学目标定位，学校教学条件的不断完善，要主动使学校体育场馆设施、器材条件进一步满足学生对体育锻炼的要求，从数量和质量上全面提高。但是，"211工程"建设学校和全国重点大学，须按发展配备类目录配备。

（二）体育场地基本要求及器材配备目录

1. 体育场地主要从体育场地占地面积、障碍物的控制范围、照明要求等内容进行明确。

2. 本目录体育场地基本要求不包括体育馆和风雨操场建设标准，也不包

括田径场、足球场等项目的看台建设标准。

3. 本目录所涉及的体育场地基本要求及器材配备目录，是对一个体育项目的单个运动场地或单个运动者确定的配备，同一项目的器材配备数量参照该目录执行。

4. 本目录未涉及的其他体育项目的建设标准及器材配备目录，建设及配备时可参照该项目的竞赛所需标准配备。

四、普通高等学校试办某项高水平运动队，学校应按该项目所需的场馆设施和器材进行配备，应有专项投入和安排。

五、多校区的普通高等学校体育场馆设施的配备，按每校区在校生规模对照此目录分别配备（不开设体育课程的校区除外）。

六、鼓励各普通高等学校加快室内运动场地建设，在保证必配的室内运动场地前提下，增加的室内运动场地面积可按三倍折算成室外运动场地（游泳馆除外）；高水平运动队专用场馆设施不计入室内、外运动场地面积。

七、学校在按目录配备设施器材时，应注意选择美观、实用、安全并经质检部门认定的优质产品。各类运动设施建设必须符合有关的安全要求，要加强对体育场馆器材设施的维护、保养和管理，确保锻炼环境安全和锻炼者的人身安全。

八、少数民族地区和经济欠发达地区的普通高等学校在执行本目录的规定与要求时，可充分利用民族传统体育资源和地理环境资源，因地制宜地配置具有民族特色和地区特色的体育场馆设施和器材，并努力提高其利用率。

九、对低值易耗体育设备与器材，本目录未做具体要求，学校要及时补充，保证体育教学、课外体育活动和课余运动训练竞赛的需要。

附录二：普通高等学校体育场馆设施配备目录

一、在校学生数（含研究生）为 10000 人及以下规模的普通高等学校体育场馆设施配备目录

类别	室外场地设施	室内场地设施
基本配备类	一、面积（生均 4.7 平方米） 二、设施内容 1. 必配类 　　a. 400 米标准田径场（内含标准足球场）1 块。 　　b. 25 米或 50 米标准游泳池 1 个。 　　c. 篮球场、排球场、网球场共 35 块以上。 　　d. 健身器械区若干。 2. 选配类 　　结合学校的人力、财力及学生的兴趣、爱好选择其他设施内容。 三、基本要求 　　a. 400 米标准塑胶田径场（人造草或天然草）。 　　b. 25 米或 50 米标准室外游泳池，具有完整的一套供学生更衣、冲洗的设施。 　　c. 篮球场、排球场、网球场全部进行硬化或绿化。	一、面积（生均 0.3 平方米） 二、设施内容 1. 必配类 　　a. 风雨操场 1 个。 　　b. 健身房（室内活动用房）面积若干。 　　c. 固定的学生体质健康检测场所。 2. 选配类 　　a. 乒乓球（羽毛球）室 1 个。 　　b. 多功能综合健身房 1 个。 三、基本要求 　　a. 地面为平整土质。 　　b. 各专项压房地面均为木质或塑胶。 　　c. 通风和采光良好。

类别	室外场地设施	室内场地设施

发
展
类
	一、面积（生均 5.6 平方米）
	
	二、设施内容
	
	    a. 400 米、300 米田径场（内含足球场）各 1 块。
	
	    b. 标准室外 25 米或 50 米游泳池 1 个（或轮滑、滑雪场地 1 片）。
	
	    c. 篮球场、排球场、网球场、非规范足球场 30 块以上。
	
	    d. 体操、武术、散打、健身器械区若干。
	
	    e. 野外活动（登山、自行车、冲浪等）基地 1 处。
	
	    f. 按学校传统和资源自主选择发展类项目。
	
	三、基本要求
	
	    a. 400 米塑胶田径场 1 块。
	
	    b. 标准的 25 米或 50 米室外游泳池，其中配置更衣室、冲洗房等完整设施。
	
	    c. 篮球场、排球场 90% 硬化（沥青地面），其中 40% 以上为塑胶或人工草皮地面。
	
	    d. 网球场地至少 1 块为塑胶地面。
	
	    e. 其他项目的设施配置适合于项目活动的基本要求。
		一、面积（生均 0.4 平方米）
		
		二、设施内容
		
		    a. 体育馆 1 座。
		
		    b. 风雨操场面积若干。
		
		    c. 乒乓球（羽毛球）室 1 个。
		
		    d. 多功能综合健身房 1 个。
		
		    e. 固定的学生体质健康检测场所。
		
		三、基本要求
		
		    a. 体育馆地面为木质或塑胶。
		
		    b. 风雨操场地面为塑胶或沥青。
		
		    c. 其他室内运动场地地面均应满足该项运动的要求。
		
		    d. 良好的通风、采光、照明等条件。

附录二

二、在校学生数（含研究生）为 10000～20000 人规模的普通高等学校体育场馆设施配备目录

类别	室外场地设施	室内场地设施
基本配备类	一、面积（生均 4.7 平方米） 二、设施内容 1. 必配类 　a. 400 米田径场（内含足球场）2 个。 　b. 25 米×50 米标准室外游泳池 1 个。 　c. 篮球场、排球场、网球场 60 块以上。 　d. 武术、健身器械区若干。 2. 选配类 　结合学校的人力、财力及学生的兴趣、爱好选择其他设施内容。 三、基本要求 　a. 400 米塑胶田径场 2 个。 　b. 天然草皮或人工草皮足球场 2 块。 　c. 25 米×50 米标准室外游泳池，具有一套完整的供学生更衣、冲洗的设施。 　d. 篮球场、排球场、网球场地 100% 硬化。 　e. 网球场地 50％塑胶。 　f. 其他设施符合某项目活动的相应条件。	一、面积（生均 0.3 平方米） 二、设施内容 1. 必配类 　a. 综合多功能体育馆 1 座。 　b. 50 米室内游泳馆 1 座。 　c. 风雨操场 1 个。 　d. 固定的学生体质健康检测场所。 2. 选配类 　a. 跆拳道室（健美操房）1 个。 　b. 乒乓球房（羽毛球房）1 个。 三、基本要求 　a. 体育馆座席不少于 3000 座。 　b. 游泳馆座席不少于 600 个。 　c. 各专项用房地面均为木质或塑胶。

类别	室外场地设施	室内场地设施
发展类	一、面积（生均5.6平方米） 二、设施内容 　　a.400米标准田径场3～4块。 　　b.足球场地3～4块。 　　c.篮球场、排球场、网球场70～80块。 　　d.50米室外游泳池2个（或轮滑、滑雪场地2片）。 　　e.体操、武术、散打、健身器械区若干。 　　f.野外活动（登山、野营、滑水、帆板、自行车、冲浪等）基地1处。 　　g.攀岩场地2块。 　　h.棒球（垒球）场地2块。 　　i.民族传统项目活动区若干。 三、基本要求 　　a.400米塑胶田径场3块。 　　b.天然草皮或人工草皮足球场3个。 　　c.篮球场、排球场硬化面积100%（沥青地面），其中塑胶地面或人工草皮面积80%以上。 　　d.网球场地70%以上为塑胶地面。 　　e.25米×50米室外标准游泳池配置更衣室、冲洗房等完整设施。 　　f.其他项目的设施配置适合于项目活动的基本要求。	一、面积（生均0.4平方米） 二、设施内容 　　a.多功能综合体育馆1座。 　　b.风雨操场2个。 　　c.乒乓球、羽毛球室内房1个。 　　d.50米游泳馆1座。 　　e.手球场地1个（可与篮球场地共用）。 　　f.拳击、防身术、形体场地1处。 　　g.壁球室4处。 　　h.固定的学生体质健康检测场所。 三、基本要求 　　a.综合体育馆座席不少于4000座席。 　　b.25米×50米标准游泳馆，其座席不少于600个。 　　c.其他室内运动场地地面均应满足该项运动的要求。

附录二

三、在校学生数（含研究生）为 20000 人及以上规模的普通高等学校体育场馆设施配备目录

类别	室外场地设施	室内场地设施
基本配备类	一、面积（生均 4.7 平方米） 二、设施内容 1. 必配类 　　a. 400 米田径场（内含足球场）4 个。 　　b. 篮球场、排球场、网球场 80 个。 　　c. 25 米×50 米室外游泳池（轮滑、滑雪场地）2 个。 　　d. 武术、健身器械区若干。 2. 选配类 　　结合学校的人力、财力及学生的兴趣、爱好选择其他设施内容。 三、基本要求 　　a. 400 米塑胶田径场 4 个。 　　b. 天然草皮或人工草皮足球场 4 块。 　　c. 25 米×50 米标准室外游泳池，具有完整的供学生更衣、冲洗的设施。 　　d. 篮球场、排球场 90％硬化。 　　e. 网球场地 80％塑胶。 　　f. 其他设施符合某项目活动的相应条件。	一、面积（生均 0.3 平方米） 二、设施内容 　　a. 多功能综合体育馆 1 座。 　　b. 50 米室内游泳馆 1 座。 　　c. 风雨操场 2 个。 　　d. 室内单项运动场地若干。 　　e. 固定的学生体质健康检测场所。 三、基本要求 　　a. 体育馆座席不少于 4000 座。 　　b. 游泳馆座席不少于 600 个。 　　c. 各专项用房地面均为木质或塑胶。

类别	室外场地设施	室内场地设施
发展类	一、面积（生均 5.6 平方米） 二、设施内容 　　a. 400 米田径场在基本配备类标准的基数上每增加 5000 人增设 1 个。 　　b. 足球场地在 20000 人发展类标准的基数上每增加 5000 人增设 1 个。 　　c. 篮球场、排球场、非规范足球场、网球场在 20000 人发展类目录的基数上每增加 500 人各增设 1 个。 　　d. 50 米室外游泳池（轮滑、滑雪场地）在 20000 人发展类目录的基数上每增加 10000 人增设 1 个。 　　e. 体操、武术、散打、健身器械区若干。 　　f. 野外活动（登山、野营、滑水、帆板、自行车、冲浪等）基地 1 处。 　　g. 攀岩场地 2 块。 　　h. 棒球（垒球）场地在 20000 人发展类目录的基数上每增加 10000 人增设 1 个。 　　i. 民族传统项目活动区若干。 三、基本要求 　　a. 400 米塑胶田径场占田径场数目的 2/3 以上。 　　b. 天然草皮或人工草皮足球场占足球场数目的 2/3 以上。 　　c. 篮球场、排球场硬化面积 100%（沥青地面），其中塑胶地面或人工草皮面积 80% 以上。 　　d. 网球场地 90% 以上为塑胶地面。 　　e. 50 米室外标准游泳池配置更衣室、冲洗房等完整设施。 　　f. 其他项目的设施配置适合于项目活动的基本要求。	一、面积（生均 0.4 平方米） 二、设施内容 　　a. 多功能综合体育馆 2 座。 　　b. 风雨操场 3 个。 　　c. 乒乓球、羽毛球室内房 2～3 个。 　　d. 25 米 × 50 米游泳馆在 20000 人发展类目录的基数上每增加 20000 人增设 1 个。 　　e. 各单项均有专用的室内运动场地。 　　f. 满足每单元开课学生室内的教学需要。 　　g. 固定的学生体质健康检测场所。 三、基本要求 　　a. 综合体育馆座席不少于 5000 座席。 　　b. 每个风雨操场面积不少于 2000 平方米。 　　c. 每个综合健身房不少于 300 平方米。 　　d. 每个标准游泳馆，其座席不小于 600 个。 　　e. 每个乒乓球、羽毛球练习房不小于 300 平方米。 　　f. 每个拳击、防身术、形体场地不小于 300 平方米。 　　g. 其他设施标准同前。

附录二

附录三：普通高等学校体育场地基本要求及体育器材配备目录

一、《学生体质健康标准》测试器材

（一）基本要求

1.测试场所相对固定；以一套仪器组合为例说明，每套所需场地面积原则上不少于 100 平方米。

2.在校学生数（含研究生）为 10000 人及以下规模的学校配备两套；在校学生数（含研究生）为 10000～20000 人规模的学校配备三套；在校学生数（含研究生）在 20000 人及以上规模的学校配备四套。

3.学生体质健康管理软件和"学生体质健康标准"智能服务系统配备一套。

（二）《学生体质健康标准》测试器材组合配备目录（一套）

序号	仪器名称	数量	备注
1	身高仪	1	
2	体重仪	1	
3	肺活量计	2	
4	台阶实验仪器	6	采用"一测六"的机型时可只配备一件
5	握力计	1	
6	仰卧起坐测试仪	1	
7	立定跳远测试仪	1	
8	坐位体前屈测试仪	1	
9	50 米跑测试仪	2	采用"一测二"的仪器时可只配备一件

二、田径

（一）田径场地基本要求

1. 400 米跑道标准田径场占地面积为 172.60 米×91.52 米＝15796 平方米。

2. 300 米跑道标准田径场占地面积为 136.02 米×67.92 米＝9238 平方米。

（二）田径器材配备目录

序号	器材名称	规格要求	数量	备注
1	计时器	电子秒表	33 块	
2	发令枪	多发式	4 把	
3	发令台	可移动	2 副	
4	起跑器	联合式	10 副	
5	风向标		4 副	
6	风速仪		2 台	
7	道次盒	四面写字 1～10 两面写字 1～8	1 套 1 套	直道 弯道
8	终点信号铃	带架子	1 个	
9	终点记圈显示牌	1～25	1 套	
10	扩音器	手提式喇叭	5 个	
11	标枪、铁饼、铅球角度线	200 米/卷（宽 5 厘米）	3 卷	
12	钢卷米尺	100 米、20 米 10 米	各 3 卷 6 卷	
13	皮尺	50 米 30 米	6 卷 2 卷	
14	钉字木	高 10 厘米	2 个	
15	标志木、胶带	小木块（医用胶布）	若干	
16	停止墩 起跳踏板标牌	红色圆锥体 0.4 米高 0.2 米×0.3 米	6 个 4 副	
17	镁粉盒	带架子	4 个	
18	撑竿跳高丈量尺	自动升降（5.5 米）	1 根	
19	撑竿跳高横杆撑架	两节式（4 米）	2 根	
20	跳高丈量尺	2.5 米	1 根	
21	标枪、铁饼远度显示牌	30、35、40、45、50、55、60、65、70、75	各 1 套	
22	高度显示牌		2 个	

序号	器材名称	规格要求	数量	备注
23	跨栏架		100 副	
24	栏架高度丈量尺	木制	10 把	
25	运栏架推车		2 辆	
26	马扎（小板凳）		20 个	
27	抢道旗 抢道标志块	1.5 米高三角红旗 高 0.15 米红白相间	4 面 7 个	
28	A、B 两组起跑隔离墩	高 0.40 米圆锥体	40 个	
29	竞走犯规记录卡 竞走犯规警告牌	红色 6 黄 2 红	1 套 1 套	
30	检录公告牌 成绩公告牌	1.2 米×1.5 米 1.2 米×2.4 米	2 块 8 块	
31	跳高架、撑杆跳高架		各 1 副	
32	3000 米障碍架		1 套	
33	跳高海绵垫子、撑杆跳高海绵垫子		若干	
34	铁饼护笼		1 套	
35	信号旗	白、红、绿、黄	40 面	
36	计时裁判台、终点裁判台		各 1 副	

三、篮球

（一）篮球场地基本要求

1. 场地净面积为 28 米×15 米＝420 平方米。

2. 场地占地面积为 32 米×19 米＝608 平方米。

3. 场地以上至少 7 米不得有障碍物。

4. 灯光照明至少为 1500 勒克斯，照明设备的安置不得妨碍队员和裁判员视觉。

（二）篮球器材配备目录

序号	器材名称	规格要求	数量	备注
1	篮球架	独立式、悬挂式	1 副	
2	篮板	木质或透明材料	2 块	木质篮板用黑色线条，透明材料篮板用白色线条
3	篮圈	实心钢材，内径 45 厘米	2 个	漆成橙色
4	篮网	每一篮网要有 12 个小环，网长 40～45 厘米		
5	计时钟	电子	1 只	
6	计时秒表	电子	1 只	
7	24 秒钟装置	电子	1 个	数字倒计数型，用秒指示时间 两队都不控制球时，装置上不显示 具有能停止并在重新开始时能继续倒计时的能力
8	30 秒钟装置	自动的倒计时装置，用秒计算时间	1 个	
9	电子显示屏		1 个	观众能看清楚
10	记录板		2 个	与比赛有关人员能看清楚，记录比赛时间、比分、节数、暂停次数等
11	信号器	2 种相互独立	4 只	信号足够强
12	队员犯规牌	白色，20 厘米 × 10 厘米	1 副	包括换人牌
13	全队犯规标志	红色，20 厘米×35 厘米或电子	1 副	

四、足球

（一）足球场地基本要求

1. 足球场地必须是长方形，长度必须大于宽度。

2. 足球场地的尺寸范围：长度 120～90 米，宽度 90～45 米。

3. 国际比赛场地长度为 110～100 米，宽度最短 64 米，比赛地面为草地。

4. 球场外距边线 5～6 米处应设有裁判台区域，其他障碍物应在距边线和球门线 6 米以外。

（二）足球器材配备目录

序号	器材名称	规格要求	数量	备注
1	球门	金属	1 副	白色
2	球网		1 副	
3	角旗		4 面	
4	换人牌	电子或木质	1 套	
5	计时表	电子或机械	1 只	
6	手旗		2 面	
7	电子显示屏		1 套	

五、排球（软式排球）

（一）排球场地基本要求

1. 场地净面积为 18 米×9 米＝162 平方米；场地占地面积为 26 米×14 米＝364 平方米。

2. 场地上空至少 12.5 米不得有障碍物。

3. 灯光照明为 1000～1500 勒克斯。

（二）排球器材配备目录

序号	器材名称	规格要求	数量	备注
1	网柱	2.55 米	2 根	可调高度、外裹海绵
2	球网		1 副	
3	标志带	0.05 米×1 米	2 条	白色
4	标志竿	180 厘米×1 厘米	2 根	玻璃纤维，高出球网部分每 10 公分涂有鲜明的对比色
5	裁判台		1 个	能升降，活动座椅
6	丈量杆	2.5 米×0.05 米	1 根	
7	换人牌		2 副	白色
8	气压表		1 只	
9	钢丝绳	11 米	1 条	

六、沙滩排球

（一）沙滩排球场地基本要求

1. 场地净面积为 18 米×9 米＝162 平方米；场地占地面积为 23 米×14 米＝322 平方米。

2. 场地上空至少 12.5 米高无障碍物。

（二）沙滩排球器材配备目录

序号	器材名称	规格要求	数量	备注
1	网柱	2.55 米	2 根	可调高度、外裹海绵
2	球网	9.5 米×1 米，网孔 10 厘米×10 厘米	1 副	
3	标志带	1 米×5 厘米	2 条	彩色
4	标志杆	1.8 米，直径 0.01 米	2 根	玻璃纤维，高出球网每 10 厘米涂有明显对比色
5	裁判台		1 个	可升降
6	丈量杆	2.5 米×0.05 米	1 根	
7	司线旗		2 面	
8	换人牌		2 块	
9	钢丝绳	11 米	1 条	
10	计分牌		1 个	

七、乒乓球

（一）乒乓球场地基本要求

1. 场地净面积为 2.74 米×1.525 米＝4.1785 平方米；场地占地面积为 14 米×7 米＝98 平方米。

2. 场地上空至少 4 米无障碍物。

3. 场地灯光不低于 1000 勒克斯。

（二）乒乓球器材配备目录

序号	器材名称	规格要求	数量	备注
1	球台	2.74 米×1.525 米×0.76 米	1 个	暗色，有一定弹性
2	球网	0.1525 米×1.825 米	1 副	
3	裁判台		1 个	
4	计分牌		2 块	
5	挡板	1.4 米×0.75 米	若干	深色，轻便稳妥
6	记录台		1 个	

八、羽毛球

（一）羽毛球场地基本要求

1. 单打场地净面积为 13.4 米×5.18 米＝69.41 平方米，双打场地净面积为 13.4 米×6.10 米＝81.74 平方米。

2. 单打场地占地面积为 15.4 米×7.18 米＝110.57 平方米，双打场地占地面积为 15.4 米×8.10 米＝124.74 平方米。

3. 场地上空至少 9 米内无障碍物；场地灯光至少 1200 勒克斯。

（二）羽毛球器材配备目录

序号	器材名称	规格要求	数量	备注
1	网柱	1.55 米	2 根	
2	球网	6.10 米×0.75 米，孔 15 毫米×20 毫米	1 个	深色
3	钢丝	6.50 米，直径 3 毫米	1 条	
4	裁判员座椅	1.4 米高	1 把	
5	发球裁判椅	常用靠背椅	2 把	
6	司线裁判椅		2 把	
7	暂停标志	50 厘米圆锥、三角	1 个	
8	量网尺	1.6 米×0.04 米木质或铅质	1 把	

九、网球

（一）网球场地基本要求

1. 单打场地净面积为 23.77 米×8.23 米＝195.627 平方米，双打场地净面积为 23.77 米×10.97 米＝260.757 平方米。

2. 单打场地占地面积为 27.43 米×14.63 米＝401.3 平方米，双打场地占地面积为 28.8 米×14.63 米＝421.344 平方米。

3. 场地上空至少 12 米内无障碍物。

（二）网球器材配备目录

序号	器材名称	规格要求	数量	备注
1	网柱		2 根	
2	球网		1 副	
3	裁判台		1 个	扶手带垫板
4	发球裁判椅		2 把	

序号	器材名称	规格要求	数量	备注
5	底线裁判椅		2 把	
6	运动员座椅、衣筐		单 2 双 4	
7	记录板		1 块	

十、击剑

（一）击剑场地基本要求

1. 击剑剑道或击剑台的场地长 14 米，宽 1.8～2 米，场地的延伸部分长 1.5～2 米，场地延伸部分以后应有一定距离的斜坡，剑道的高度不应超过 50 厘米，场地及延伸部分应铺设金属网，一般长 17～18 米。

2. 一般性比赛场地可缩短，但包括延伸部分在内不得少于 13 米。

3. 击剑场地可由木、油毡、橡胶、软木、塑料及金属等材料制成，场地应平整，坡度和光线对双方应均等。

（二）击剑器材配备目录

序号	器材名称	规格要求	数量	备注
1	拖线盘或悬挂拖线	18～20 米	2 只	每根最大电阻为 3 欧姆
2	附属电缆		2 根	每根最大电阻为 2.5 欧姆
3	身上电线	不短于 40 厘米	2 根	每根电阻不超过 1 欧姆
4	外接显示灯（指示灯）	一组红、白灯 一组绿、白灯	2 组	
5	电源接线板	5 安三相插座 4 只	1 个	
6	六角扳手	6 毫米	1 只	
7	小螺丝刀		1 把	
8	双音哨		1 只	
9	秒表		1 只	
10	袖标号码	1～8 号	2 套	
11	大黑板（白板）		1 块	
12	佩剑抽签牌		1 个	
13	互中指示牌		1 套	
14	团体比分牌		1 套	
15	计算机		1 台	
16	打印机		1 台	
17	面罩		1 副	

十一、自行车

（一）自行车场地基本要求

1. 场地：250 米、300 米、333.33 米、400 米。

2. 公路：柏油公路、路面平整、有一定的坡度、15 千米以上。

3. 山地：森林公路和跑道、原野、土或砾石小路，不超过全程 15% 的柏油公路路段。

（二）场地自行车器材配备目录

序号	器材名称	规格要求	数量	备注
1	场地自行车或公路自行车			传动系数不得大于 6.73
2	计时秒表	电子或机械	8 块	
3	记圈牌		2 块	
4	铃铛		2 只	
5	发令枪		2 支	
6	烟屏		1 个	
7	记录台		1 个	
8	出发旗	40 厘米×40 厘米	2 面	4 厘米×4 厘米黑白相间
9	小红旗		8 面	

（三）公路自行车器材配备目录

序号	器材名称	规格要求	数量	备注
1	公路自行车			
2	计时秒表	电子或机械	8 块	
3	发令枪		1 支	带发令弹若干
4	开道车		1 辆	
5	摩托车		4 辆	
6	雨衣		4 套	
7	对讲机		8 部	
8	最后一公里标志		1 块	横幅
9	出发旗		1 面	

（四）山地自行车器材配备目录

序号	器材名称	规格要求	数量	备注
1	山地自行车			
2	计时秒表	电子或机械	8块	
3	发令枪		1支	带发令弹若干
4	对讲机		8部	
5	标志牌		若干	包括急弯、陡坡、水桥等
6	最后一公里标志		1块	白色横幅

十二、水球

（一）水球场地基本要求

1. 水球场地宽度为10～20米，两球门线之间的距离为20～30米。女子比赛场地的最大限度是长25米，宽17米。

2. 池区周围有一定的活动区域。

3. 国际游联举办的水球比赛，场地的范围、水深、水温、光照强度应符合设备条例规定的标准。

（二）水球器材配备目录

序号	器材名称	规格要求	数量	备注
1	球门		1对	
2	球门网		1对	
3	旗	35厘米×20厘米红、白、蓝旗	红、白旗各3套 蓝旗1套	

十三、帆板

（一）帆板场地基本要求

适于帆板运动的水域，一般在海上，距海岸1～2千米海域内无通航，水域内无危害生物。

（二）帆板器材配备目录

序号	器材名称	规格要求	数量	备注
1	帆板	男、女	若干	
2	救生衣		若干	
3	摩托艇		一艘	

十四、垒球

（一）垒球场地基本要求

1. 垒球场地净面积为 3.14 米×70 米×70/4 米＝3846.5 平方米。

2. 垒球场地占地面积为 3.14 米×79 米×79/4 米＝4899.2 平方米。

（二）垒球器材配备目录

序号	器材名称	规格要求	数量	备注
1	本垒板	五边形，每条边长 20 厘米、20 厘米、30 厘米、30 厘米、45 厘米	1 块	橡胶板
2	投手板	60 厘米×15 厘米	1 块	木质或橡胶
3	垒包	38 厘米×38 厘米×13 厘米	3 个	帆布
4	手套	虎口上沿不大于 12.7 厘米	10 副	
5	球棒	不超过 1077 克		粗≤5.7 厘米
6	护具		1 套	头盔、护面、护胸、护腿
7	计分牌		2 个	

十五、跳水

（一）跳水场地基本要求

1. 跳水池至少 25 米×16 米，水深 5～6 米。

2. 跳水设施应在 25 米长的一侧，对岸和后背不应设看台，宜为深色背景。跳台的朝向应避免自然或人工光源。

3. 跳水设施上空的无障碍空间、下部水深应符合跳水竞赛规则要求。

4. 在跳水设施附近，沿跳水池壁有出水池的台阶。

5. 跳水池的水面采用两种搅动的办法：充分冒泡和喷水。

（二）跳水器材配备目录

序号	器材名称	规格要求	数量	备注
1	跳水板	1 米、3 米板		应符合跳水设备规格要求
2	跳台	3 米、10 米台		应符合跳水设备规格要求
3	厚海绵垫（或海绵坑）		3～5 块（一个）	
4	安全保护设备		一套	

十六、健美操

（一）健美操场地基本要求

1. 双人、单人场地净面积为 7 米×7 米＝49 平方米；3 人、6 人场地净面积为 12 米×12 米＝144 平方米；健美操场地占地面积为 14 米×14 米＝196 平方米。

2. 健美操比赛台高 80～100 厘米，后面有背景遮挡。

3. 光照度标准为 4000～5000 勒克斯（要有顶光和底光）。

（二）健美操器材配备目录

序号	器材名称	规格要求	数量	备注
1	竞技健美操地板		若干	
2	裁判台		1个	
3	运动员座席		若干	
4	广播设备		1套	

十七、举重

（一）举重场地基本要求

1. 举重台净面积为 4 米×4 米＝16 平方米。

2. 举重台上安放各种质地坚实的材料，表面可覆盖防滑材料。周围三面应铺上垫子，与台基本保持平面即可，其宽度无明确规定。

（二）举重器械配备目录

序号	器材名称	规格要求	数量	备注
1	横杠	重量为20千克	一条	
2	卡箍	重量为2.5千克	2个	
3	杠铃片		若干	
4	电子磅秤		1台	
5	电子计时器		1个	
6	试举显示牌		1个	
7	后场成绩公布牌		1个	
8	裁判台		1个	
9	深蹲架		1个	
10	杠铃片搁架		1个	
11	海绵垫		1个	
12	镁粉盒		1个	

十八、龙舟

（一）龙舟场地基本要求

1. 场地应设在静水水域，航道是直的。

2. 根据艇数和场地条件设 6 或 8 条航道，每道宽可为 9 米、11 米或 13.5 米。

3. 航道最浅水深不得少于 2.5 米，航道内无水草、暗礁和木桩，航道外 5 米内无障碍物，航道一侧应设 20～30 米宽的副航道。

4. 有相对固定的或临时的码头与舟艇存放区域。

（二）龙舟器材配备目录

序号	器材名称	规格要求	数量	备注
1	舟艇、桨	小型龙舟		每个人 1 舟
2	鼓具		1 套	
3	旗		1 面	

十九、定向越野

（一）定向越野场地基本要求

1. 地形由地物和地貌组成。要有固定性物体如居民地、建筑物、道路、河流、树木等；最好在大都不太熟悉或不熟悉的环境中进行。

2. 路线应具有可选择性，使参加者能够根据自己的能力对前进方向和路线进行选择；路线应具有可读性，使练习者依赖识图的能力，体现定向越野的特点；越野路线通常按环形设计。

3. 检查点最好在 500～1000 米之间，如受地图比例和地形条件限制，距离可放宽至 1000～3000 米。

（二）定向越野器材配备目录

序号	器材名称	规格要求	数量	备注
1	基础器材	检查卡片 21 厘米×10 厘米、地图、检查点标志、计时器、打卡器	1 套	
2	指南针		1 个	每人 1 个

二十、艺术体操

（一）艺术体操场地基本要求

1. 艺术体操场地净面积为 13 米×13 米＝169 平方米。

2. 场地上空至少 8 米内无障碍物。

3. 灯光强度在 750 勒克斯以上。

（二）艺术体操器材配备要求

序号	器材名称	规格要求	数量	备注
1	绳	长度与身高相当，两端无柄	1 条	每人 1 条
2	圈	内径为 80～90 厘米，重量至少 300 克	1 个	每人 1 个
3	球	直径为 18～20 厘米，重量至少 400 克	1 只	每人 1 只
4	棒	长 40～50 厘米	1 根	每人 1 根
5	带	宽 4～6 厘米，长至少 6 米，重 35 克以上（不包括棍），棍长 50～60 厘米	1 条	每人 1 条

二十一、健美器械

（一）健美器械场地基本要求

1. 赛台底层占地面积为 12 米×4 米＝48 平方米。

2. 赛台净面积为 9 米×1.5 米＝13.5 平方米。

3. 赛台背幕高不低于 6 米，宽不少于 15 米。

4. 灯光强度不低于 4500 勒克斯。

（二）健美器械器材配备目录

序号	器材名称	规格要求	数量	备注
1	地毯	浅色，与赛台大小相同	1 块	
2	综合训练器		1 套	
3	磅秤		1 台	
4	广播音响		1 套	
5	裁判台		1 个	
6	小型台灯		若干	

二十二、棒球

（一）棒球场地基本要求

1. 场地净面积至少为 76.2 米×76.2 米＝5806.44 平方米。

2. 场地占地面积为 94.2 米×94.2 米＝8873.64 平方米。

3. 场地灯光 6～8 塔，高度不少于 28 米。

（二）棒球器材配备目录

序号	器材名称	规格要求	数量	备注
1	本垒板	五边形 45 厘米、22 厘米、22 厘米、30 厘米、30 厘米	1块	白色橡胶板
2	投手板	61 厘米×15 厘米	1块	白色橡胶
3	垒包	38.1 厘米×38.1 厘米×（7.6～12.7）	3个	白色帆布
4	手套		1套	接手、一垒、分拍、投手手套
5	球棒	1.07 米长，末端 25.5 厘米，最粗处不超过 7 厘米	若干	木质或金属
6	护具	头盔、护面、护胸、护腿	1套	
7	松香粉、镁粉		若干	
8	计分牌		2个	绿色或黑色

二十三、手球

（一）手球场地基本要求

1. 手球场地净面积为 40 厘米×20 厘米＝800 平方厘米。

2. 手球场地占地面积为 41 厘米×22 厘米＝902 平方厘米。

3. 场地上空至少有 8 米无障碍空间。

4. 灯光强度不少于 1600 勒克斯。

（二）手球器材配备目录

序号	器材名称	规格要求	数量	备注
1	球门	2 米×3 米	1副	带网
2	记录台		1个	
3	计分牌		2个	
4	计时钟	正计数	1只	

二十四、毽球

（一）毽球场地基本要求

1. 毽球场地净面积为 11.88 米×6.1 米＝72.468 平方米。

2. 毽球场地占地面积为 13.88 米×8.1 米＝112.428 平方米。

3. 场地上空至少 6 米以内无障碍物。

（二）毽球器材配备目录

序号	器材名称	规格要求	数量	备注
1	球柱		2 个	
2	球网	7 米×0.76 米	1 副	
3	裁判台		1 个	
4	计分牌		2 个	
5	标志带	4 厘米×76 厘米	2 条	
6	标志杆	长 1.2 米，直径 1 厘米	2 条	
7	司线旗		2 面	
8	计时钟	电子或机械	1 块	

二十五、散手

（一）散手场地基本要求

1. 散手场地净面积为 8 米×8 米＝64 平方米。

2. 散手赛台高 60 厘米，赛台中心画有直径 100 厘米的阴阳鱼图，台下四周铺有高 20～40 厘米，宽 2 米的保护垫。

（二）散手器材配备目录

序号	器材名称	规格要求	数量	备注
1	护头		1 个	每人 1 个
2	护齿		1 个	每人 1 个
3	护胸		1 个	每人 1 个
4	护裆		1 个	每人 1 个
5	护腿		1 副	每人 1 副
6	护脚背		1 副	每人 1 副
7	拳套		1 副	每人 1 副
8	腿靶		1 个	每人 1 个
9	踹靶		1 个	每人 1 个
10	手靶		1 个	每人 1 个
11	绷带		若干	
12	沙包		若干	
13	沙人		若干	

二十六、武术

（一）武术场地基本要求

1. 单练、对练场地净面积为 14 米×8 米＝112 平方米。

2. 集体项目场地净面积为 16 米×14 米＝224 平方米。

3. 场地上方至少有 8 米的无障碍空间。

（二）武术器械配备目录

序号	器材名称	规格要求	数量	备注
1	刀	按练习者身高确定使用型号	1 把	每人 1 把
2	剑	按练习者身高确定使用型号	1 把	每人 1 把
3	棍	全长不得短于本人身高	1 根	每人 1 根
4	枪		1 杆	每人 1 根
5	电子评分设备		1 套	
6	显示牌		1 个	
7	计算机		1 台	
8	兵器架		1 个	

二十七、游泳

（一）游泳池基本要求

1. 50 米游泳池净面积为 50 米×21 米＝1050 平方米。

2. 25 米游泳池净面积为 25 米×21 米＝525 平方米。

3. 灯光强度不得少于 1500 勒克斯。

4. 池水深度为 1.8 米。

5. 池水净化应采用过滤净化法。

6. 池水消毒采用氧化消毒法。

（二）游泳器材配备目录

序号	器材名称	规格要求	数量	备注
1	固定分道线	直径 15 厘米	9 条	
2	仰泳转身标志线	横跨游泳池的旗绳	2 条	
3	召回线	距离水面 1.2 米以上	1 条	能有效盖住全部水道
4	仰泳转身标志杆和召回杆	高出水面 1.8～2.5 米	8 根	

序号	器材名称	规格要求	数量	备注
5	发令台	高40～50厘米，长80～90厘米	1个	
6	发令枪		1支	带子单若干
7	烟屏		1个	
8	口哨		若干	
9	终点裁判台	阶梯式	1个	
10	秒表		30块	
11	长距离报趟牌		16块	
12	铃铛		8个	
13	夹板		40个	
14	自动计时装置		1套	
15	成绩公告板		1块	
16	溢水槽及池外走道	溢水槽内每隔3米设有通下水道的泄水孔		
17	出发台	每道2个		
18	配套设施	更衣室、淋浴室、浸脚消毒池、厕所、饮水池	1套	
19	空气调节器			

二十八、曲棍球

（一）曲棍球场地基本要求

1. 曲棍球场地净面积为 91.4 米×55 米＝5027 平方米。

2. 曲棍球场地占地面积为 93.4 米×57 米＝5323.8 平方米。

3. 灯光亮度不低于 4 塔。

（二）曲棍球器材配备目录

序号	器材名称	规格要求	数量	备注
1	球门	3.66 米×2.14 米带网	2个	
2	球棍	$34 \leqslant n < 794$ 木质	1条	
3	秒表		1块	
4	计分牌		2块	

序号	器材名称	规格要求	数量	备注
5	记录台		1个	
6	护具	护身、护腿、护脚、手套、头盔、护肘	1套	每人1套
7	旗杆	1.5米高，旗30厘米×30厘米	6个	

二十九、软式网球

（一）软式网球场地基本要求

1. 软式网球场地净面积为 23.77 米×10.97 米＝260.757 平方米。

2. 软式网球场地占地面积为 29.77 米×18.97 米＝564.737 平方米。

（二）软式网球器材配备目录

序号	器材名称	规格要求	数量	备注
1	球柱、网	柱高 1.06 米，直径 7.5 厘米，网 12.65 米×1.06 米	柱2 网1	
2	钢丝绳	15 米	1条	
3	裁判椅	1.5 米高扶手带垫板	1把	
4	司线椅		6把	
5	计分板		1块	

三十、射箭

（一）射箭场地基本要求

1. 射箭场地净面积为 130 米×150 米＝19500 平方米。

2. 射箭场地占地面积为 140 米×160 米＝22400 平方米。

（二）射箭器材配备目录

序号	器材名称	规格要求	数量	备注
1	发令台		1个	
2	靶号牌		1个	
3	风向旗	30 厘米×25 厘米，三角形	1面	两种不同颜色（不用红色）
4	示意旗	30 厘米×25 厘米，三角形	1面	红色

序号	器材名称	规格要求	数量	备注
5	灯光	三色	1套	
6	计时牌	120厘米×80厘米	2个	
7	电子计时器	30厘米	1个	倒数顺序
8	距离牌	50厘米	2个	
9	轮射顺序牌		1个	
10	成绩公告牌		2块	
11	计分夹		1个	
12	环靶	直径80～122厘米	1个	由里向外黄、红、浅蓝、黑、白
13	箭靶、靶架	124厘米	1套	

三十一、拳击

（一）拳击场地基本要求

1. 拳击场地净面积为4.9～6.1平方米。

2. 拳击场地占地面积8平方米。

（二）拳击器械配备目录

序号	器材名称	规格要求	数量	备注
1	拳击台	4.9～6.1平方米，1米高，四角有固定角柱	1个	
2	拳击围绳	直径3～5厘米，用光滑面料裹住	4条	
3	台垫	1.5～2厘米厚，毡制、橡胶等	1个	
4	台阶		2个	
5	计时钟	倒计时	1挂	
6	铜锣	带锣锤	1挂	
7	拳击手套	284克，不同颜色，皮革重不超总重一半	1副	每人1副
8	护具		1套	每人1套
9	秒表		2块	
10	急救药具	担架、氧气、药物	1套	
11	裁判台		4个	

三十二、冰球

（一）冰球场地基本要求

冰球场地长 56～61 米，宽 26～30 米。场地四周设有界墙，高 1.15～1.22 米。

（二）冰球器材配备目录

序号	器材名称	规格要求	数量	备注
1	冰球刀鞋		1 双	每人 1 双
2	护具		1 套	每人 1 套
3	冰球杆		1 支	每人 1 支
4	冰球		若干	
5	球门		1 对	
6	球网		1 对	
7	球场维护设备		1 套	

三十三、登山

（一）登山场地基本要求

1. 具备登山的地貌。

2. 具有生命保障环境，如有水源，无恶劣气候、动物伤害、险恶地形等。

3. 具有熟悉地质、地貌的专业人员。

（二）登山器材配备目录

序号	器材名称	规格要求	数量	备注
1	必备药品	外用药、抗生素药物、解热止痛感冒药物、简单医疗器具	1 宗	
2	常规器械	帐篷、背包、太阳镜、太阳帽、睡袋、防潮垫、袜子、安全袋、绳套、防风衣裤、炊具、炉具、多功能水壶、吸管、净水杯、指北针、望远镜、等高线地图、防水灯具、各种刀具等	1 宗	
3	备用器械	雪套、高山靴、冰爪、长冰镐、短冰镐、上升器、下降器、结组绳、冰锥、路线旗、路线绳、高山帐篷、吊锅、岩石锥雪铲、小绳套、主（小）铁锁、安全袋、头盔、防寒衣裤	1 宗	

三十四、远足

（一）远足场地基本要求

1. 能够徒步进行的公路，爬山，涉河，穿越丛林、沙漠、雪域等地理环境。

2. 保证基本生存的环境与条件，如有水源、食物，无恶劣气候、动物伤害、险恶地形等。

（二）远足器材配备目录

序号	器材名称	规格要求	数量	备注
1	必备药品	外用药、抗生素药物、解热止痛感冒药物、简单医疗器具	1宗	
2	常规器械	帐篷、背包、太阳镜、太阳帽、睡袋、防潮垫、袜子、安全袋、绳套、防风衣裤、炊具、炉具、多功能水壶、吸管、净水杯、指北针、望远镜、等高线地图、防水灯具、各种刀具等	1宗	

三十五、攀岩

（一）攀岩场地基本要求

1. 自然岩场必须选择适宜的岩石陡壁和场地，这是最基本的条件。

2. 陡壁上的岩石风化程度要较小，地质比较坚硬，且具有可攀登性。

3. 按照国际8个等级的标准，可限制在五级以下，即坡度在75°以下，个别地段可达85°～90°。

4. 攀岩场地应确保安全，交通方便，岩壁上应少杂草和尘土等覆盖物，顶端要有固定绳索的岩石和树木。

5. 人工攀岩墙应具有产品质量检验合格的安全保护绳索及设施。

（二）攀岩器材配备目录

序号	器材名称	规格要求	数量	备注
1	安全带		1条	每人1条
2	下降器	"8"字环形	1只	每人1只
3	安全绳索和绳套		1套	每人1套
4	安全头盔		1只	每人1只
5	攀岩鞋		1双	每人1双
6	镁粉和粉袋		一袋	每人1袋

序号	器材名称	规格要求	数量	备注
7	绳子	直径 9～11 毫米，主绳 11 毫米	1 条	每人 1 条
8	铁索和绳套		1 套	每人 1 套
9	岩石锥		1 只	每人 1 只
10	岩石锤		1 只	每人 1 只
11	岩石镐		1 只	每人 1 只
12	装备包		1 只	每人 1 只

三十六、滑雪

（一）滑雪场地基本要求

1. 越野滑雪

（1）在自然条件下，要求路线有起伏、转变和上下坡，应确保学生安全。

（2）滑雪路线应包括 1/3 的上坡，1/3 的起伏路面和 1/3 变化的下坡。

（3）路线的最高点不应超过海拔 1800 米。

（4）路线宽度至少 3～4 米，以使运动员安全无阻地滑行。

2. 高山滑雪

速降场地起点与终点的高度差为 800～1000 米，女子为 500～700 米，路线长度应保证男子最好成绩不少于 2 分钟，女子不少于 1 分 40 秒。

（二）滑雪器材配备目录

序号	器材名称	规格要求	数量	备注
1	滑雪板		1 套	每人 1 套
2	滑雪杖		1 对	每人 1 对
3	头盔		1 只	每人 1 只
4	滑雪服		1 套	每人 1 套
5	防寒帽子、手套		1 套	每人 1 套
6	弹簧旗杆		若干	
7	雪蜡		1 宗	
8	旗门		若干	
9	安全网		1 套	
10	方向旗	旗杆长约 30 厘米	若干	
11	索道		1 组	
12	风镜		1 只	

体·育·场·地·与·设·施

三十七、射击

（一）射击场地基本要求

1. 射击场地的建设应符合靶场通用标准。

2. 射击场地靶面光照度不得少于 1000 勒克斯，射击位置灯光不少于 300 勒克斯。

（二）射击器材配备目录

序号	器材名称	规格要求	数量	备注
1	靶篷		1 个	
2	桌子		1 张	
3	垫子	前 50 厘米×75 厘米×50 厘米，后 80 厘米×200 厘米	1 个	
4	椅子		1 把	
5	裁判椅		1 把	
6	成绩板		1 个	
7	屏风	1.5 米×2 米	若干	
8	靶		若干	
9	靶纸	550 毫米×550 毫米	若干	
10	枪支	包括手枪、气枪、步枪	1 支	每人 1 支

三十八、跆拳道

（一）跆拳道场地基本要求

1. 跆拳道场地净面积为 8 米×8 米＝64 平方米。

2. 跆拳道场地占地面积为 12 米×12 米＝144 平方米。

（二）跆拳道器材配备目录

序号	器材名称	规格要求	数量	备注
1	比赛台	12 米×12 米×1 米高	1 个	
2	台垫		1 个	弹性、不滑
3	护具		1 套	每人 1 套
4	裁判台		4 个	
5	铜锣	带锤	1 个	
6	计时表		1 只	
7	秒表		2 只	

三十九、壁球

（一）壁球场地基本要求

1. 壁球单打场地长 9.75 米，宽 6.4 米，高 4.57 米；壁球双打场地长 13.72 米，宽 7.62 米，高 6.1 米。

2. 场内亮度不低于 500 勒克斯，场内温度 10℃～20℃。

3. 壁球场的墙一般由强化玻璃制成，厚度为 0.012 米。地面由木质地板构成。

（二）壁球器材配备目录

序号	器材名称	规格要求	数量	备注
1	球拍		1 只	
2	球		若干	蓝、红、白、黄速度依次减少

四十、蹦床

（一）蹦床场地基本要求

1. 蹦床场地净面积为 5.05 米×2.91 米＝14.6955 平方米。

2. 蹦床地面距天花板的距离至少为 8 米。

（二）蹦床器材配备目录

序号	器材名称	规格要求	数量	备注
1	蹦床	5.05 米×2.91 米×0.006 米，高 1.155 米	1	床面尼龙
2	垫子	很大	2	硬海绵
3	裁判台		2	
4	计分板		1	

四十一、花样滑冰

（一）花样滑冰场地基本要求

1. 花样滑冰场地净面积为 60 米×30 米＝1800 平方米。

2. 花样滑冰场地最小面积为 57 米×26 米＝1482 平方米。

3. 室内冰场室温应保持在 15℃ 以下，冰面温度应在 -5℃～-8℃，冰的厚度不少于 5 厘米。

（二）花样滑冰器材配备目录

序号	器材名称	规格要求	数量	备注
1	冰刀与冰鞋	高靿、高跟、硬帮	1双	每人1双
2	上冰刀与磨冰刀		2片	每人2片
3	音乐器材	录音机和录音带	1套	
4	服装		1套	每人1套

四十二、速度滑冰

（一）速度滑冰场地基本要求

速度滑冰场地是一个露天的、或遮盖或室内的冰场，周长 333.33～400 米。

（二）速度滑冰器械配备目录

序号	器材名称	规格要求	数量	备注
1	冰鞋	鞋靿较矮、冰刀长于冰鞋	1双	每人1双
2	保暖服（练习服）		1件	每人1件
3	冰帽、手套		1套	每人1套
4	储水桶	圆锥形，直径1米左右，高为1.2～1.5米	1只	
5	洒水管	2～2.5米	1根	
6	爬犁		1个	
7	长把扫帚	2～2.5米	若干	
8	冰铲		若干	
9	点雪仪	底部宽5厘米高5厘米漏口	1台	
10	常用工具	冰抹子、钳子、扳手、热水壶或热水喷头等	1套	

四十三、中国式摔跤

（一）中国式摔跤场地基本要求

中国式摔跤场地面积为 8 米×8 米＝64 平方米或 10 米×10 米＝100 平方米。

（二）中国式摔跤器材配备目录

序号	器材名称	规格要求	数量	备注
1	垫子	长 2 米、宽 1 米、厚 8 至 10 厘米	若干	
2	摔跤衣裤		1 套	每人 1 套
3	摔跤鞋		1 双	每人 1 双
4	裁判台		1 个	
5	哨子		若干	
6	秒表		若干	

四十四、赛艇

（一）赛艇场地基本要求

1. 赛艇场地需在直线水道上进行，可以利用自然湖面或人工专用水道。

2. 航道为静水，有 6～8 个航道，每道宽度为 12.5～15 米，最好为 13.5 米，水底如果均匀，水深可不少于 2 米。

3. 除有 2000 米直线长度外，终点后至少有 100 米缓冲区域，起点至发令台至少有 50 米准备区域，航道两侧各有 5 米的安全警戒区域。

4. 上下水码头 2～4 个，每个长 30 米，宽 6 米，码头平面高于水面 15 厘米。

5. 船库一个（含船艇架、调艇架等）。

（二）赛艇器材配备目录

序号	器材名称	规格要求	数量	备注
1	艇	单人艇、双人艇、四人艇、八人艇		根据需要
2	桨			根据需要
3	摩托艇		1 艘	根据需要
4	风速仪		若干	
5	救生衣		若干	

四十五、舞龙

（一）舞龙场地基本要求

宽敞、平整的空旷场地。

（二）舞龙器材配备目录

序号	器材名称	规格要求	数量	备注
1	龙	9 节、11 节、13 节、15 节、29 节	1 条	草、竹、木纸、布等扎制而成
2	龙珠		1 颗	
3	民族服装		若干	
4	龙节棍		按节数	

四十六、舞狮

（一）舞狮场地基本要求

宽敞、平整的空旷场地。

（二）舞狮器材配备目录

序号	器材名称	规格要求	数量	备注
1	组狮		2 头	篾竹、棉布、麻丝、彩色塑料丝装点狮子
2	狮被		2 个	
3	狮裤		4 条	
4	蹄靴		4 双	
5	绣球		2 个	
6	锣、鼓		1 套	
7	梅花桩		数根	
8	滚球		2 个	
9	桌子		若干	

四十七、飞镖

（一）飞镖场地基本要求

靶盘悬挂于墙上，靶盘中心到地面的高度为 1.73 米，投掷线至靶盘的距离是 2.37 米，标准靶盘的直径是 54 厘米，一般常用的有 46 厘米、38 厘米、30.5 厘米等规格。

（二）飞镖器材配备目录

序号	器材名称	规格要求	数量	备注
1	靶盘	46 厘米、38 厘米、30.5 厘米、54 厘米	1 个	也可自制大型靶盘练习
2	飞镖	钢制	若干	

四十八、地掷球

（一）地掷球场地基本要求

1. 地掷球必须在平整的场地上进行，场地划为若干区域，四周以木材或其他非金属材料制成的围板高度为 25 厘米。

2. 球场长 24～26.5 米，宽 3.8～4.5 米，标准场地为 4.5 米×26.5 米。

3. 场端的围板须是活动的，固定端板由木材或其他有弹性的非金属材料制成，总高度为 1.5 米。

（二）地掷球器材配备目录

序号	器材名称	规格要求	数量	备注
1	小球	直径 39～41 毫米，质量 55～65 克	若干	
2	大球	直径 107～113 毫米，质量 920～1000 克	若干	
3	裁判尺		1 把	
4	标准尺		1 把	
5	钢卷尺	2～3 米	1 把	
6	皮卷尺	30 米	1 把	
7	标位用具		1 套	

（引自《教育部办公厅关于印发〈普通高等学校体育场馆设施、器材配备目录〉的通知》）

参考文献

［1］杨峰．体育场地管理．北京：人民体育出版社，2004

［2］孙汉超、秦椿林．体育管理学．北京：人民体育出版社，2000

［3］舒晓山等．田径场地计算与丈量．北京：人民体育出版社，2005

［4］王蕾、程在宽．民族传统体育 100 例．北京：北京体育大学出版社，2006

［5］张选惠．民族传统体育概论．北京：北京体育大学出版社，2006

［6］王健、岑汉康．棒垒球手球．桂林：广西师范大学出版社，2005

［7］陆元兆．体育场地与设施．桂林：广西师范大学出版社，2005

［8］刘建国等．田径．北京：高等教育出版社，2002

［9］中国田径协会．田径竞赛规则．北京：人民体育出版社，2006

［10］中国排球协会．排球竞赛规则．北京：人民体育出版社，2005

［11］中国篮球协会．篮球竞赛规则．北京：人民体育出版社，2005

［12］中国足球协会．足球竞赛规则．北京：人民体育出版社，2005

［13］杨学斌．中华人民共和国体育政策法规与标准规范汇编．北京：中科多媒体电子出版社，2003

参
考
文
献